実は科学的!? 江戸時代の生活百景

西田知己

東京堂出版

○はじめに

電気《でんき》もガスもなかった、江戸時代《えどじだい》の人《ひと》たちの暮《く》らし。それでも彼《かれ》らは、より豊《ゆた》かな生活《せいかつ》を送《おく》るために、毎日《まいにち》知恵《ちえ》を絞《しぼ》っていました。当時《とうじ》のエコやリサイクルなどについては、授業科目《じゅぎょうかもく》でいえば国語《こくご》や社会《しゃかい》（歴史《れきし》）で教《おそ》わるのが一般的《いっぱんてき》ですが、テーマによっては理科《りか》の視点《してん》からとらえることも可能《かのう》です。彼《かれ》らが蓄《たくわ》えていった新情報《しんじょうほう》や新技術《しんぎじゅつ》は、今《いま》でいう観察《かんさつ》や実験《じっけん》といったプロセスを介《かい》していることも多《おお》いからです。

本書《ほんしょ》では、そのように理科《りか》の目線《めせん》でアプローチできる事柄《ことがら》を１００タイトル集《あつ》め、５つのテーマに分類《ぶんるい》してみました。各《かく》テーマは、たとえば「犬《いぬ》には飼《か》い主《ぬし》がいたの？」といった具合《ぐあい》にすべて疑問形《ぎもんけい》であらわされ、現代人《げんだいじん》の素朴《そぼく》な疑問《ぎもん》から出発《しゅっぱつ》するという体裁《ていさい》になっています。なるべくありのままに再現《さいげん》するため、当時《とうじ》の文献《ぶんけん》にもとづいて記述《きじゅつ》し、引用《いんよう》した書物《しょもつ》の本文《ほんぶん》に書《か》かれている豆知識《まめちしき》や参考《さんこう》の図版《ずはん》なども、できるだけ幅広《はばひろ》く取《と》り入《い》れています。

テーマの区分《くぶん》については、動植物《どうしょくぶつ》や鉱物《こうぶつ》などを研究対象《けんきゅうたいしょう》にしていた伝統的《でんとうてき》な本草学《ほんぞうがく》の枠組《わくぐ》みを借《か》り、第《だい》１章《しょう》を動物《どうぶつ》、第《だい》２章《しょう》を植物《しょくぶつ》、第《だい》３章《しょう》を鉱物関連《こうぶつかんれん》と設定《せってい》しました。根底《こんてい》にあるのは人間《にんげん》との関《かか》わりの部分《ぶぶん》で、たとえば第《だい》１章《しょう》なら牛馬《ぎゅうば》の力《ちから》を借《か》りた作業《さぎょう》から、ネズミ退治《たいじ》や害虫《がいちゅう》の駆除《くじょ》まで取《と》り上《あ》げています。一方《いっぽう》では金魚《きんぎょ》や変《か》わり朝顔《あさがお》の鑑賞《かんしょう》のように、日常生活《にちじょうせいかつ》から離《はな》れたところに見出《みいだ》された趣味《しゅみ》や娯楽《ごらく》の世《せ》界《かい》についても、理科《りか》の目線《めせん》を交《まじ》えながら書《か》いてみました。

その上《うえ》で、右《みぎ》の枠組《わくぐ》みに収《おさ》まりにくいテーマをカバーするため、第《だい》4章《しょう》では人体《じんたい》そのものから出発《しゅっぱつ》し、第《だい》5章《しょう》では人間《にんげん》を取《と》り巻《ま》く環境《かんきょう》から話題《わだい》を広《ひろ》げてみました。照明《しょうめい》や暖房《だんぼう》のために火力《かりょく》を得《え》る方法《ほうほう》や、夏《なつ》場《ば》に欠《か》かせない飲《の》み水《みず》の確保《かくほ》といったことが、展開《てんかい》のきっかけになっています。季節感《きせつかん》と切《き》り離《はな》せない暦《こよみ》や気象《きしょう》・天文《てんもん》といった分野《ぶんや》についても、江戸時代《えどじだい》の人《ひと》たちならではの取《と》り組《く》みに迫《せま》ってみました。

各《かく》テーマとのつながりから、杉田玄白《すぎたげんぱく》や平賀源内《ひらがげんない》、伊能忠敬《いのうただたか》といった有名《ゆうめい》な文化人《ぶんかじん》の名《な》も登場《とうじょう》しますが、必《かなら》ずしも話題《わだい》の中心《ちゅうしん》にいるわけではありません。むしろ理科《りか》や歴史《れきし》の教科書《きょうかしょ》を飾《かざ》るひと握《にぎ》りの偉人《いじん》たちよりも、名《な》もない大勢《おおぜい》の人《ひと》たちが主役《しゅやく》になっています。彼《かれ》らによって少《すこ》しずつ積《つ》み重《かさ》ねられ、世《よ》の中《なか》に共有《きょうゆう》されるようになった創意《そうい》や工夫《くふう》こそ、もっと知《し》られてもよいのではないでしょうか。

なるべく大《おお》きな成果《せいか》の部分《ぶぶん》をクローズアップするため、同《おな》じ江戸時代《えどじだい》でも中期《ちゅうき》から後期《こうき》にかけて成立《せいりつ》した書籍《しょせき》や図版《ずはん》を中心《ちゅうしん》に選《えら》びました。図版《ずはん》に関《かん》しては、見栄《みば》えのする構図《こうず》やテーマの図解《ずかい》に適《てき》した絵《え》であれば、あまり知名度《ちめいど》が高《たか》くない名所図会《めいしょずえ》や図鑑《ずかん》、技術書《ぎじゅつしょ》などからも拾《ひろ》いました。必要《ひつよう》に応《おう》じて、イラストの図解《ずかい》や写真《しゃしん》なども載《の》せています。温故知新《おんこちしん》といえる江戸時代《えどじだい》の知恵《ちえ》の世界《せかい》に、改《あらた》めて興味《きょうみ》を持《も》っていただければ幸《さいわ》いです。

実《じつ》は科学的《かがくてき》!? 江戸《えど》時代《じだい》の生活《せいかつ》百景《ひゃっけい》

目次《もくじ》

第《だい》2章《しょう》　植物《しょくぶつ》のすがた　51

第《だい》3章《しょう》● 大地《だいち》のめぐみ　93

第《だい》4章《しょう》 人間《にんげん》のいとなみ 135

第《だい》5章《しょう》 天地《てんち》のつながり 177

第《だい》1章《しょう》 ● 動《どう》物《ぶつ》の暮《く》らし

1 犬《いぬ》には飼《か》い主《ぬし》がいたの？

もともと野生《やせい》の動物《どうぶつ》だった犬《いぬ》がペットに近《ちか》づいたのは、江戸時代《えどじだい》のことでした。といっても、はっきりと「誰々《だれだれ》の家《いえ》の飼《か》い犬《いぬ》」と決《き》められたケースは少《すく》なく、一匹《いっぴき》ごとの犬小屋《いぬごや》というものもなく、近所《きんじょ》の人《ひと》たちでいっしょに世話《せわ》をしていました。そのためお座敷犬《ざしきいぬ》（❶）もまれで、むしろ飼《か》い主《ぬし》が決《き》まっていたのは猫《ねこ》のほう。当時《とうじ》のイラストでは飼《か》い猫《ねこ》が座敷《ざしき》で人間《にんげん》とたわむれ、対《たい》する犬《いぬ》は土間《どま》のあたりでひと休《やす》みといった絵《え》も見《み》られます。

❷は、江戸時代後期《えどじだいこうき》の図鑑《ずかん》『増補訓蒙図彙《ぞうほきんもうずい》』（寛政元年《かんせいがんねん》、１７８９刊《かん》）にあるもので、一般的《いっぱんてき》な「和犬《わけん》」や「唐犬《とうけん》」のほか、毛足《けあし》の長《なが》い「むく犬《いぬ》」が紹介《しょうかい》されています。「唐犬《とうけん》」は南蛮貿易《なんばんぼうえき》にともなってヨーロッパから伝《つた》わった大型犬《おおがたけん》（❸）の俗称《ぞくしょう》で、かつては戦国大名《せんごくだいみょう》たちに贈《おく》られ、江戸時代《えどじだい》には経済的《けいざいてき》に豊《ゆた》かな家《いえ》で飼《か》われていました。

江戸時代後期《えどじだいこうき》に普及《ふきゅう》した昔話《むかしばなし》『花咲《はなさ》か爺《じい》さん』（❹）には、人間《にんげん》になつく従順《じゅうじゅん》な犬《いぬ》の理想像《りそうぞう》が描《えが》かれています。この犬《いぬ》、物語《ものがたり》では「福《ふく》」という名前《なまえ》になっています。鳴《な》き声《ごえ》は室町時代《むろまちじだい》の狂言《きょうげん》では「ビョウビョウ」でしたが、こちらは今《いま》と同《おな》じ「ワンワン」。一方《いっぽう》、名所図会《めいしょずえ》や職業図鑑《しょくぎょうずかん》などでは人間《にんげん》に吠《ほ》えかかる犬《いぬ》もたまに描《えが》かれ、それはそれでリアルだったようです。

❷

❶

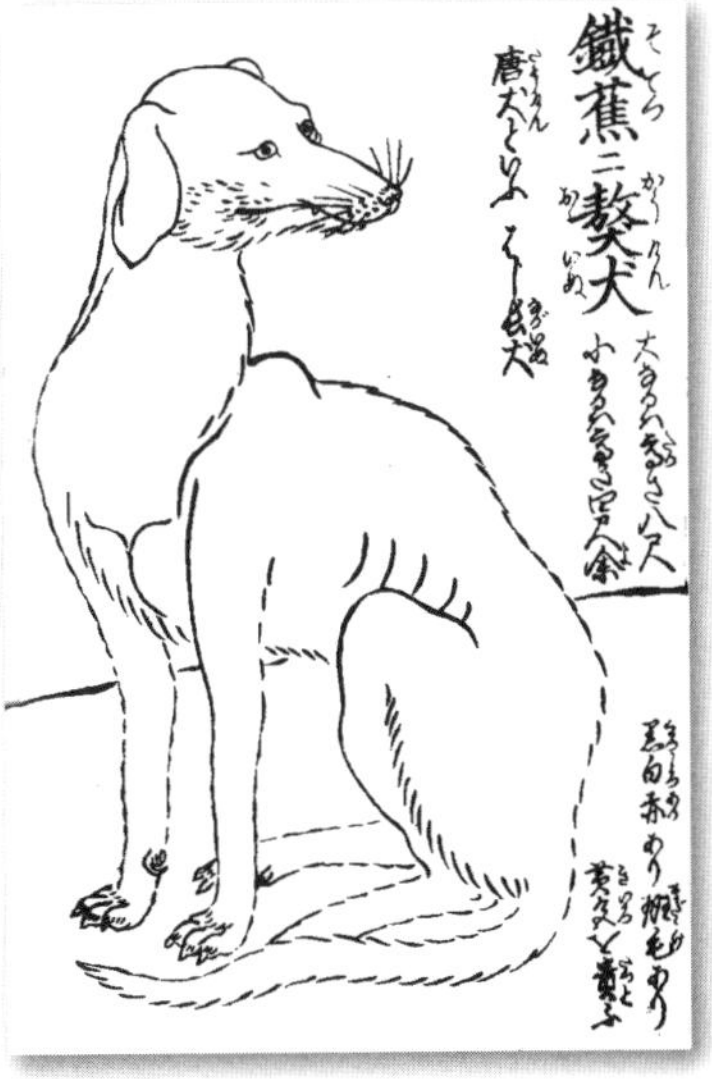

❸

❹

❶狆《ちん》のような愛玩犬《あいがんけん》もいました。座布団《ざぶとん》の上《うえ》なんて、人間《にんげん》と同格《どうかく》？　❷バラエティ豊《ゆた》かだった当時《とうじ》の犬《いぬ》。❸外国人《がいこくじん》が痛感《つうかん》する日本語《にほんご》の壁《かべ》もなく、意外《いがい》と早《はや》く適応《てきおう》したかも。❹『花咲《はなさ》か爺《じい》さん』でも、やはり犬《いぬ》は土間《どま》にいます。

2 どうしてネズミが増《ふ》えたの？

江戸時代《えどじだい》のロングセラーだったそろばんの解説書《かいせつしょ》『塵劫記《じんこうき》』のネズミ算《ざん》では、ネズミの爆発的《ばくはつてき》な繁殖力《はんしょくりょく》がテーマになっています。本物《ほんもの》のネズミが繁殖《はんしょく》するスピードはかなりのもので、そこから数《かず》が急増《きゅうぞう》する計算問題《けいさんもんだい》のキャラクターに選《えら》ばれたのでしょう。

当時《とうじ》のネズミも人間《にんげん》の生活《せいかつ》に害《がい》を及《およ》ぼす生《い》き物《もの》として知《し》られていました（❶）が、七福神《しちふくじん》の大《だい》黒天《こくてん》の使者《ししゃ》として福《ふく》や富《とみ》をもたらす象徴《しょうちょう》でもあり、子孫繁栄《しそんはんえい》の代名詞《だいめいし》でもありました。種類《しゅるい》によっては、ペットとしてかわいがられる存在《そんざい》でもあったのです（❷）。しかもネズミの天敵《てんてき》だったはずの猫《ねこ》がだんだんおとなしくなり、ネズミをくわえた猫《ねこ》の姿《すがた》は書物《しょもつ》の挿絵《さしえ》やイラストにもあまり見《み》られません。そのこともまた、ネズミの増加《ぞうか》に拍車《はくしゃ》をかけました。

天敵《てんてき》がいなくて繁殖《はんしょく》し放題《ほうだい》なら、人間《にんげん》の知恵《ちえ》で駆除《くじょ》するしかありません。江戸時代末期《えどじだいまっき》にまとめられた風俗誌《ふうぞくし》『守貞謾稿《もりさだまんこう》』には、駆除剤《くじょざい》を売《う》り歩《ある》く人《ひと》とともに上方《かみがた》と江戸《えど》の幟《のぼり》が二種類掲載《にしゅるいけいさい》され、どちらも最初《さいしょ》に「石見銀山《いわみぎんざん》」と書《か》かれています（❸）。これは毒物《どくぶつ》のヒ素《そ》などを含《ふく》む鉱物《こうぶつ》の砒石《ひせき》を、高温《こうおん》で加熱《かねつ》したもの。実際《じっさい》には石見銀山《いわみぎんざん》でなく、同《おな》じ石見国《いわみのくに》（島根県《しまねけん》）津和野《つわの》の笹ヶ谷《ささがたに》鉱山《こうざん》で大量《たいりょう》に産出《さんしゅつ》され、江戸時代《えどじだい》には「猫《ねこ》いらず」とともに駆除剤《くじょざい》の通称《つうしょう》になりました。

❶

❷

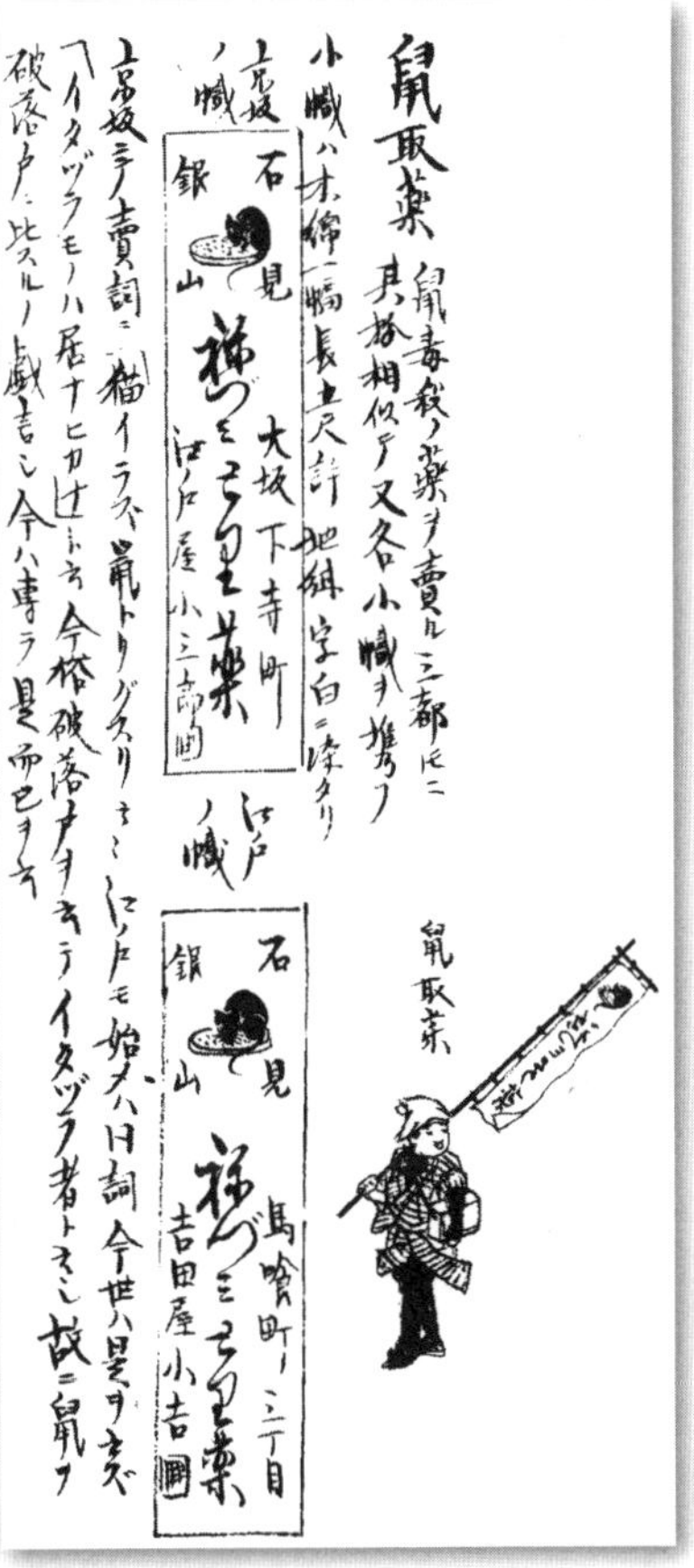

❸

❶仏壇《ぶつだん》のお供《そな》え物《もの》をネズミに荒《あ》らされ、おばあさんは大慌《おおあわ》て。ネズミたちも相当《そうとう》焦《あせ》っているようです。❷ネズミのペットショップもありました。❸駆除剤《くじょざい》の幟《のぼり》は遠《とお》くからでも目立《めだ》ちます。

3 馬《うま》の歯《は》から年齢《ねんれい》がわかるの？

江戸《えど》時代《じだい》後期《こうき》の図鑑《ずかん》『増補訓蒙図彙《ぞうほきんもうずい》』には「駒《こま》」つまり子馬《こうま》について「二歳《にさい》（現在《げんざい》の1歳《さい》）」以上《いじょう》の馬《うま》のこと、また「五尺《ごしゃく》（約《やく》150センチ）以上《いじょう》」と規定《きてい》しています（❶）。当時《とうじ》の在来種《ざいらいしゅ》の馬《うま》は、今《いま》のポニーに分類《ぶんるい》される小型馬《こがたば》や中型馬《ちゅうがたば》なので、「五尺《ごしゃく》」というのは現在《げんざい》の測《はか》り方《かた》でいう肩《かた》までの体高《たいこう》ではなく、頭《あたま》の上《うえ》までの高《たか》さなのでしょう。

江戸《えど》時代《じだい》中期《ちゅうき》の名産案内書《めいさんあんないしょ》『日本山海名物図会《にほんさんかいめいぶつずえ》』（宝暦《ほうれき》4年《ねん》、1754刊《かん》）にある仙台《せんだい》の馬市《うまいち》（❷）では、育《そだ》て上《あ》げてここまで連《つ》れてきた馬主《ばぬし》と、買《か》い付《つ》けに来《き》た買主《かいぬし》が真剣《しんけん》に交渉中《こうしょうちゅう》。右下《みぎした》のところでは「仲買《なかがい》」として売《う》り買《か》いを請《う》け負《お》う博労《ばくろう》たちが、馬主《ばぬし》に値引《ねび》きを仕掛《しか》けています。彼《かれ》らが見極《みきわ》めようとするデータのひとつが、馬《うま》の年齢《ねんれい》つまり馬齢《ばれい》でした。

馬齢《ばれい》については現在《げんざい》、1を足《た》して4倍《ばい》すれば人間《にんげん》の年齢《ねんれい》に等《ひと》しいという解釈《かいしゃく》があります。しかし馬《うま》は最初《さいしょ》の1、2年《ねん》に急成長《きゅうせいちょう》するので、人間《にんげん》の10年分《ねんぶん》と見《み》なし、以後《いご》は1年《ねん》ごとに3歳《さい》ずつ加《くわ》えるという計算法《けいさんほう》も提案《ていあん》されています。一方《いっぽう》「齢《れい》」の字《じ》を見《み》ればわかるとおり、生《い》き物《もの》の年齢《ねんれい》は歯《は》にあらわれやすく、博労《ばくろう》たちも歯《は》の状態《じょうたい》から馬齢《ばれい》を推定《すいてい》していました。若馬《わかうま》に生《は》えた歯《は》の本数《ほんすう》や、老《お》いた馬《うま》の歯《は》のすり減《へ》り加減《かげん》から、おおよその年齢《ねんれい》を把握《はあく》していたのです。

❶

❷

❶当時《とうじ》も馬《うま》の毛色《けいろ》は、じつにさまざま。毛色《けいろ》の差《さ》は、メラニン色素《しきそ》のはたらきによるもの。❷博労《ばくろう》は馬喰《ばくろう》とも書《か》き、買《か》い手《て》の多《おお》くは彼《かれ》らに手数料《てすうりょう》を払《はら》って鑑定《かんてい》と値引《ねび》きを依頼《いらい》。プロの代理交渉人《だいりこうしょうにん》ですね。

4 牛《うし》の蹄《ひづめ》はどんな形《かたち》？

江戸時代中期《えどじだいちゅうき》にまとめられた百科事典《ひゃっかじてん》の『和漢三才図会《わかんさんさいずえ》』（正徳《しょうとく》2年《ねん》、1712序《じょ》）によると、関東《かんとう》は馬《うま》が多《おお》くて牛《うし》は少《すく》なく、逆《ぎゃく》に関西《かんさい》には牛《うし》が多《おお》くて馬《うま》は少《すく》ないとあります。田《た》んぼや畑《はたけ》を耕《たがや》すときにも関東《かんとう》では馬《うま》を使《つか》い、関西《かんさい》では牛《うし》の力《ちから》を利用《りよう》するとも書《か》かれています。たしかに平安貴《へいあんき》族《ぞく》らは牛車《ぎっしゃ》に乗《の》り、関東武士《かんとうぶし》は馬《うま》で駆《か》け回《まわ》るといったイメージがあります（❶）。

馬《うま》については、専門《せんもん》の獣医《じゅうい》といえる「伯楽《はくらく》」が普段《ふだん》から手間《てま》をかけて管理《かんり》していました。対《たい》する牛《うし》は自然《しぜん》の中《なか》で育《そだ》てられ、農耕《のうこう》をはじめとするさまざまな力仕事《ちからしごと》に借《か》り出《だ》されていました。放《ほう》牧《ぼく》や使役《しえき》によって蹄《ひづめ》の生長《せいちょう》と摩滅《まめつ》のバランスがとれていたので、特別《とくべつ》な病気《びょうき》にかかるようなことがなければ、誰《だれ》でも世話《せわ》をすることができたのです。

荷物《にもつ》を運《はこ》ばせる動物《どうぶつ》として見《み》た場合《ばあい》、馬《うま》は直接背《ちょくせつせ》に荷物《にもつ》や人《ひと》を乗《の》せて運《はこ》ぶのが普通《ふつう》で（❷）、牛《うし》は大八車《だいはちぐるま》のような荷車《にぐるま》を引《ひ》っ張《ぱ》ることもよくありました（❸）。あまりスピードは出《で》ませんが、パワフルで持久力《じきゅうりょく》があったのです。『増補訓蒙図彙《ぞうほきんもうずい》』にも描《えが》かれているように（❹）、馬《うま》と違《ちが》って牛《うし》の蹄《ひづめ》は先《さき》が二《ふた》つに分《わ》かれています。そのため踏《ふ》ん張《ば》る力《ちから》が強《つよ》く、ぬかるんだところや傾《かたむ》いた場所《ばしょ》でも、重《おも》たい荷物《にもつ》を引《ひ》っ張《ぱ》ることができたのです。

❶

❷

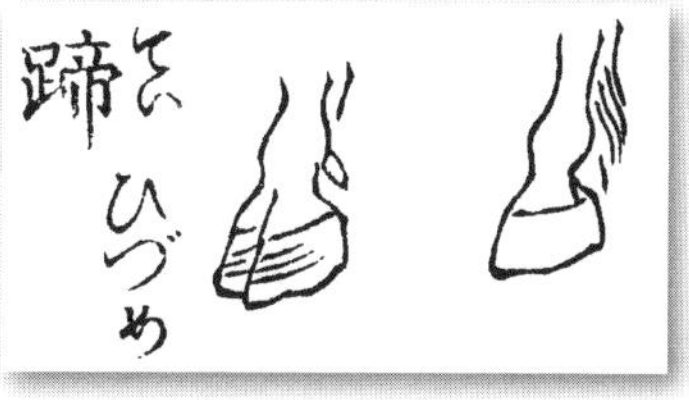

❹

❸

❶黒々《くろぐろ》とした大人《おとな》の牛《うし》の奥《おく》にいる子牛《こうし》の毛《け》は、たいてい赤茶色《あかちゃいろ》。❷馬《うま》は背中《せなか》に荷物《にもつ》を積《つ》みます。❸牛《うし》の首《くび》の後《うし》ろにかけたくびき（軛）という横木《よこぎ》から、ながえ（轅）という2本《ほん》の棒《ぼう》が伸《の》び、荷車《にぐるま》につなげています。❹右《みぎ》が馬《うま》、左《ひだり》が牛《うし》の蹄《ひづめ》。

5 どうして狼《おおかみ》は絶滅《ぜつめつ》したの？

明治時代《めいじじだい》に絶滅《ぜつめつ》したとされるニホンオオカミは、今《いま》や剝製《はくせい》でしか見《み》ることができません（❶）。世《よ》の中《なか》が近代化《きんだいか》するよりも前《まえ》、すでに室町時代《むろまちじだい》から江戸時代《えどじだい》にかけて頭数《とうすう》がかなり減《へ》っていました。生活用《せいかつよう》の木炭《もくたん》をつくるなどさまざまな理由《りゆう》によって多《おお》くの森林《しんりん》が伐採《ばっさい》され、鉄砲《てっぽう》を使《つか》う狩《か》りが発達《はったつ》したこともあって、狼《おおかみ》を取《と》り巻《ま》く環境《かんきょう》は厳《きび》しさを増《ま》していたのです。

幕末維新期《ばくまついしんき》に刊行《かんこう》された地誌《ちし》『尾張名所図会《おわりめいしょずえ》』には、室町時代《むろまちじだい》の高僧《こうそう》だった融伝《ゆうでん》の伝承《でんしょう》があります（❷）。ある日《ひ》、熱田神宮《あつたじんぐう》へ詣《もう》でる途中《とちゅう》で鳴海山《なるみやま》を通《とお》りかかると狼《おおかみ》があらわれ、何《なに》やら訴《うった》える素振《そぶ》りをしました。見《み》ると喉《のど》に骨《ほね》が刺《さ》さっていたので、取《と》り除《のぞ》いてやると深《ふか》く頭《あたま》を下《さ》げて去《さ》っていったといいます。このような狼《おおかみ》の逸話《いつわ》は、比較的古《ひかくてきふる》い時代《じだい》のものが多《おお》いようです。

『増補訓蒙図彙《ぞうほきんもうずい》』では、しばしば後《うし》ろを振《ふ》り返《かえ》る習性《しゅうせい》があるとされ、絵《え》の狼《おおかみ》も後方《こうほう》を向《む》いています（❸）。犬《いぬ》よりも大型《おおがた》で、頭《あたま》が尖《とが》っていて頬《ほお》が白《しろ》く、強《つよ》い力《ちから》でいろいろな動物《どうぶつ》を捕《つか》まえて食《た》べるとも書《か》かれています。人間《にんげん》との交流《こうりゅう》も含《ふく》めて食物《しょくもつ》が多様化《たようか》し、腸《ちょう》が長《なが》くなって消化《しょうか》できる食材《しょくざい》が増《ふ》えた犬《いぬ》に対《たい》して、完全《かんぜん》な肉食獣《にくしょくじゅう》だった狼《おおかみ》の腸《ちょう》は短《みじか》いままでした。そんな狼《おおかみ》の頭数《とうすう》が減《へ》ったこともあって鹿《しか》や猪《いのしし》が増《ふ》え、農作物《のうさくもつ》を食《く》い荒《あ》らす被害《ひがい》が多発《たはつ》していたのです。

❷

❶

❹

❸

❶最後《さいご》のニホンオオカミの剝製《はくせい》。❷和尚《おしょう》に骨《ほね》を取《と》ってもらう狼《おおかみ》。宣教師《せんきょうし》から広《ひろ》まった『伊曽保《いそほ》（イソップ）物語《ものがたり》』の狼《おおかみ》も、やはり寓話《ぐうわ》レベル。❸狼《おおかみ》の口元《くちもと》には、鋭《するど》い牙《きば》が。前足《まえあし》の爪《つめ》も犬《いぬ》より鋭《するど》く、野生動物《やせいどうぶつ》の迫力《はくりょく》が感《かん》じられます。❹狼《おおかみ》の毛色《けいろ》も、さまざまでした。

6 猪《いのしし》って利口《りこう》だったの？

猪《いのしし》といえば、猪突猛進《ちょとつもうしん》のイメージですね。❶は突進《とっしん》する猪《いのしし》を描《えが》いたもので、人《ひと》が大《おお》きく跳《は》ね飛《と》ばされています。晩秋《ばんしゅう》の季語《きご》でもあった「手負猪《ておいじし》（傷《きず》ついた猪《いのしし》）」とは、追《お》いつめられて必死《ひっし》に反撃《はんげき》をする猪《いのしし》のことで、普段以上《ふだんいじょう》に危険《きけん》でした。

ところがその猪《いのしし》、ひたすらまっすぐに突《つ》き進《すす》むだけの生《い》き物《もの》ではありません。突進《とっしん》するパワーはもちろんのこと、学習能力《がくしゅうのうりょく》や用心深《ようじんぶか》さなども折《お》り紙《がみ》つきで、農家《のうか》の人《ひと》たちはこの賢《かしこ》い動物《どうぶつ》に作物《さくもつ》を荒《あ》らされては逃《に》げられていました。そのため狩猟《しゅりょう》の対象《たいしょう》になり、鉄砲《てっぽう》が普及《ふきゅう》すると、その勢《いきお》いが加速《かそく》しています。猪肉《ししにく》を食《た》べる習慣《しゅうかん》は古《ふる》くからありましたが、それほど個体数《こたいすう》が減《へ》らなかったのは、狼《おおかみ》のような天敵《てんてき》（☞18ページ）が減《へ》っていたからなのでしょう。

『増補訓蒙図彙《ぞうほきんもうずい》』の分類《ぶんるい》には、牙《きば》のある「野猪《いのしし》」と牙《きば》なしの「山豚《やまぶた》」が並《なら》べられ（❷）、「野《いの》猪《しし》」は腹《はら》が小《ちい》さく脚《あし》が長《なが》く、牙《きば》に引《ひ》っ掛《か》けて投《な》げる力《ちから》が強《つよ》いとあります。その肉《にく》は甘《あま》くて毒《どく》はなく、食《た》べれば「癲癇《てんかん》（＝発作《ほっさ》）」を治療《ちりょう》して肌《はだ》にもよいとあり、これと似《に》た記載《きさい》は『和漢三才図会《わかんさんさいずえ》』にも見《み》られます。猪《いのしし》の肉《にく》が「山《やま》くじら」「ぼたん」などと称《しょう》して販売《はんばい》されていたこと（☞148ページ）は、よく知《し》られています。

❶

❷

❸

❶農家《のうか》に出現《しゅつげん》した猪《いのしし》のイメージ。❷手前《てまえ》の豚《ぶた》も猪《いのしし》から発生《はっせい》した生《い》き物《もの》。次《し》第《だい》に人間《にんげん》に飼育《しいく》され、品種改良《ひんしゅかいりょう》をへて現在《げんざい》の豚《ぶた》に至《いた》りました。❸江戸時代《えどじだい》後期《こうき》の徳本上人《とくほんしょうにん》が、法力《ほうりき》で猪《いのしし》を撃退《げきたい》したという伝説《でんせつ》も。

7 熊《くま》から身《み》を守《まも》る方法《ほうほう》は？

山里《やまざと》では薪取《たきぎと》りや炭焼《すみや》き、伐採《ばっさい》のため山《やま》に入《はい》る人《ひと》もいて、熊対策《くまたいさく》は古《ふる》くから大《おお》きな課題《かだい》でした。山《やま》を通《とお》るときには鈴《すず》を身《み》につけたり、過去《かこ》に目撃《もくげき》された場所《ばしょ》を避《さ》けるなどしていました。熊《くま》のほうが山里《やまざと》に下《お》りてきたときは、半鐘《はんしょう》のように大《おお》きな音《おと》の出《で》るものを鳴《な》らして、追《お》い払《はら》ったそうです。ちなみに「熊《くま》に遭《あ》ったら死《し》んだふり」というのは、明治時代以降《めいじじだいいこう》の俗説《ぞくせつ》だとか。

『増補訓蒙図彙《ぞうほきんもうずい》』によると熊《くま》は色《いろ》が黒《くろ》く、胸《むね》に白《しろ》い部分《ぶぶん》があるものは月《つき》の輪《わ》といい、穴《あな》で暮《く》らす穴熊《あなぐま》や木《き》の上《うえ》で暮《く》らす木熊《きぐま》が紹介《しょうかい》されています（❶）。身体《しんたい》の部位《ぶい》については、熊《くま》の肝《い》が取《と》り上《あ》げられています。これは胆嚢《たんのう》を乾燥《かんそう》させてつくられ、消化器系全般《しょうかきけいぜんぱん》に用《もち》いられる漢方薬《かんぽうやく》にもなりました。古《ふる》くからアイヌで珍重《ちんちょう》され、東北《とうほく》の諸藩《しょはん》でも商品化《しょうひんか》されていました。

各地《かくち》の特産物《とくさんぶつ》を解説《かいせつ》した『日本山海名産図会《にほんさんかいめいさんずえ》』（寛政《かんせい》11年《ねん》、１７９９刊《かん》）には、熊《くま》を捕《つか》まえる方法《ほうほう》が紹介《しょうかい》されています。熊《くま》は小心者《しょうしんもの》で、鉄砲《てっぽう》を撃《う》ち鳴《な》らすと驚《おどろ》き怒《おこ》って巣穴《すあな》から出《で》てくるから、そこを討《う》ち取《と》るとあり、落《お》とし穴《あな》による捕獲方法《ほかくほうほう》も示《しめ》されています。阿波国《あわのくに》（徳島県《とくしまけん》）に伝《つた》わる「天井釣《てんじょうつり》」（❷）という方法《ほうほう》では鹿《しか》の肉《にく》を火《ひ》で燻《いぶ》し、その上《うえ》に竹《たけ》で編《あ》んだ筏《いかだ》を用意《ようい》し、おびき寄《よ》せて筏《いかだ》に積《つ》んだ岩《いわ》を落《お》とすとあります。ちょっと可哀想《かわいそう》？

❶

❸

❷

❶ツキノワグマは嗅覚《きゅうかく》や聴覚《ちょうかく》にすぐれ、音《おと》に敏感《びんかん》なので、撃退《げきたい》するには音《おと》を鳴《な》らすのが効果的《こうかてき》。❷左《ひだり》の大木《たいぼく》の陰《かげ》にひそんでいる猟師《りょうし》は、熊《くま》が筏《いかだ》の仕《し》掛《か》けの真下《ました》に来《く》るタイミングを見計《みはか》らっています。❸槍《やり》で仕留《しと》めようとする猟師《りょうし》たち。

8 ニワトリを飼《か》っていた理《り》由《ゆう》は？

元禄《げんろく》10年《ねん》（1697）の料理本《りょうりぼん》『本朝食鑑《ほんちょうしょっかん》』には、大《おお》きなニワトリは闘鶏《とうけい》として、小《ちい》さなニワトリはかわいがるために飼《か》い、ほかに卵《たまご》を産《う》む利点《りてん》もあると述《の》べられています。江戸《えど》時代後期《じだいこうき》になると、卵《たまご》を取《と》る養鶏《ようけい》も盛《さか》んになりました（❶）。摂津国《せっつのくに》（大阪府《おおさかふ》と兵庫県《ひょうごけん》の一部《いちぶ》）を紹介《しょうかい》した『摂津名所図会《せっつめいしょずえ》』の「八百屋町飛禽店《やおやまちとりみせ》」（❷）は大坂《おおさか》にあった鳥《とり》の専門店《せんもんてん》で、店先《みせさき》のオウムにしゃべらせて来客《らいきゃく》をもてなしました。店《みせ》の左奥《ひだりおく》には、鶏肉《とりにく》と卵《たまご》を入《い》れた籠《かご》が並《なら》んでいます。

風俗誌《ふうぞくし》の『守貞謾稿《もりさだまんこう》』によると、鴨《かも》をはじめとする鳥料理《とりりょうり》はごく普通《ふつう》に広《ひろ》まっていて、文化《ぶんか》年間《ねんかん》（1804〜18）以降《いこう》になると上方《かみがた》ではかしわのネギ鍋《なべ》、江戸《えど》ではシャモ（軍鶏）鍋《なべ》が盛《さか》んになったと述《の》べられています。かけそばが1杯《ぱい》16文《もん》の時代《じだい》に、「鶏卵《けいらん》の水煮《みずに》（ゆで卵《たまご》）」が1個《こ》20文《もん》で売《う》られていたという記述《きじゅつ》もあります。

産卵《さんらん》と聞《き》くと、私《わたし》たちは子孫《しそん》を残《のこ》すことと考《かんが》えがちですが、ニワトリが卵《たまご》を産《う》むのは人間《にんげん》の排《はい》卵《らん》と同《おな》じこと。ただし毎日卵《まいにちたまご》を産《う》むニワトリは、後世《こうせい》の品種改良《ひんしゅかいりょう》によって登場《とうじょう》した新種《しんしゅ》でした。江戸時代《えどじだい》のニワトリは毎日卵《まいにちたまご》を産《う》むことはなく、暑《あつ》さ寒《さむ》さが厳《きび》しい季節《きせつ》や卵《たまご》を温《あたた》めているあいだもまた産《う》みませんでした。卵《たまご》が高級品《こうきゅうひん》だった理由《りゆう》の一端《いったん》がわかりますね。

❶

❷

❶親鳥《おやどり》の足元《あしもと》にヒヨコたちの姿《すがた》が。❷店《みせ》の右側《みぎがわ》は観賞用《かんしょうよう》、左側《ひだりがわ》は食用《しょくよう》の鳥《とり》たち。仕入《しい》れられた鳥《とり》は、どちら行《い》きか気《き》が気《き》じゃなかったかも。

9 雉《きじ》ってどんな鳥《とり》だったの？

雉《きじ》が登場《とうじょう》する昔話《むかしばなし》といえば、桃太郎《ももたろう》。原型《げんけい》は室町時代《むろまちじだい》にさかのぼり、江戸時代《えどじだい》には子《こ》ども向《む》けの赤本《あかほん》『桃太郎《ももたろう》』がまとめられました（❶）。江戸時代後期《えどじだいこうき》の戯作者《げさくしゃ》だった曲亭馬琴《きょくていばきん》は桃太郎《ももたろう》を五大昔話《ごだいむかしばなし》のひとつに位置《いち》づけ、味方《みかた》の動物《どうぶつ》たちについては鬼《おに》つまり鬼門《きもん》の方角《ほうがく》が北東《ほくとう》なので、それに対抗《たいこう》する裏鬼門《うらきもん》（南西《なんせい》）側《がわ》の動物《どうぶつ》が選《えら》ばれたとあります（『燕石雑志《えんせきざっし》』）。方位《ほうい》を十二支《じゅうにし》であらわすと西南西《せいなんせい》が申《さる》（猿《さる》）、西《にし》が酉《とり》（鳥《とり》）、西北西《せいほくせい》が戌《いぬ》（犬《いぬ》）。その鳥《とり》の代表《だいひょう》が、雉《きじ》なのでした。

雉《きじ》は江戸時代《えどじだい》の農村部《のうそんぶ》や山里《やまざと》あたりによくいた鳥《とり》で、今《いま》も日本《にほん》の国鳥《こくちょう》です。各地《かくち》で「市町村《しちょうそん》の鳥《とり》」に指定《してい》されています。『増補訓蒙図彙《ぞうほきんもうずい》』では、手前《てまえ》にいるのがシッポの長《なが》いオスで後方《こうほう》に見《み》えるのがメス（❷）。オスは羽根《はね》の色《いろ》が美《うつく》しく、メスは茶色《ちゃいろ》とあります。春先《はるさき》になると鳴《な》き、その肉《にく》は旧暦《きゅうれき》の9月《がつ》から11月《がつ》にかけて食《た》べるとよいとも書《か》かれています。

当時《とうじ》、雉《きじ》の鳴《な》き声《ごえ》は「ケンケン」とあらわされ、そうして鳴《な》いてしまうと天敵《てんてき》に狙《ねら》われたり、猟師《りょうし》に鉄砲《てっぽう》で撃《う》たれたりしてしまいます。これが「雉《きじ》も鳴《な》かずば撃《う》たれまい」の由来《ゆらい》になっています。また「頭隠《あたまかく》して尻隠《しりかく》さず」の主語《しゅご》もやはり雉《きじ》で、とくにオスには長《なが》くてみごとなシッポがあり、どうしても隠《かく》しきれませんでした。みごとすぎる見栄《みば》えも、困《こま》りものですね。

❶

❷

❶雉《きじ》は出陣前《しゅつじんまえ》、「難局《なんきょく》のケン（剣）ヶ峰《がみね》なのでケンケン（とげとげしく）しない」と宣言《せんげん》。ちょっと洒落《しゃれ》すぎ？　❷メスはオスのほぼ真後《まうし》ろに隠《かく》れていて、2羽《わ》の境目《さかいめ》が少々《しょうしょう》見《み》づらくなっています。

10 鷹匠《たかじょう》は鷹《たか》をどうやって捕《つか》まえたの？

鷲《わし》と鷹《たか》の境目《さかいめ》については今《いま》でも諸説《しょせつ》があり、『増補訓蒙図彙《ぞうほきんもうずい》』では「大型《おおがた》の鷹《たか》を鷲《わし》という」と述《の》べられています。それとは別《べつ》に、大型《おおがた》の鷹《たか》として熊鷹《くまたか》もいました（❶）。室町時代《むろまちじだい》から江戸時代《えどじだい》にかけては大型《おおがた》の鳥類《ちょうるい》にとって受難《じゅなん》の時代《じだい》で、森林《しんりん》の伐採《ばっさい》が全国的《ぜんこくてき》に進《すす》み、彼《かれ》らの暮《く》らしは脅《おびや》かされていました。一方《いっぽう》、人間《にんげん》とタッグを組《く》んで生《い》き延《の》びたのが、やや小型《こがた》の鷹《たか》。これを操《あやつ》って野鳥《やちょう》や兎《うさぎ》などを捕《つか》まえる人《ひと》が、鷹匠《たかじょう》でした（❷）。

『日本山海名産図会《にほんさんかいめいさんずえ》』には、伊予国《いよのくに》（愛媛県《えひめけん》）小山田《おやまだ》の捕獲道具《ほかくどうぐ》「張切羅《はりきりあみ》」にかかった鷹《たか》が描《えが》かれています（❸）。仕掛《しか》けは前夜《ぜんや》に用意《ようい》し、まず木《き》の枝《えだ》を使《つか》って中空《ちゅうくう》に大《おお》きな網《あみ》を張《は》り、下《した》の小《ち》さな網《あみ》にヒヨドリ（鵯）を入《い》れ、そのそばに蛇《へび》を模《も》した竹《たけ》を置《お》きます。翌朝《よくあさ》、鷹《たか》が飛来《ひらい》したら糸《いと》の操作《そうさ》で蛇《へび》を動《うご》かし、ヒヨドリ（鵯）を暴《あば》れさせます。それを狙《ねら》って鷹《たか》が舞《ま》い降《お》りたところを、網《あみ》で捕獲《ほかく》するという段取《だんど》りになっています。

今《いま》では「網《あみ》」というと漁撈《ぎょろう》のことが連想《れんそう》されがちですが、上空《じょうくう》に飛《と》んで逃《に》げようとする鳥類《ちょうるい》を獲《と》るとき、昔《むかし》は上《うえ》から被《かぶ》せる投《な》げ網《あみ》が使用《しよう》されていました。すべてをカバーすることをいう「網羅《もうら》」という言葉《ことば》の「羅《ら》」の字《じ》は、もともと鳥《とり》や小動物《しょうどうぶつ》を捕《つか》まえる網《あみ》のことだったのです。

❶

❷

❸

❶熊鷹《くまたか》の鋭《するど》い爪《つめ》に捕《つか》まったら、猿《さる》も万事休《ばんじきゅう》す。❷手前《てまえ》の鷹匠《たかじょう》が放《はな》った鷹《たか》が、空中《くうちゅう》の獲物《えもの》をみごとにキャッチ。鷹匠《たかじょう》の放《はな》ち方《かた》は、オーバーアクション気味《ぎみ》。❸右端《みぎはし》から飛《と》び出《だ》そうとしている猟師《りょうし》は、ひと晩《ばん》かけてワナを仕掛《しか》けた本人《ほんにん》なのでしょうね。

11 金魚《きんぎょ》はどうやって観賞《かんしょう》したの？

金魚《きんぎょ》は室町時代《むろまちじだい》に中国《ちゅうごく》からもたらされ、江戸時代《えどじだい》になると幅広《はばひろ》い人気《にんき》を得《え》ました。『守貞謾《もりさだまん》稿《こう》』には江戸《えど》と大坂《おおさか》の金魚売《きんぎょう》りが描《えが》かれ、天秤棒《てんびんぼう》にぶら下《さ》げた盥《たらい》の中《なか》に金魚《きんぎょ》を入《い》れ、夏《なつ》の涼《すず》しい時間帯《じかんたい》に独特《どくとく》の甲高《かんだか》い売《う》り声《ごえ》で町中《まちなか》をゆっくり売《う》り歩《ある》いたとあります。彼《かれ》らは江戸時代後期《えどじだいこうき》に登《とう》場《じょう》し、夏《なつ》の季語《きご》にもなったほど。見《み》ている側《がわ》からすれば風流《ふうりゅう》ですが、水《みず》の入《はい》った盥《たらい》を担《かつ》ぐ重労働《じゅうろうどう》なので、金魚売《きんぎょう》りの多《おお》くは若者《わかもの》だったといいます（❶）。

江戸時代後期《えどじだいこうき》になると、金魚《きんぎょ》を観賞用《かんしょうよう》に飼育《しいく》するのがブームになり、今《いま》のようなガラス製《せい》で球形《きゅうけい》の金魚鉢《きんぎょばち》に藻《も》などを入《い》れて育《そだ》てるようになりました。しかしそうなる以前《いぜん》は、ガラス製《せい》の金魚鉢《きんぎょばち》が高価《こうか》だったため、どこにでもある陶器《とうき》の鉢《はち》に入《い》れて、上《うえ》から金魚《きんぎょ》を眺《なが》めるのが一般的《いっぱんてき》でした（❷❸）。

これを「上見《うわみ》」といい、金魚《きんぎょ》の品種改良《ひんしゅかいりょう》は上《うえ》から見《み》ることを前提《ぜんてい》にして進《すす》められました。目《め》が飛《と》び出《で》ている出目金《でめきん》タイプもその成果《せいか》のひとつ。やはり「上見《うわみ》」を意識《いしき》して背《せ》ビレをなくしたのが「ランチュウ」で、大坂《おおさか》の天満天神《てんまてんじん》にある金魚屋《きんぎょや》の店先《みせさき》（❹）には水槽《すいそう》の中《なか》で泳《およ》ぐ大《おお》きめの「卵虫《らんちゅう》」つまりランチュウが描《えが》かれています。

❶

❷

❸

❹

❶金魚売《きんぎょう》りのお兄《にい》さん。❷江戸時代《えどじだい》の子《こ》どもの金魚《きんぎょ》すくいは、網《あみ》を使《つか》った魚《さかな》捕《と》りごっこレベル。今《いま》のように紙《かみ》を張《は》ったポイがつくられたのは、大正時《たいしょうじ》代《だい》の頃《ころ》から。❸猫《ねこ》に慌《あわ》てふためく金魚《きんぎょ》。やはり「上見《うわみ》」です。❹立派《りっぱ》なランチュウには、それなりの専門店《せんもんてん》がありました。

12 鯉《こい》って高級魚《こうきゅうぎょ》だったの？

鯛《たい》と鯉《こい》（❶）は、縁起《えんぎ》のよい高級魚《こうきゅうぎょ》の双璧《そうへき》。『日本山海名物図会《にほんさんかいめいぶつずえ》』の「淀鯉《よどごい》」では、鯉《こい》が「河《かわ》魚《うお》の第一上品《だいいちじょうぼん》」とされ、山城国《やましろのくに》（京都府《きょうとふ》）の淀《よど》の鯉《こい》が名物《めいぶつ》だとあり、とりわけ淀城《よどじょう》の水車《すいしゃ》のあたりに棲《す》んでいるのがもっともおいしいと述《の》べられています。しかし淀《よど》の城内《じょうない》で投網《とあみ》をするのは制限《せいげん》されているので、いくら猟師《りょうし》でも、やみくもには獲《と》れないと書《か》き添《そ》えています。その淀城《よどじょう》は京都市《きょうとし》の伏見区《ふしみく》にあり、現在《げんざい》は本丸《ほんまる》の石垣《いしがき》と堀《ほり》の一部《いちぶ》のみが残《のこ》っています。

そんな鯉《こい》には胃《い》がなく、食道《しょくどう》から直接腸《ちょくせつちょう》につながっているため食《く》い貯《だ》めができず、四六時中《しろくじちゅう》エサを求《もと》めて活動《かつどう》します。胃《い》がない代《か》わりに食道部《しょくどうぶ》から消化酵素《しょうかこうそ》を分泌《ぶんぴ》するなど、独特《どくとく》の消化機能《しょうかきのう》を備《そな》えています。基本的《きほんてき》に雑食性《ざっしょくせい》で、水中《すいちゅう》にあるものはなんでも食《た》べてしまいます。

鯉《こい》の生命力《せいめいりょく》にあやかった縁起物《えんぎもの》が、鯉《こい》のぼり（❸）。『東都歳時記《とうとさいじき》』（天保《てんぽう》9年《ねん》、1838刊《かん》）の5月《がつ》5日《にち》の条《じょう》によると「江戸城《えどじょう》では端午《たんご》の御祝儀《ごしゅうぎ》のときに諸大名《しょだいみょう》が登城《とじょう》して粽《ちまき》を献上《けんじょう》し、民《みん》間《かん》では軒端《のきば》に菖蒲《しょうぶ》や蓬《よもぎ》をふいて菖蒲酒《しょうぶざけ》を飲《の》み、粽《ちまき》や柏餅《かしわもち》をつくる。7歳以下《さいいか》の男子《だんし》がいる家《いえ》では、戸外《こがい》に幟《のぼり》を立《た》てて冑人形《かぶといんぎょう》などを飾《かざ》る。近頃《ちかごろ》は簡略化《かんりゃくか》して屋内《おくない》に座敷幟《ざしきのぼり》を飾《かざ》ったり、紙《かみ》で鯉《こい》の形《かたち》をつくって竹《たけ》の先《さき》につけて立《た》てたりする」とあります。最後《さいご》の部分《ぶぶん》はリアルですね。

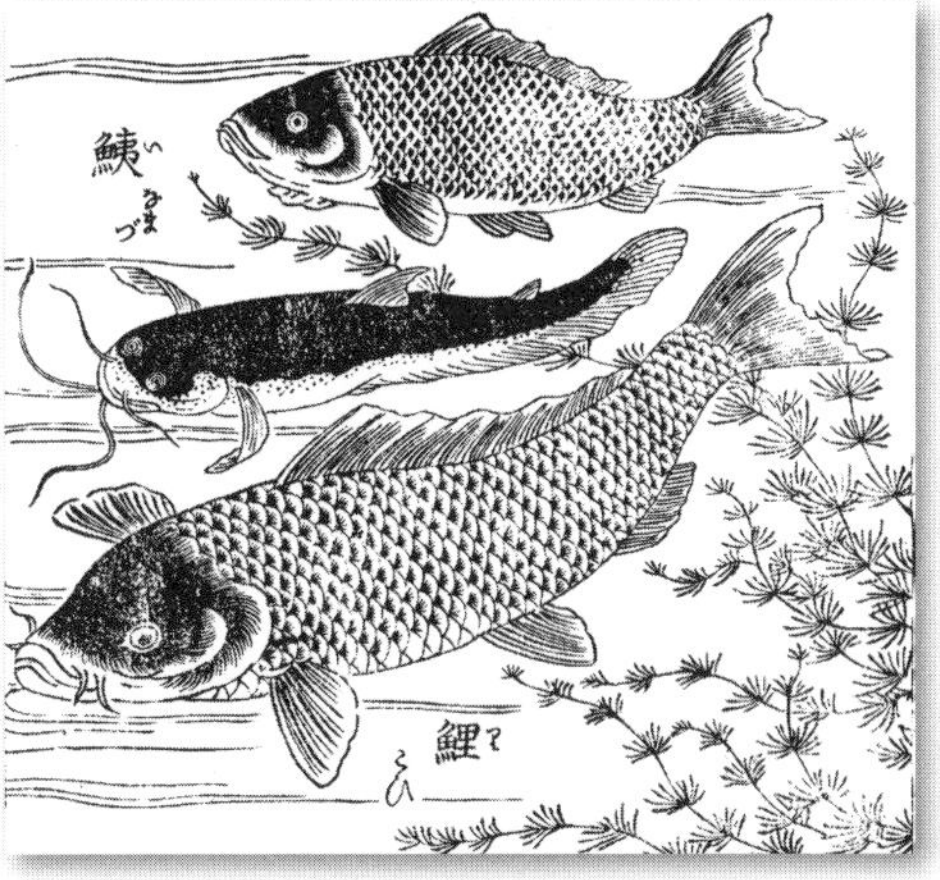

❶

❷

❸

❹

❶同《おな》じ図鑑《ずかん》の魚《さかな》でも、鯉《こい》（下《した》）は定番《ていばん》の画題《がだい》なので、鱗《うろこ》まで緻密《ちみつ》。❷江戸《えど》向島《むこうじま》にあった鯉料理《こいりょうり》の名店《めいてん》「平岩《ひらいわ》」のメニュー。❸歌川広重《うたがわひろしげ》が描《えが》いた鯉《こい》のぼり。江戸時代《えどじだい》は黒《くろ》い真鯉《まごい》だけで、明治時代《めいじじだい》に赤《あか》い緋鯉《ひごい》が加《くわ》わりました。❹怪童丸《かいどうまる》（金太郎《きんたろう》）と巨大《きょだい》な鯉《こい》の組《く》み合《あ》わせは、端午《たんご》の節句飾《せっくかざ》りのモチーフ。

13 どうして鰹節《かつおぶし》は硬《かた》いの？

漢字《かんじ》の鰹《かつお》は堅《かた》い魚《さかな》と書《か》きますが、じつは身《み》は柔《やわ》らか。その代《か》わり表面《ひょうめん》のとくに前半身《ぜんはんしん》に鱗《うろこ》が集中《しゅうちゅう》していて硬《かた》く、水中《すいちゅう》を高速《こうそく》で泳《およ》ぐのに適《てき》していました。その硬《かた》さに輪《わ》をかけて、世界《せかい》でいちばん硬《かた》い食《た》べ物《もの》といわれるのが鰹節《かつおぶし》。鰹節《かつおぶし》の原型《げんけい》となった干《ほ》し鰹《がつお》なら、古代《こだい》からつくられていたようです。

江戸時代《えどじだい》になると工程《こうてい》が進化《しんか》し、まず頭《あたま》と内臓《ないぞう》を取《と》り除《のぞ》いて、煮《に》てから骨《ほね》を抜《ぬ》き取《と》ります。従来《じゅうらい》は藁《わら》や麻《あさ》などで燻《いぶ》していたのを、椚《くぬぎ》や樫《かし》などの木《き》を使《つか》ってじっくり燻《いぶ》し、吊《つ》り下《さ》げて乾燥《かんそう》させて荒節《あらぶし》にします。その様子《ようす》（❶）を描《えが》いた『日本山海名産図会《にほんさんかいめいさんずえ》』は、全国《ぜんこく》の特産品《とくさんひん》を集《あつ》めたガイドブックで、鰹節《かつおぶし》については土佐《とさ》（高知県《こうちけん》）や薩摩《さつま》（鹿児島県《かごしまけん》）の名産《めいさん》とあります。

燻《いぶ》して乾燥《かんそう》させるだけでは表面《ひょうめん》のところしか乾《かわ》かないので、表面《ひょうめん》を削《けず》ってカビのついた桶《おけ》に入《い》れておきます（❷）。すると表面《ひょうめん》に発生《はっせい》したカビが活動《かつどう》するのに水分《すいぶん》を必要《ひつよう》とするため、荒節《あらぶし》の内部《ないぶ》に残《のこ》っていた水分《すいぶん》を吸《す》い上《あ》げます。このように手間《てま》をかけてカビ付《つ》けと乾燥《かんそう》を繰《く》り返《かえ》したものを、枯節《かれぶし》といいます。本枯節《ほんかれぶし》ともいう完成品《かんせいひん》の水分量《すいぶんりょう》は15パーセント以下《いか》になり、もはやカビさえ付《つ》きません。だから保存食《ほぞんしょく》に最適《さいてき》なのですね。

❶

❷

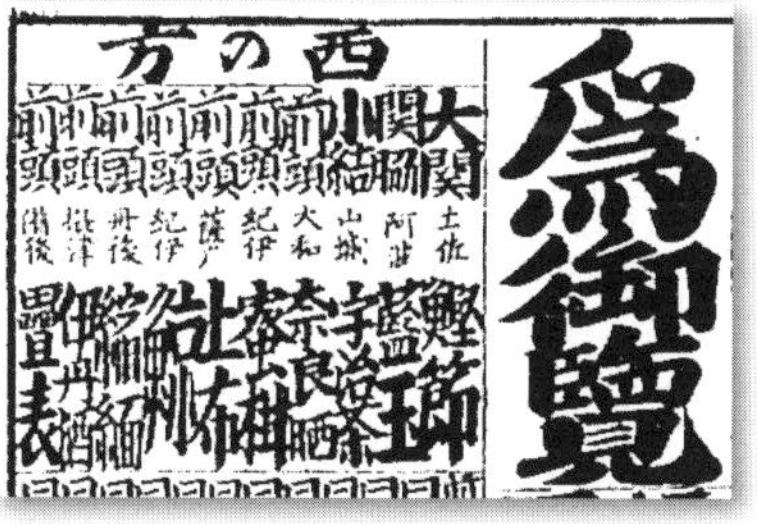

❸

❶荒節《あらぶし》にはデコボコがあり、繰《く》り返《かえ》し燻《いぶ》したときに付着《ふちゃく》したタール分《ぶん》のため、表面《ひょうめん》は真《ま》っ黒《くろ》になります。❷昔《むかし》は自然発生《しぜんはっせい》によるカビづけが一般的《いっぱんてき》。現在《げんざい》は培養《ばいよう》したカビを使用《しよう》します。❸諸国《しょこく》の特産品番付《とくさんひんばんづけ》で西《にし》の1位《い》になった鰹節《かつおぶし》。

14 鮪料理《まぐろりょうり》は人気《にんき》がなかったの？

今《いま》や鮪《まぐろ》は寿司《すし》ネタの定番《ていばん》ですが、江戸時代《えどじだい》には下魚扱《げざかなあつか》いされていました。白身《しろみ》の魚《さかな》にくらべると鮮度《せんど》が落《お》ちやすかったのも、その理由《りゆう》のひとつ。『増補訓蒙図彙《ぞうほきんもうずい》』にはたくさんの魚《さかな》が紹介《しょうかい》され、栄養価《えいようか》や効能《こうのう》についての説明《せつめい》も詳《くわ》しいのですが、鮪《まぐろ》についてはそのサイズが書《か》かれているだけ（❶）。食《た》べ物《もの》という見方《みかた》からは、ほど遠《とお》かったようです。

全国《ぜんこく》の特産品《とくさんひん》を集《あつ》めた『日本山海名産図会《にほんさんかいめいさんずえ》』の「鮪《まぐろ》」の項目《こうもく》によると、筑前宗像《ちくぜんむなかた》（福岡県《ふくおかけん》）や讃岐《さぬき》（香川県《かがわけん》）、平戸五島《ひらどごとう》（五島列島《ごとうれっとう》）などの沖合《おきあい》が本場《ほんば》で、とくに平戸産《ひらどさん》のものが高級《こうきゅう》だと述《の》べられています（❷）。その肉《にく》は鰹《かつお》に似《に》ているけれども、味《あじ》は鰹《かつお》に及《およ》ばないとあります。このような遠隔地《えんかくち》から都心部《としんぶ》まで輸送《ゆそう》するのは、事実上困難《じじつじょうこんなん》でした（❸）。

鮪人気《まぐろにんき》のきっかけは、江戸時代後期《えどじだいこうき》に江戸《えど》に握《にぎ》り寿司《ずし》が登場《とうじょう》したこと。醤油《しょうゆ》に漬《つ》け込《こ》んだ「づけ」によって鮮度《せんど》が保《たも》たれるようになってから、広《ひろ》く賞味《しょうみ》されるようになりました。食材《しょくざい》を腐《くさ》らせる微生物《びせいぶつ》が生《い》きていくためには水分《すいぶん》が必要《ひつよう》なのですが、塩《しお》は水分《すいぶん》を吸収《きゅうしゅう》するため、微生物《びせいぶつ》の活性化《かっせいか》を食《く》い止《と》めます。醤油《しょうゆ》は塩分濃度《えんぶんのうど》が高《たか》いために、その役割《やくわり》を果《は》たし、鮪《まぐろ》の鮮度《せんど》を保《たも》ってくれるのです。

❶

❸

❷

❶海上《かいじょう》にヌッとあらわれた鮪《まぐろ》。たまに海面《かいめん》を飛《と》び跳《は》ねるのは、付着《ふちゃく》した寄《き》生虫《せいちゅう》を払《はら》い落《お》とすためという説《せつ》も。❷網《あみ》で囲《かこ》ってしまえば、まさに一網打《いちもうだ》尽《じん》。❸鮪《まぐろ》を運《はこ》ぶ馬《うま》。そんなゆったりペースで大丈夫《だいじょうぶ》？

15 魚肥《ぎょひ》ってどんな肥料《ひりょう》？

魚《さかな》を原料《げんりょう》にした肥料《ひりょう》を魚肥《ぎょひ》といい、とくに鰯《いわし》を使《つか》ったものが干鰯《ほしか》（❶）。生魚《せいぎょ》は腐《くさ》りやすく、大量《たいりょう》に利用《りよう》しにくいので、鰯《いわし》から油《あぶら》（魚油《ぎょゆ》）を取《と》った残《のこ》りを肥料《ひりょう》にしました。江戸時代《えどじだい》よりも前《まえ》、農業《のうぎょう》も兼《か》ねていた漁師《りょうし》が獲《と》れすぎて余《あま》った鰯《いわし》を乾燥《かんそう》させて畑《はたけ》にまいたのがはじまり。先《さき》に上方《かみがた》で広《ひろ》まり、大坂《おおさか》や堺《さかい》には干鰯問屋《ほしかといや》もでき、その問屋《といや》を通《つう》じて江戸《えど》など関東《かんとう》でも用《もち》いられるようになりました。軽《かる》くて運《はこ》びやすいのも、大《おお》きなメリットでした。

『日本山海名物図会《にほんさんかいめいぶつずえ》』にある鰯漁《いわしりょう》（❷）の解説《かいせつ》によれば、伊予国《いよのくに》（愛媛県《えひめけん》）の宇和島《うわじま》や、関東《かんとう》なら銚子沖《ちょうしおき》が有名《ゆうめい》としています。農学者《のうがくしゃ》の大蔵永常《おおくらながつね》が書《か》いた『農稼肥培論《のうかひばいろん》』にある1枚《まい》は、干鰯《ほしか》を煮《に》て脂分《しぶん》を搾《しぼ》り取《と》っているところ（❸）。深《ふか》いスコップのような道具《どうぐ》で、釜《かま》の上《うえ》から鰯《いわし》を投入《とうにゅう》しています。

下肥《しもごえ》（人糞《じんぷん》）や馬糞《ばふん》、牛糞《ぎゅうふん》のような肥料《ひりょう》は窒素《ちっそ》が多《おお》く、稲作《いなさく》や葉物《はもの》に向《む》いています。それでも胡瓜《きゅうり》や茄子《なす》のように、花《はな》を咲《さ》かせて実《み》を成《な》らせる野菜《やさい》に必要《ひつよう》なリン酸《さん》や、根《ね》の発育《はついく》をうながすカリは不足《ふそく》がち。葉《は》ばかり茂《しげ》って花《はな》が咲《さ》かず、実《み》もあまり成《な》りません。その点《てん》、魚肥《ぎょひ》は窒素《ちっそ》のほかにリン酸《さん》を豊富《ほうふ》に含《ふく》むため花《はな》のつきがよく、実《み》も成《な》りやすかったのです。

❶

❷

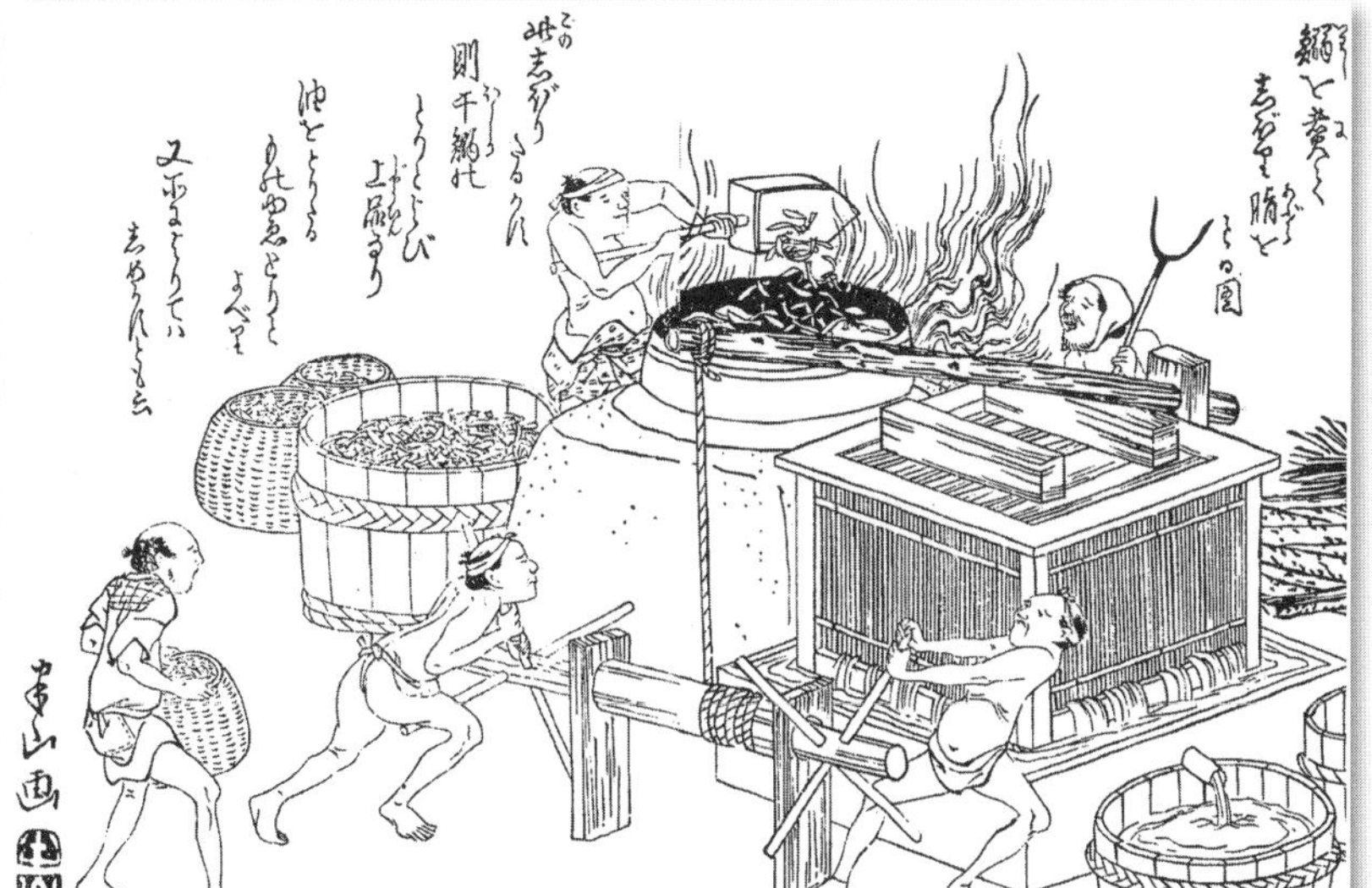

❸

❶干鰯《ほしか》のレプリカ。関東《かんとう》の干鰯《ほしか》といえば、九十九里浜《くじゅうくりはま》が一大生産地《いちだいせいさんち》でした。❷長大《ちょうだい》な網《あみ》を2艘《そう》の船《ふね》で引《ひ》いていきます。❸鰯《いわし》を煮《に》て脂《あぶら》を搾《しぼ》り取《と》るところ。このあと、砕《くだ》いて天日干《てんぴぼ》ししました。

16 蜂蜜《はちみつ》の産地《さんち》はどこ？

採取《さいしゅ》できる蜂蜜《はちみつ》の量《りょう》が多《おお》いセイヨウミツバチの養蜂《ようほう》が明治時代《めいじじだい》に導入《どうにゅう》される前《まえ》は、ニホンミツバチ（和蜂《わばち》）の養蜂《ようほう》が盛《さか》んでした。当時《とうじ》は蜂蜜《みつばち》を花《はな》の種類《しゅるい》で分類《ぶんるい》せず、蓄《たくわ》えられた場所《ばしょ》ごとに分《わ》けていました。貝原益軒《かいばらえきけん》の『大和本草《やまとほんぞう》』（宝永《ほうえい》6年《ねん》、1709刊《かん》）は、崖《がけ》や岩穴《いわあな》の巣《す》から採《と》った「石蜜《いしみつ》」をはじめとして、土《つち》や木《き》の洞《ほら》から採《と》った「土蜜《つちみつ》」や「木蜜《きみつ》」、人家《じんか》に置《お》かれた桶《おけ》などの巣《す》から得《え》た「家蜜《いえみつ》」の4種類《しゅるい》に分《わ》けています。

産地《さんち》は紀伊国《きいのくに》（和歌山県《わかやまけん》・三重県南部《みえけんなんぶ》）の熊野《くまの》が有名《ゆうめい》になり、『日本山海名産図会《にほんさんかいめいさんずえ》』でも項目名《こうもくめい》は「熊野蜂蜜《くまのはちみつ》」（❶）。解説《かいせつ》には「蜜《みつ》を採《と》るときに巣箱《すばこ》の蓋《ふた》を軽《かる》くたたくと蜂《はち》が巣《す》の後《うし》ろに逃《に》げる。その隙《すき》に巣《す》の3分《ぶん》の2を切《き》り取《と》り、あとを残《のこ》しておけば、蜂《はち》がもとどおりに補《おぎな》うので、ひとつの巣《す》から何度《なんど》も採蜜《さいみつ》ができる」とあります。ちなみに❶は、右上《みぎうえ》に拡大《かくだい》して載《の》せられた絵《え》がとても蜂《はち》には見《み》えず、どうやら絵師《えし》は和蜂《わばち》を知《し》らなかったようです。

❶の手前《てまえ》では軒下《のきした》で飼《か》う蜜蜂《みつばち》の巣《す》を切《き》り取《と》り、奥《おく》ではお湯《ゆ》で巣《す》を溶《と》かして蜜蠟《みつろう》（巣《す》の素材《そざい》となる蠟《ろう》を精製《せいせい》したもの）を集《あつ》めています。各地《かくち》の特産品《とくさんひん》について業者《ぎょうしゃ》の視点《してん》から紹介《しょうかい》した大蔵永常《おおくらながつね》の『広益国産考《こうえきこくさんこう》』にある絵《え》（❷）も、『日本山海名産図会《にほんさんかいめいさんずえ》』の絵《え》とよく似《に》ています。

❶

❷

❶『日本山海名産図会《にほんさんかいめいさんずえ》』は、巣《す》づくり（蜜蠟《みつろう》の分泌《ぶんぴ》）をする内勤蜂《ないきんばち》と花《はな》に通《かよ》う外勤蜂《がいきんばち》の区別《くべつ》も解説《かいせつ》しています。❷防護服《ぼうごふく》やフェイスネットがなくても平気《へいき》そう。

17 国産《こくさん》の蚕《かいこ》は海外《かいがい》でも有名《ゆうめい》だったの？

蚕蛾《かいこが》の幼虫《ようちゅう》が蚕《かいこ》。その蚕《かいこ》が繭《まゆ》をつくり、繭《まゆ》からとれる生糸《きいと》が絹《きぬ》の原料《げんりょう》になります。絹織物《きぬおりもの》のもとになる養蚕《ようさん》は古代中国《こだいちゅうごく》から始《はじ》まり、弥生時代《やよいじだい》の日本《にほん》に伝《つた》わったとされています。ただし養蚕《ようさん》技術《ぎじゅつ》を受《う》け入《い》れてからも、生糸《きいと》や絹製品《きぬせいひん》の多《おお》くは本場《ほんば》の中国《ちゅうごく》からの輸入《ゆにゅう》に頼《たよ》っていました。江戸《えど》時代《じだい》に入《はい》ると次第《しだい》に養蚕《ようさん》が発達《はったつ》し、中期以降《ちゅうきいこう》になるとすぐれた解説書《かいせつしょ》も世《よ》に出《で》てマニュアル化《か》が進《すす》み、諸藩《しょはん》の特産品《とくさんひん》として取《と》り組《く》まれることが増《ふ》えていきました。

東《ひがし》の上州《じょうしゅう》（群馬県《ぐんまけん》）と並《なら》ぶ、養蚕《ようさん》のメッカだったのが西《にし》の但馬国《たじまのくに》（兵庫県《ひょうごけん》）。その養父《やぶ》郡出身《ぐんしゅっしん》の上垣守国《うえがきもりくに》が、各地《かくち》の養蚕業《ようさんぎょう》を視察《しさつ》してまとめた『養蚕秘録《ようさんひろく》』（享和《きょうわ》3年《ねん》、1803刊《かん》）は、蛾《が》の雌雄《しゆう》を見分《みわ》けて交配《こうはい》させる方法《ほうほう》（❶）をはじめとして、卵《たまご》から孵化《ふか》した幼虫《ようちゅう》を育《そだ》てる部屋《へや》の環境《かんきょう》（❷）や、病気《びょうき》への対応《たいおう》などが具体的《ぐたいてき》に書《か》かれています。国内《こくない》で広《ひろ》く読《よ》まれ、来日《らいにち》したシーボルトがヨーロッパに持《も》ち帰《かえ》ったのち、フランス語《ご》やイタリア語《ご》にも翻訳《ほんやく》されました。

一方《いっぽう》、シーボルトよりも前《まえ》のオランダ商館医《しょうかんい》を経《へ》て国内《こくない》に製法《せいほう》が伝《つた》わっていた体温計《たいおんけい》は、寒暖《かんだん》計《けい》として養蚕《ようさん》の温度管理《おんどかんり》に活用《かつよう》されました。蚕《かいこ》の成長《せいちょう》が室温《しつおん》に左右《さゆう》されやすいことは、早《はや》くから経験的《けいけんてき》に知《し》られていたのです。

❶

❷

❶本文《ほんぶん》の記述《きじゅつ》によれば、蛾《が》の雄《おす》は早朝《そうちょう》に飛《と》ぶけれども、雌《めす》は静《しず》かに伏《ふ》しているとあります。❷京都方面《きょうとほうめん》や但馬《たじま》での蚕棚《かいこだな》のつくり方《かた》と、棚《たな》に敷《し》く薦《こも》（粗《あら》く編《あ》んだ筵《むしろ》）の取《と》り換《か》え方《かた》を示《しめ》しています。

18 蚊《か》の季《き》節《せつ》はどうしていたの？

除虫菊《じょちゅうぎく》を使《つか》った殺虫剤《さっちゅうざい》は、明治時代以降《めいじじだいいこう》にアメリカから輸入《ゆにゅう》されて広《ひろ》まりました。それ以前《いぜん》は殺虫《さっちゅう》でなく蚊遣《かや》り（除虫《じょちゅう》）が主流《しゅりゅう》で、素焼《すや》きの器《うつわ》で蓬《よもぎ》や杉《すぎ》、松《まつ》の葉《は》や蜜柑《みかん》の皮《かわ》などを燻《いぶ》し、その煙《けむり》で蚊《か》やほかの虫《むし》などを家《いえ》の外《そと》に追《お》い払《はら》っていました。「雑書《ざっしょ》」と呼《よ》ばれた生活雑学《せいかつざつがく》の本《ほん》に載《の》っている絵《え》では、縁側《えんがわ》のところで焚《た》いている煙《けむり》を団扇《うちわ》で庭《にわ》のほうにあおいでいます（❶）。

防虫《ぼうちゅう》テントの蚊帳《かや》（❷）は一般的《いっぱんてき》に麻製《あさせい》で、絹《きぬ》や木綿素材《もめんそざい》もありました。元禄《げんろく》3年《ねん》（１６９０）に上方《かみがた》で出版《しゅっぱん》された職業図鑑《しょくぎょうずかん》の『人倫訓蒙図彙《じんりんきんもうずい》』には「蚊帳屋《かやや》」の作業風景《さぎょうふうけい》が描《えが》かれています（❸）。『守貞謾稿《もりさだまんこう》』には紙帳《しちょう》と呼《よ》ばれる和紙製《わしせい》の蚊帳《かや》に関《かん》する情報《じょうほう》があり、紙布《しふ》を糊付《のりづ》けして貼《は》り合《あ》わせてつくり、上部《じょうぶ》が狭《せま》く下部《かぶ》が広《ひろ》くなっているものが江戸《えど》で商品化《しょうひんか》されていると述《の》べられています。

志賀忍《しがしのぶ》の『理斎随筆《りさいずいひつ》』（文政《ぶんせい》7年《ねん》、１８２４序《じょ》）は「紙帳《しちょう》に十徳《じっとく》あり」と称《しょう》して、10項目《こうもく》の効能《こうのう》を列挙《れっきょ》しています。安価《あんか》、風邪《かぜ》をひかない、天井《てんじょう》から落《お》ちてくる塵《ちり》の防止《ぼうし》、外《そと》から寝姿《ねすがた》が見《み》えない、冬《ふゆ》に防寒用《ぼうかんよう》に使《つか》えるなど、内容《ないよう》は多種多様《たしゅたよう》。現《げん》に紙帳《しちょう》は冬《ふゆ》の防寒用《ぼうかんよう》に重宝《ちょうほう》され、漆職人《うるししょくにん》の塗師《ぬし》が作業《さぎょう》をするときの埃除《ほこりよ》けにも活用《かつよう》されていました。使い道もアイデア次第《しだい》ですね。

❶

❸

❷

❶蚊遣《かや》り火《ひ》は、なるべく煙《けむり》を多《おお》く出《だ》すのがコツ。乾《かわ》いた草木《くさき》は燃《も》えすぎるので、水《みず》をかけながら燃《も》やしました。❷旅館《りょかん》に用意《ようい》されていた大型《おおがた》の蚊帳《かや》。これなら寝相《ねぞう》が悪《わる》くても大丈夫《だいじょうぶ》。❸蚊帳《かや》に隙間《すきま》があったら台無《だいな》しなので、縫《ぬ》い合《あ》わせは慎重《しんちょう》に。

19 稲《いね》の害虫《がいちゅう》はどうやって退治《たいじ》していたの？

江戸《えど》時代《じだい》の文献《ぶんけん》に出《で》てくる「蝗《いなご》」は稲作害虫《いなさくがいちゅう》の総称《そうしょう》でしたが、『和漢三才図会《わかんさんさいずえ》』によると「蝗《いなご》は露《つゆ》を飲《の》むので、稲《いね》に害《がい》を与《あた》えない。稲《いね》の実《みの》りが少《すく》ないときには蝗《いなご》も少《すく》ないため、大量《たいりょう》にいても嫌《きら》われない」とあります。『増補訓蒙図彙《ぞうほきんもうずい》』にある蝗《いなご》の解説《かいせつ》にも「稲《いね》に生《しょう》ず」とあるのみ（❶）。実際《じっさい》に被害《ひがい》をもたらしていたのは主《おも》にウンカ（浮塵子《うんか》）類《るい》で、江戸《えど》時代《じだい》中期《ちゅうき》に起《お》こった享保《きょうほう》の大飢饉《だいききん》でも冷夏《れいか》とウンカが稲作《いなさく》に大《おお》きな被害《ひがい》をもたらしました（『徳川実紀《とくがわじっき》』）。

大蔵永常《おおくらながつね》の農業技術書《のうぎょうぎじゅつしょ》『除蝗録《じょこうろく》』（文政《ぶんせい》9年《ねん》、１８２６刊《かん》）はまさに「除蝗《じょこう》」の専門書《せんもんしょ》で、田《た》の表面《ひょうめん》に鯨油《げいゆ》を注《そそ》いで油膜《ゆまく》にウンカ類《るい》を払《はら》い落《お》とす駆除法《くじょほう》を勧《すす》めています（❷）。こうして飛《と》び立《た》てなくしたり、窒息《ちっそく》させたりする方法《ほうほう》は江戸《えど》時代《じだい》前期《ぜんき》の筑前国《ちくぜんのくに》（福岡県《ふくおかけん》）に先例《せんれい》があり、それを地元《じもと》出身《しゅっしん》の永常《ながつね》が改《あらた》めて紹介《しょうかい》しています。

蝗《いなご》やウンカのような昆虫《こんちゅう》の腹《はら》は、絶《た》えず小刻《こきざ》みに動《うご》いています。虫眼鏡《むしめがね》で見《み》ると腹《はら》の横《よこ》に並《なら》んでいる小《ちい》さな穴《あな》（気門《きもん》）が開《ひら》いたり閉《と》じたりしながら、空気《くうき》を気管《きかん》に出入《でい》りさせて呼吸《こきゅう》しています。彼《かれ》らが腹《はら》を動《うご》かしているのは、私《わたし》たちが胸《むね》を動《うご》かして息《いき》を吸《す》ったり吐《は》いたりするのと同《おな》じはたらき。だから鯨油《げいゆ》に浸《ひた》されると、呼吸《こきゅう》ができなくなってしまうわけですね。

❶

❷

❸

❶蝗《いなご》は貴重《きちょう》なタンパク源《げん》として食用《しょくよう》にされました。一般的《いっぱんてき》にバッタ類《るい》は、エビに似《に》た味《あじ》。❷水田《すいでん》に油《あぶら》を注《そそ》いでいるところ。❸虫追《むしお》いは初夏《しょか》の農村《のうそん》の行事《ぎょうじ》。夜間《やかん》に松明《たいまつ》を焚《た》き、鉦《かね》や太鼓《たいこ》を叩《たた》きながら練《ね》り歩《ある》きました。

20 虫《むし》聴《き》きってどんなイベント？

江戸時代《えどじだい》の虫聴《むしき》きとは、江戸《えど》の郊外《こうがい》へ出《で》かけて、秋《あき》の虫《むし》の鳴《な》き声《こえ》を聴《き》いて楽《たの》しむというイベントです。松虫《まつむし》や鈴虫《すずむし》、蟋蟀《こおろぎ》などの鳴《な》き声《ごえ》に耳《みみ》を傾《かたむ》けていました。江戸《えど》の虫聴《むしき》きの名所《めいしょ》といえば道《どう》灌山《かんやま》。旧暦《きゅうれき》7月末頃《がつすえごろ》の虫聴《むしき》きのシーズンになると、松虫《まつむし》やキリギリス、鈴虫《すずむし》などの虫《むし》の声《こえ》を夜通《よどお》しで楽《たの》しむため、多《おお》くの人々《ひとびと》が集《あつ》まりました。『江戸名所図会《えどめいしょずえ》』の「道灌山聴虫《どうかんやまむしきき》」に、その様子《ようす》が描《えが》かれています（❶）。

江戸時代《えどじだい》もなかばになると、出向《でむ》いて聴《き》くだけでなく捕《つか》まえてきて虫《むし》かごで飼《か》い、鳴《な》き声《ごえ》を自《じ》宅《たく》で楽《たの》しむことも増《ふ》えてきました。それが商売《しょうばい》にもなり、虫《むし》かごも商品化《しょうひんか》されていました（❷）。夏《なつ》の定番《ていばん》は蛍《ほたる》で、こちらは見《み》て楽《たの》しむことになりました（❸）。

やがて飼育《しいく》するだけでなく一《いち》から育《そだ》てる人《ひと》もあらわれ、そうなると卵《たまご》や幼虫《ようちゅう》をうまく育《そだ》てて、ひと冬《ふゆ》を越《こ》さなければなりません。そんなときに、木炭《もくたん》を使《つか》うアイデアも生《う》まれました。木炭《もくたん》は湿気《しっけ》を吸《す》うだけでなく、乾燥《かんそう》しているときには放出《ほうしゅつ》します。たとえば鈴虫《すずむし》を甕《かめ》や火鉢《ひばち》などで飼《か》うとき、冬場《ふゆば》になると土《つち》の上《うえ》に2、3本《ぼん》ほど置《お》いておきました。これが長《なが》い冬《ふゆ》のあいだの乾燥《かんそう》から卵《たまご》を守《まも》り、また木炭《もくたん》の殺菌力《さっきんりょく》で土《つち》にカビなどが生《しょう》じるのを防《ふせ》いでくれたのです。

❶

❷

❸

❶現在《げんざい》の荒川区西日暮里《あらかわくにしにっぽり》にある台地《だいち》が道灌山《どうかんやま》。当時《とうじ》は筑波《つくば》や日光《にっこう》の連山《れんざん》などが一望《いちぼう》できました。❷虫売《むしう》りはあちこち売《う》り歩《ある》かず、１ヶ所《かしょ》で販売《はんばい》しました。❸蛍《ほたる》を売《う》るなら、光《ひか》り具合《ぐあい》がよくわかる夜《よる》に限《かぎ》ります。

コラム 1 ラクダ狂騒曲《きょうそうきょく》

江戸《えど》時代《じだい》、長崎《ながさき》の出島《でじま》にはオランダや中国《ちゅうごく》からの商人《しょうにん》や使者《ししゃ》が滞在《たいざい》し、彼《かれ》らを介《かい》して異国《いこく》の動物《どうぶつ》たちが輸入《ゆにゅう》されるようになりました。文政《ぶんせい》4年《ねん》(1821)には、雌雄《しゆう》のラクダが長崎《ながさき》に届《とど》いています。

平戸藩《ひらどはん》の藩主《はんしゅ》だった松浦静山《まつらせいざん》は、その著《ちょ》『甲子夜話《かっしやわ》』の中《なか》で長崎《ながさき》に着《つ》いたラクダに触《ふ》れ、江戸《えど》まで行《い》き着《つ》けるかどうか案《あん》じています。その後《ご》も静山《せいざん》は関心《かんしん》を持《も》ち続《つづ》け、両国橋《りょうごくばし》のあたりにラクダの細工物《さいくもの》が展示《てんじ》され、絵図《えず》も出回《でまわ》っているといった記《き》述《じゅつ》があります。

ラクダは夫婦仲《ふうふなか》がよい動物《どうぶつ》として江戸《えど》や上方《かみがた》で珍重《ちんちょう》され、ひと目《め》見《み》たいと願《ねが》う人《ひと》たちが押《お》しかけました。その熱狂《ねっきょう》ぶりに基《もと》づいて、数年後《すうねんご》には『駱駝之世界《らくだのせかい》』(文政《ぶんせい》8年《ねん》、1825刊《かん》)という本《ほん》まで書《か》かれています(図《ず》)。ちょっとした珍獣《ちんじゅう》ブームがあったのですね。

▲夫婦《ふうふ》のラクダ

第《だい》2章《しょう》 ● 植《しょく》物《ぶつ》のすがた

1 米《こめ》の脱《だっ》穀《こく》はどうやっていたの？

脱穀《だっこく》とは、刈《か》り入《い》れた稲《いね》や麦《むぎ》などの茎《くき》から穀粒《こくつぶ》を取《と》り外《はず》すこと。江戸時代前期《えどじだいぜんき》までは、米《こめ》の脱《だっ》穀《こく》に竹製《たけせい》の扱《こ》き箸《ばし》が使《つか》われていました。竹《たけ》の棒《ぼう》を縦半分《たてはんぶん》に割《わ》り、一端《いったん》を藁《わら》などで結《むす》んで束《たば》ね、その隙間《すきま》に穂先《ほさき》を挟《はさ》んで引《ひ》き抜《ぬ》いて籾殻《もみがら》を落《お》とします。これに続《つづ》く千歯扱《せんばこ》きは元禄期《げんろくき》あたりに考案《こうあん》され、当初《とうしょ》は麦《むぎ》を脱穀《だっこく》するための竹製《たけせい》の歯《は》でしたが、やがて鉄《てつ》の扱《こ》き歯《ば》に改良《かいりょう》され、稲《いね》の脱穀《だっこく》に使《つか》われました。鉄《てつ》の歯《は》の隙間《すきま》に稲《いね》の穂先《ほさき》を入《い》れて引《ひ》き抜《ぬ》くと、殻《から》だけが落《お》ちます。

籾殻《もみがら》が付《つ》いたままの小《ちい》さな穂先《ほさき》が多《おお》く出《で》るので、さらに唐棹《からさお》（❶）で何度《なんど》も叩《たた》いて殻《から》を分離《ぶんり》しました。唐棹《からさお》は木《き》や竹《たけ》の棹先《さおさき》に蝶番《ちょうつがい》のようにして板《いた》や棒《ぼう》を取《と》りつけた道具《どうぐ》で、両手《りょうて》に持《も》って勢《いきお》いよく振《ふ》り下《お》ろしながら、麦《むぎ》や稲《いね》を叩《たた》いて脱穀《だっこく》しました。

大蔵永常《おおくらながつね》の『農具便利論《のうぐべんりろん》』（文政《ぶんせい》5年《ねん》、１８２２刊《かん》）は、江戸時代《えどじだい》の農具《のうぐ》のもっとも詳《くわ》しい実《じ》用図鑑《ようずかん》で、そこに竹製《たけせい》と鉄製《てっせい》の千歯扱《せんばこ》き（❷）が描《えが》かれています。鉄製《てっせい》の産地《さんち》には釘《くぎ》を生産《せいさん》していた例《れい》もあり、鉄歯《てつば》づくりのもとになったとも考《かんが》えられています。千歯鍛冶《せんばかじ》は全国各地《ぜんこくかくち》を訪《おとず》れて修理《しゅうり》を手《て》がけ、また商人《しょうにん》と組《く》んで販売《はんばい》と修理《しゅうり》を結《むす》びつけました。こういう地道《じみち》な活動《かつどう》により、日本中《にほんじゅう》の農家《のうか》に千歯扱《せんばこ》きが行《い》き渡《わた》るようになったとされています。

❶

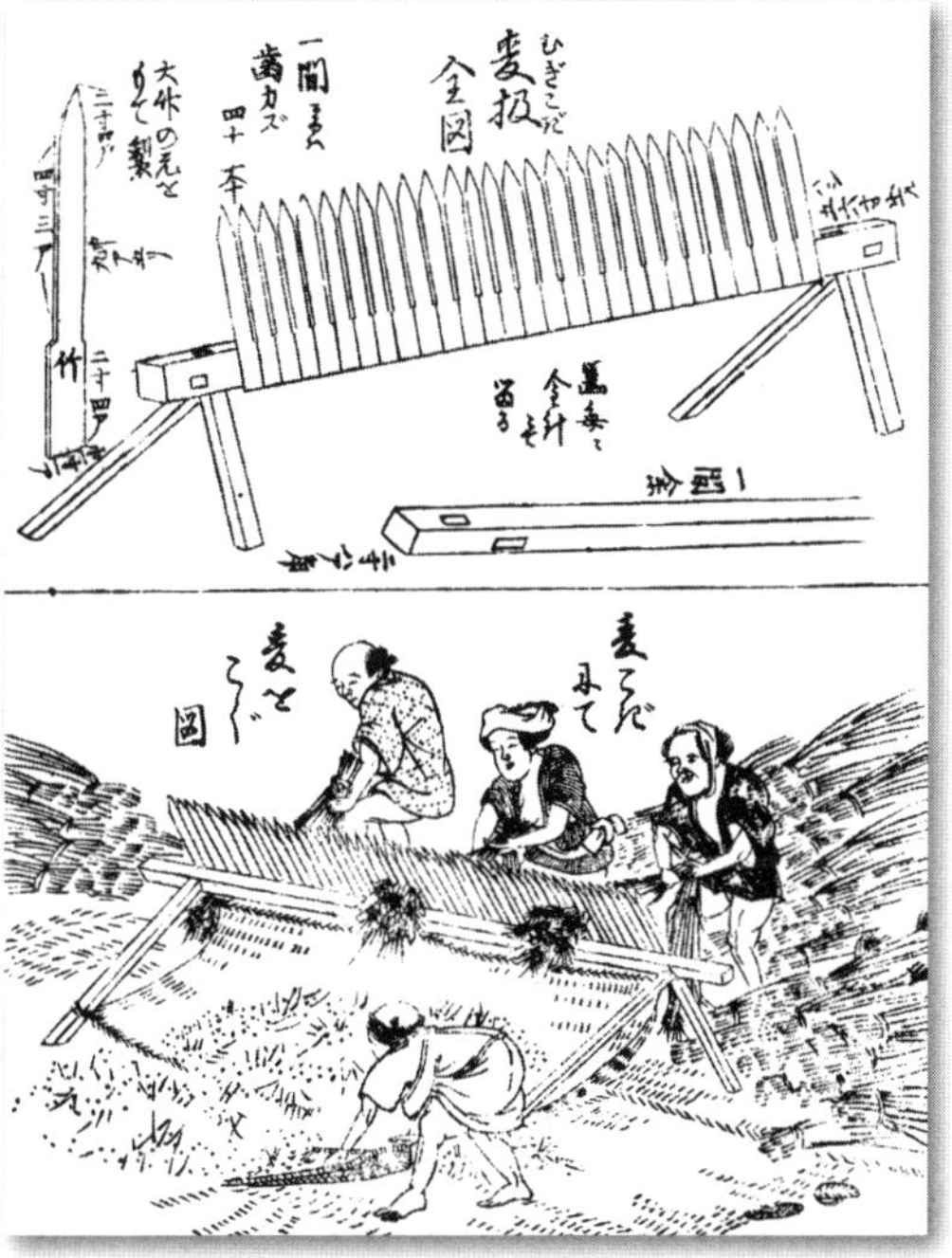

❷

❶農家《のうか》の婦人《ふじん》たちが、唐棹《からさお》を使《つか》って脱穀中《だっこくちゅう》。奥《おく》の女性《じょせい》は千歯《せんば》扱《こ》きを使用《しよう》しています。❷これは竹製《たけせい》の麦《むぎ》扱《こ》き。上《うえ》の設計図《せっけいず》には、各部品《かくぶひん》の寸法《すんぽう》や歯《は》の本数《ほんすう》などが書《か》かれています。

2 大豆《だいず》からつくられる食品《しょくひん》って何《なに》?

魚《さかな》のほかに動物性《どうぶつせい》のタンパク質《しつ》を摂《と》る機会《きかい》の少《すく》なかった日本人《にほんじん》にとって、大豆《だいず》はその不足《ふそく》を補《おぎな》ってくれる植物性《しょくぶつせい》タンパク質《しつ》のよりどころ。醤油《しょうゆ》、味噌《みそ》、豆腐《とうふ》、納豆《なっとう》、食用油《しょくようあぶら》など、大豆由来《だいずゆらい》の発酵食品《はっこうしょくひん》や加工食品《かこうしょくひん》は、かなりの種類《しゅるい》にのぼります。海水《かいすい》から採《と》れる食品添加物《しょくひんてんかぶつ》のにがり（苦汁）で豆乳《とうにゅう》を固《かた》めたのが豆腐《とうふ》で、栄養価《えいようか》が高《たか》く、安《やす》い値段《ねだん》で1年中《ねんじゅう》食《た》べられました。江戸時代《えどじだい》には米《こめ》、大根《だいこん》、豆腐《とうふ》という白《しろ》い食材《しょくざい》が「三白《さんぱく》」として親《した》しまれています。

100種類《しゅるい》もの豆腐料理《とうふりょうり》を紹介《しょうかい》した『豆腐百珍《とうふひゃくちん》』（天明《てんめい》2年《ねん》、1782刊《かん》）（❶）の100品《しな》のうち、「通品《つうひん》（一般的《いっぱんてき》に販売《はんばい》されている品《しな》）」第三十四《だいさんじゅうよん》にある「やっこ豆腐《どうふ》」は冷奴《ひややっこ》のこと。当時《とうじ》の人たちにとっては、シンプルに醤油《しょうゆ》をかけるのがもっとも普通《ふつう》の食《た》べ方《かた》だったようです。醤油《しょうゆ》づくりについては、江戸時代中期以降《えどじだいちゅうきいこう》に関東《かんとう》の常陸《ひたち》・下総《しもうさ》・上総《かずさ》・相模《さがみ》などで盛《さか》んになり、大蔵永常《おおくらながつね》の『広益国産考《こうえきこくさんこう》』には製造工程《せいぞうこうてい》が詳《くわ》しく書《か》かれています（❷）。

もともと太古《たいこ》の調味料《ちょうみりょう》といえば、主役《しゅやく》は塩《しお》でした。やがて塩《しお》や大豆《だいず》を使《つか》った味噌《みそ》や醤油《しょうゆ》などが開発《かいはつ》され、味付《あじつ》けの主役《しゅやく》が交代《こうたい》しました。それにともなって塩《しお》は、漬《つ》け物《もの》のような保存食《ほぞんしょく》のために使《つか》われる機会《きかい》が増《ふ》え、新旧《しんきゅう》の調味料《ちょうみりょう》の役割分担《やくわりぶんたん》が成《な》り立《た》ったと考《かんが》えられています。

❶

❸

❷

❶大坂《おおさか》で刊行《かんこう》された『豆腐百珍《とうふひゃくちん》』の扉絵《とびらえ》。提灯《ちょうちん》にある「ふちや」とは、京都祇園《きょうとぎおん》の豆腐茶屋《とうふちゃや》の藤屋《ふじや》のこと。❷なるべく他国《たこく》から買《か》い入《い》れず、地産地消《ちさんちしょう》で済《す》ませるべきだと永常《ながつね》は述《の》べています。❸現代《げんだい》でも、移動販売《いどうはんばい》をしている豆腐売《とうふう》りに出会《であ》うことがあります。

3 薩摩芋料理《さつまいもりょうり》ってどんなメニュー？

江戸《えど》時代中期《じだいちゅうき》に発生《はっせい》した享保《きょうほう》の大飢饉《だいききん》を大《おお》きなきっかけにして、米《こめ》が不作《ふさく》のときに備《そな》える救荒作物《きゅうこうさくもつ》の薩摩芋《さつまいも》が注目《ちゅうもく》されました（❶）。8代将軍徳川吉宗《だいしょうぐんとくがわよしむね》の指示《しじ》のもとで、栽培《さいばい》と普及《ふきゅう》に努《つと》めた青木昆陽《あおきこんよう》の活躍《かつやく》は有名《ゆうめい》ですね。昆陽《こんよう》がまとめた『甘藷之記《かんしょのき》』には薩摩芋《さつまいも》の栽培法《さいばいほう》が詳《くわ》しく書《か》かれ、付録《ふろく》には食《た》べ方《かた》まで説明《せつめい》されています。乳幼児《にゅうようじ》の離乳食《りにゅうしょく》や、腹《はら》を下《くだ》したときの食事《しょくじ》にもなることが紹介《しょうかい》され、この本《ほん》がもとになって「甘藷先生《かんしょせんせい》」の名《な》が全国的《ぜんこくてき》に広《ひろ》まりました。

豆腐料理《とうふりょうり》のバリエーションを示した『豆腐百珍《とうふひゃくちん》』がヒットすると、それにあやかった類書《るいしょ》があらわれ、そのひとつが姉妹編《しまいへん》の『甘藷百珍《いもひゃくちん》』（寛政元年《かんせいがんねん》、1789刊《かん》）でした。同書《どうしょ》では薩摩芋料理《さつまいもりょうり》が123品並《ぴんなら》び、家庭料理《かていりょうり》の「尋常品《じんじょうひん》」から極上級《ごくじょうきゅう》の「絶品《ぜっぴん》」まで4ランクに分類《ぶんるい》されています。都心部《としんぶ》には、薩摩芋《さつまいも》の専門店《せんもんてん》もできました（❷）。

大蔵永常《おおくらながつね》の『竈《かまど》の賑《にぎわ》ひ』にはさまざまなご飯《はん》ものが紹介《しょうかい》され、そのひとつが「薩摩芋飯《さつまいもめし》」。料理法《りょうりほう》によると、芋《いも》の傷《いた》んだところを取《と》り除《のぞ》くけれども、皮《かわ》は剝《む》かないとあります。挿絵《さしえ》（❸）では右側《みぎがわ》の女性《じょせい》がうっかり皮《かわ》を剝《む》いてしまい、左側《ひだりがわ》の暖簾《のれん》から顔《かお》をのぞかせている女性《じょせい》が「皮《かわ》は剝《む》かなくていいらしいよ」と声《こえ》をかけています。皮《かわ》に含《ふく》まれる栄養《えいよう》の高《たか》さは、今《いま》では有名《ゆうめい》ですね。

❶

❷

❸

❶芋《いも》の量《はか》り売《う》り。名称《めいしょう》の「琉球《りゅうきゅう》（沖縄《おきなわ》）」芋《いも》は、薩摩芋《さつまいも》の別名《べつめい》。❷江戸《えど》麻布《あざぶ》の芋洗坂《いもあらいざか》の焼《や》き芋屋《いもや》。看板《かんばん》の「八里半《はちりはん》」は、味《あじ》が栗《くり》（くり＝九里）に近《ちか》いというシャレ。❸薩摩芋《さつまいも》の皮《かわ》が紫色《むらさきいろ》なのは、抗酸化作用《こうさんかさよう》で知《し》られる色素《しきそ》のアントシアニンによるもの。

4 どんな大根《だいこん》があったの？

大根《だいこん》は、すでに奈良《なら》時代《じだい》には大陸《たいりく》から伝《つた》わりました。現在《げんざい》の主流品種《しゅりゅうひんしゅ》となる青首大根《あおくびだいこん》の源流《げんりゅう》だった尾張国《おわりのくに》（愛知県《あいちけん》）の宮重大根《みやしげだいこん》や京都《きょうと》の聖護院大根《しょうごいんだいこん》（❶）をはじめとして、さまざまな品種《ひんしゅ》がありました。農学者《のうがくしゃ》の宮崎安貞《みやざきやすさだ》が元禄期《げんろくき》にまとめた『農業全書《のうぎょうぜんしょ》』にも、大根《だいこん》の種類《しゅるい》がいくつも登場《とうじょう》します。安貞《やすさだ》の師匠《ししょう》だった貝原益軒《かいばらえきけん》の『大和本草《やまとほんぞう》』には「薩摩《さつま》（鹿児島県《かごしまけん》）の大根《だいこん》は通常《つうじょう》のものより大《おお》きい」という記述《きじゅつ》があり、のちの桜島大根《さくらじまだいこん》を連想《れんそう》させます。

宮重大根《みやしげだいこん》については、江戸《えど》時代《じだい》に入《はい》ってから尾張国《おわりのくに》で栽培《さいばい》が始《はじ》まりました。尾張《おわり》の徳川家《とくがわけ》にも献上《けんじょう》され、江戸時代中期《えどじだいちゅうき》には全国《ぜんこく》に知《し》れ渡《わた》るところとなりました。『尾張名所図会《おわりめいしょずえ》』（天保《てんぽう》15年《ねん》、１８４４刊《かん》）の「青物市問屋《あおものいちといや》」の項目《こうもく》（❷）によれば、宮重大根《みやしげだいこん》をはじめとする各地《かくち》の名産《めいさん》が集《あつ》められ、買《か》い出《だ》しの商人《しょうにん》たちが蟻《あり》のように集《あつ》まってきて、担《かつ》いだり馬車《ばしゃ》で運《はこ》んだりして運搬《うんぱん》すると述《の》べられています。

保存食《ほぞんしょく》の切《き》り干《ぼ》し大根《だいこん》や沢庵漬《たくあんづけ》（❸）なども考案《こうあん》され、調理法《ちょうりほう》の幅《はば》も広《ひろ》がりました。同《おな》じく『尾張名所図会《おわりめいしょずえ》』に取《と》り上《あ》げられた沢庵漬《たくあんづけ》は全国有数《ぜんこくゆうすう》の特産品《とくさんひん》で、伝統《でんとう》の酒《さけ》づくりから商売替《しょうばいが》えした人《ひと》は、醸造用《じょうぞうよう》の巨大《きょだい》な酒樽《さかだる》を流用《りゅうよう》したとか。ナイスアイデアでしたね。

❶

❸

❷

❶収穫中《しゅうかくちゅう》の聖護院大根《しょうごいんだいこん》。太《ふと》くておいしそう。❷絵《え》の右側《みぎがわ》に、運搬用《うんぱんよう》の大八《だいはち》車《ぐるま》と馬《うま》が見《み》えます。❸沢庵《たくあん》を漬《つ》けている樽《たる》は巨大《きょだい》。

5 梅干《うめぼ》しが人気《にんき》だった秘密《ひみつ》とは？

江戸《えど》時代前期《じだいぜんき》に著《あらわ》された『雑兵物語《ぞうひょうものがたり》』には、戦国時代《せんごくじだい》の武士《ぶし》は食料袋《しょくりょうぶくろ》に梅干《うめぼし》を入《い》れておき、舐《な》めずに眺《なが》めて喉《のど》の渇《かわ》きを癒《いや》していたと書《か》かれています。梅干《うめぼ》しは携帯《けいたい》できる保存食《ほぞんしょく》になり、長《なが》い行軍《こうぐん》による疲労回復《ひろうかいふく》、泥水《どろみず》などを飲《の》んだときの腹痛《ふくつう》止《ど》めや殺菌《さっきん》、合戦《かっせん》による傷口《きずぐち》の消毒《しょうどく》などにも使《つか》われていました。主《おも》に夏場《なつば》に利用《りよう》され、これらの効能《こうのう》は合戦《かっせん》のなくなった平和《へいわ》な江戸時代《えどじだい》の暮《く》らしにも役立《やくだ》ち、各地《かくち》で梅干《うめぼ》しがつくられるようになりました。

大蔵永常《おおくらながつね》の『広益国産考《こうえきこくさんこう》』は、梅《うめ》の木《き》を植《う》えて梅《うめ》の実《み》を収穫《しゅうかく》し、農家《のうか》の利益《りえき》とするように勧《すす》めています（❶）。梅干《うめぼ》しを詰《つ》めた酒樽《さかだる》が浪花《なにわ》から江戸《えど》へ盛《さか》んに送《おく》られて利益《りえき》を上《あ》げていたことや、小田原名物《おだわらめいぶつ》の紫蘇《しそ》巻《ま》き梅《うめ》のことなどが書《か》かれています。

『江戸名所図会《えどめいしょずえ》』には、東海道《とうかいどう》の川崎《かわさき》と神奈川《かながわ》のあいだにあった生麦村《なまむぎむら》で繁盛《はんじょう》していた「しがらき茶店《ちゃみせ》」（❷）が取《と》り上《あ》げられています。説明《せつめい》によると、この「水茶屋《みずちゃや》（茶《ちゃ》などを提供《ていきょう》して休《きゅう》息《そく》させる店《みせ》）」は享保期《きょうほうき》に開業《かいぎょう》し、梅干《うめぼ》しや梅漬《うめづ》けの生姜《しょうが》などを販売《はんばい》し、行《ゆ》き交《か》う人《ひと》がみな立《た》ち寄《よ》るくらい繁盛《はんじょう》していました。梅《うめ》は疲労回復《ひろうかいふく》などに有効《ゆうこう》なクエン酸《さん》、リンゴ酸《さん》などの有機酸《ゆうきさん》を多《おお》く含《ふく》んでいますから、旅《たび》の疲《つか》れにはうってつけですね。

❶

❷

❶絵《え》の題名《だいめい》は「梅《うめ》の実《み》を四斗《よんと》（約《やく》72リットル）樽《たる》に漬《つ》けて全国《ぜんこく》に出荷《しゅっか》する図《ず》」というもの。❷幕末《ばくまつ》の外交問題《がいこうもんだい》（生麦事件《なまむぎじけん》）で名《な》を知《し》られた生麦村《なまむぎむら》は、もともと梅干《うめぼし》が名産《めいさん》でした。

6 葛《くず》ってどんな食材《しょくざい》？

葛《くず》とは、マメ科《か》のツル性植物《せいしょくぶつ》の根《ね》から得《え》られるデンプンを精製《せいせい》してつくられる食用《しょくよう》の粉《こな》のこと。葛《くず》の根《ね》を掘《ほ》り取《と》って砕《くだ》いたものを布袋《ぬのぶくろ》に入《い》れ、冷《つめ》たい水《みず》の水槽《すいそう》に浸《つ》け、デンプンを水中《すいちゅう》に沪《こ》し出《だ》すことを「晒《さら》す」といいます。そうして精製《せいせい》された葛《くず》は粒子《りゅうし》が細《こま》かく、高級《こうきゅう》和菓子《わがし》や葛餅《くずもち》、料理《りょうり》のとろみ付《づ》けなどに利用《りよう》されていました。漢方薬《かんぽうやく》の原料《げんりょう》にもなり、今《いま》でも風邪薬《かぜぐすり》の葛根湯《かっこんとう》や薬湯《くすりゆ》の葛湯《くずゆ》は有名《ゆうめい》ですね。秋《あき》の七草粥《ななくさがゆ》のひと品《しな》にも含《ふく》まれています。

『和漢三才図会《わかんさんさいずえ》』には「葛粉《くずこ》は吉野《よしの》の晒《さら》し葛《くず》が最高級《さいこうきゅう》」とあります。『日本山海名産図会《にほんさんかいめいさんずえ》』には「吉野葛《よしのくず》」の名《な》で紹介《しょうかい》されています（❶）。大蔵永常《おおくらながつね》の『製葛録《せいかつろく》』（文政《ぶんせい》13年《ねん》、１８３０刊《かん》）は、葛《くず》の掘《ほ》り出《だ》し方《かた》や葛粉《くずこ》のつくり方《かた》などについて述《の》べ（❷、❸）、栽培《さいばい》する土地《とち》については寒《さむ》い地域《ちいき》でも温暖《おんだん》なところでも問題《もんだい》ないとしています。

永常《ながつね》は「飢饉《ききん》になったら豆腐《とうふ》かすと葛《くず》をかき混《ま》ぜて熱湯《ねっとう》で練《ね》って団子《だんご》をつくり、味噌汁《みそしる》か醤油《しょうゆ》や塩《しお》で大根《だいこん》の葉《は》の類《たぐい》を刻《きざ》んだ中《なか》に入《い》れて煮《に》るとよい。葛粉《くずこ》を買《か》うなら晒《さら》していない安価《あんか》の灰葛《はいくず》を買《か》えばよく、私《わたし》も飢饉《ききん》のとき手《て》に入《い》れて調理《ちょうり》した。世間《せけん》では草《くさ》の根《ね》や松《まつ》の木《き》の皮《かわ》などを粉状《こなじょう》にして米粉《べいふん》に交《ま》ぜたりして食《た》べていたが、葛《くず》のほうがおいしい」と実感《じっかん》を込《こ》めて語《かた》っています。

❶

❷

❸

❶奈良《なら》の吉野地方《よしのちほう》は昔《むかし》から葛《くず》の自生地《じせいち》。❷山《やま》に入《はい》り、葛《くず》を掘《ほ》り出《だ》している人《ひと》たち。地面《じめん》に葛《くず》の葉《は》があらわれています。❸葛粉《くずこ》を干《ほ》すところ。絵《え》の余白《よはく》に、作業《さぎょう》の注意点《ちゅういてん》が書《か》かれています。

7 砂糖《さとう》は高級品《こうきゅうひん》じゃなかったの？

江戸時代初期《えどじだいしょき》の頃《ころ》、甘《あま》い物《もの》といえば蜂蜜《はちみつ》や干《ほ》し柿《がき》、水飴《みずあめ》くらいで、砂糖《さとう》は多《おお》くの人《ひと》たちにとって高嶺《たかね》の花《はな》でした。その後《ご》は砂糖《さとう》の需要《じゅよう》も年々《ねんねん》増《ふ》え続《つづ》けましたが、大半《たいはん》は海外《かいがい》からの輸入品《ゆにゅうひん》。農学者《のうがくしゃ》の宮崎安貞《みやざきやすさだ》は銀《ぎん》や銅《どう》といった貴金属《ききんぞく》の海外流出《かいがいりゅうしゅつ》を抑《おさ》えるため、各地《かくち》に砂糖黍《さとうきび》（❶）を植《う》えて生産《せいさん》することを勧《すす》め（『農業全書《のうぎょうぜんしょ》』）、のちに8代将軍徳川吉宗《だいしょうぐんとくがわよしむね》は砂糖《さとう》の国産化《こくさんか》を奨励《しょうれい》しました。『日本山海名物図会《にほんさんかいめいさんずえ》』には薩摩《さつま》（鹿児島県《かごしまけん》）の黒砂糖《くろざとう》の解説《かいせつ》（❷）があります。砂糖黍《さとうきび》を叩《たた》き砕《くだ》いて煎《せん》じ詰《つ》めてから石灰《せっかい》を加《くわ》えて固《かた》めたのが黒砂糖《くろざとう》で、「中国産《ちゅうごくさん》の白砂糖《しろざとう》や氷砂糖《こおりざとう》の原料《げんりょう》も同《おな》じ砂糖黍《さとうきび》だが、日本《にほん》では技術的《ぎじゅつてき》に製造《せいぞう》できない」と書《か》かれています。エレキテルで知《し》られる平《ひら》賀源内《がげんない》も砂糖《さとう》の国産化《こくさんか》を思《おも》い描《えが》いた人物《じんぶつ》で、その著『物類品隲《ぶつるいひんしつ》』（宝暦《ほうれき》13年《ねん》、１７６３刊《かん》）の最《さい》後《ご》のほうで砂糖《さとう》の製法《せいほう》に触《ふ》れています（❸）。その源内《げんない》の出身地《しゅっしんち》だった讃岐《さぬき》（香川県《かがわけん》）でのちに生産《せいさん》されるようになったのが、中国産《ちゅうごくさん》の「唐三盆《とうさんぼん》」に対《たい》する国産《こくさん》の「和三盆《わさんぼん》」でした。

なお、砂糖黍《さとうきび》の搾《しぼ》り汁《じる》は酸性《さんせい》で、そのままでは固《かた》まらないため、黒砂糖《くろざとう》を製造《せいぞう》するときには石《せっ》灰《かい》を入《い》れていました。そうしてアルカリ性《せい》にすることにより、冷《ひ》やせば固《かた》まるようになります。黒砂糖《くろざとう》がアルカリ性食品《せいしょくひん》なのは、石灰《せっかい》を使《つか》っているからなのです。

❶

❷

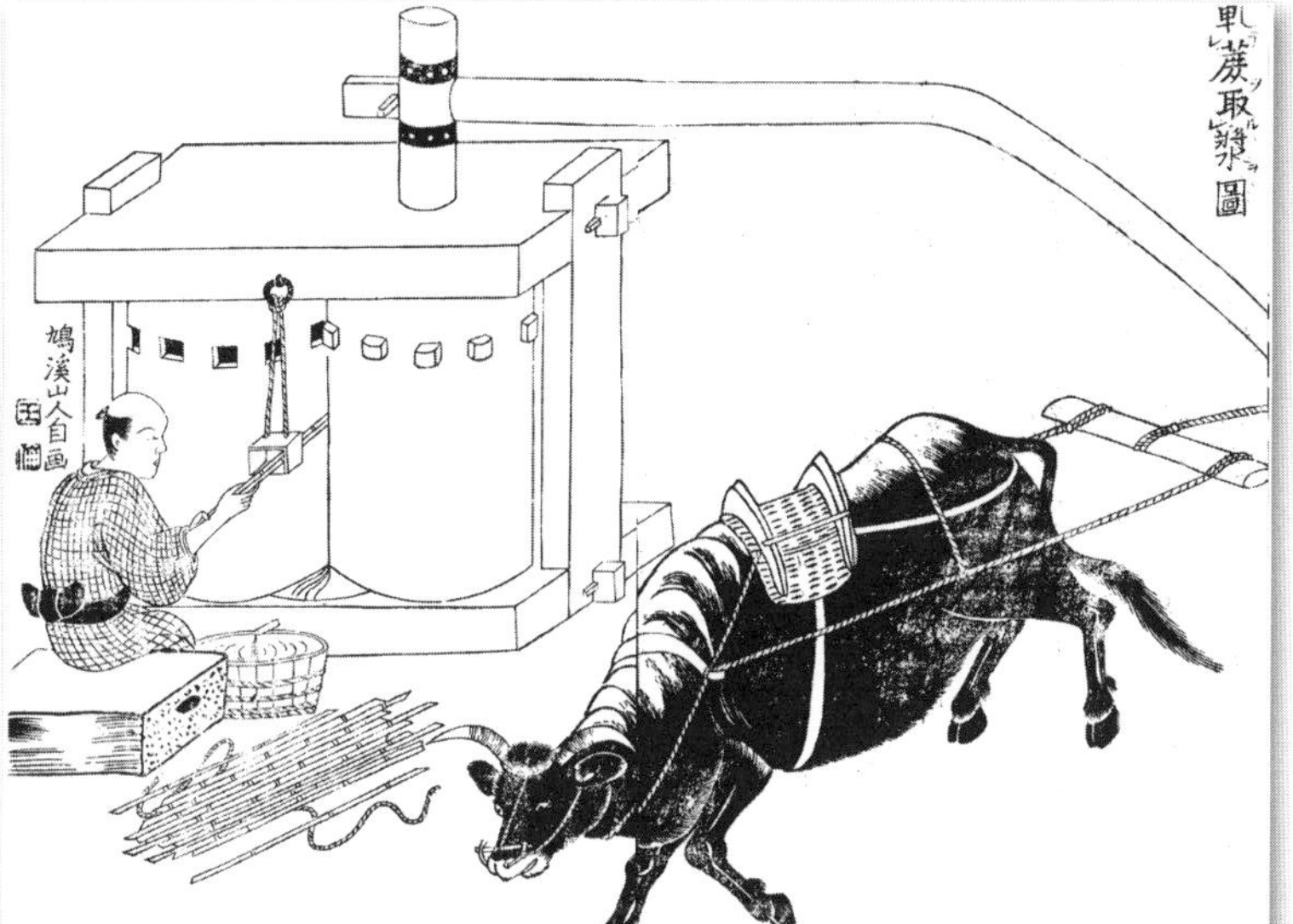

❸

❶これが砂糖黍《さとうきび》。❷タイトルは「薩摩《さつま》大島《おおしま》黒砂糖《くろざとう》」。九州《きゅうしゅう》南方《なんぽう》海上《かいじょう》の奄美《あまみ》大島《おおしま》での製糖《せいとう》が紹介《しょうかい》されています。❸牛《うし》が装置《そうち》の周囲《しゅうい》を巡《めぐ》るとローラーが回《まわ》り、挟《はさ》んだ砂糖黍《さとうきび》を搾《しぼ》り取《と》る仕組《しく》み。

8 蜜柑《みかん》はどうやって増《ふ》やしたの？

日本《にほん》と交易《こうえき》のあった蜜柑《みかん》の産地《さんち》・中国《ちゅうごく》の温州《うんしゅう》にちなんで名《な》づけられた温州蜜柑《うんしゅうみかん》は、じつは国《こく》産《さん》の品種《ひんしゅ》。九州《きゅうしゅう》の原産《げんさん》と見《み》なされている蜜柑《みかん》の変種株《へんしゅかぶ》を育《そだ》てたものが、各地《かくち》に広《ひろ》まりました。『日本山海名物図会《にほんさんかいめいぶつずえ》』には紀伊国《きいのくに》（和歌山県《わかやまけん》）や駿河国《するがのくに》（静岡県《しずおかけん》）、肥後国《ひごのくに》（熊本県《くまもとけん》）の八代《やつしろ》が名《めい》産地《さんち》と書《か》かれています（❶）。江戸時代中期《えどじだいちゅうき》に蜜柑《みかん》を取引《とりひき》して大金持《おおがねも》ちになった豪商《ごうしょう》の紀伊国屋《きのくにや》文左衛門《ぶんざえもん》も、紀伊出身《きいしゅっしん》といわれていますね（❷）。

最初《さいしょ》に見《み》つかった木《き》は、受精《じゅせい》しないまま果実《かじつ》が育《そだ》つ変種株《へんしゅかぶ》。種無《たねな》しなので、その1本《ぽん》から接《つ》ぎ木《き》で地道《じみち》に増《ふ》やしていきました。技術的《ぎじゅつてき》には植物《しょくぶつ》の枝《えだ》や芽《め》などを切《き》り取《と》り、台木《だいぎ》となるほかの植物《しょくぶつ》に接《つ》ぎ合《あ》わせます。大蔵永常《おおくらながつね》の『広益国産考《こうえきこくさんこう》』には、苗木《なえぎ》の栽培《さいばい》から接《つ》ぎ木《き》の方法《ほうほう》まで詳《くわ》しく解説《かいせつ》されています（❸）。親株《おやかぶ》を縦《たて》に割《わ》り、苗木《なえぎ》を水《みず》に浸《つ》けて先端《せんたん》をカットし、親株《おやかぶ》の切《き》れ目《め》に挟《はさ》み込《こ》んでから藁《わら》で結《むす》ぶとあります。

親株《おやかぶ》に苗木《なえぎ》を接《つ》ぎ合《あ》わせるときには、木蝋《もくろう》で固《かた》めることもありました。この蝋《ろう》は融点《ゆうてん》が低《ひく》く、50度《ど》ほどで溶《と》けるため、植物《しょくぶつ》を傷《いた》める恐《おそ》れがなかったのです。接《つ》ぎ木《き》の技術《ぎじゅつ》は、親株《おやかぶ》と同《おな》じDNAを持《も》った木《き》を育《そだ》てるクローン技術《ぎじゅつ》の一種《いっしゅ》でもあったのです。

❶

❷

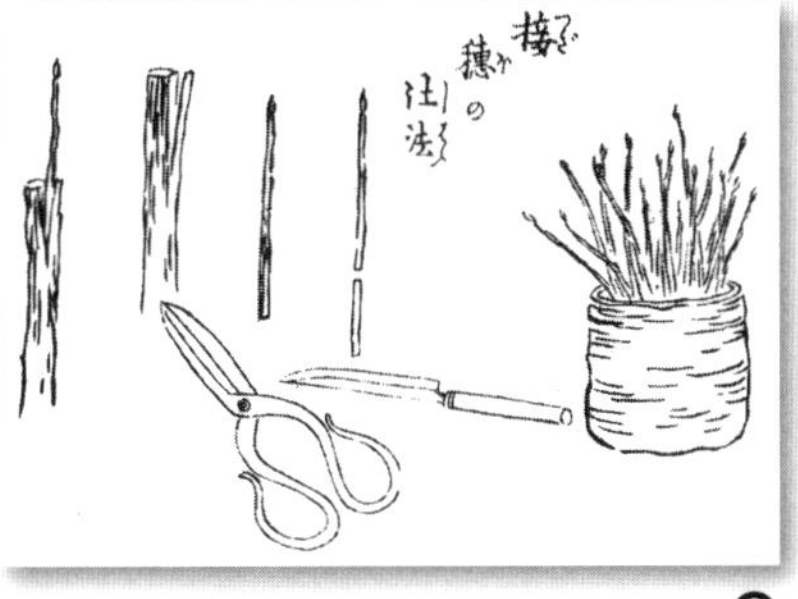

❸

❶木《き》の上《うえ》から投《な》げ落《お》とされた蜜《み》柑《かん》を、下《した》の人《ひと》が竹籠《たけかご》でナイスキャッチ。❷紀伊国《きいのくに》の有田《ありた》蜜柑《みかん》の選《せん》別《べつ》作業《さぎょう》。❸接《つ》ぎ穂《ほ》に使《つか》う道具《どうぐ》やカットの方法《ほうほう》について、大《おお》きなイラストで図解《ずかい》しています。

9 釘《くぎ》なしで木材《もくざい》をつなげる方法《ほうほう》は？

江戸《えど》時代《じだい》の大工《だいく》も釘《くぎ》を使《つか》いましたが、釘《くぎ》なしで角材同士《かくざいどうし》を接合《せつごう》する技術《ぎじゅつ》も発達《はったつ》しました（❶）。そのひとつが継手《つぎて》で、木材《もくざい》を長《なが》さ方向《ほうこう》に接合《せつごう》する方法《ほうほう》や、接合《せつごう》した箇所《かしょ》のことをあらわします。角《かど》を斜《なな》め45度《ど》に切《き》った角材同士《かくざいどうし》を組《く》み合《あ》わせて直角《ちょっかく》につなげたり、特定《とくてい》の角度《かくど》につなげたりする場合《ばあい》には仕口《しぐち》という用語《ようご》もありました。接合《せつごう》するために切《き》り刻《きざ》んだ突起《とっき》の枘《ほぞ》に対《たい》して、それを差《さ》し込《こ》むためにもう片方《かたほう》に彫《ほ》った穴《あな》を枘穴《ほぞあな》といいます。

江戸時代後期《えどじだいこうき》にまとめられた『算法地方大成《さんぽうじかたたいせい》』（天保《てんぽう》8年《ねん》、１８３７刊《かん》）には、橋《はし》を建設《けんせつ》する際《さい》に行桁《ゆきげた》を接続《せつぞく》する方法《ほうほう》を図示《ずじ》しています。行桁《ゆきげた》とは人《ひと》が歩《ある》いて渡《わた》る部分《ぶぶん》の土台《どだい》となるところで、橋脚《きょうきゃく》の上《うえ》に材木《ざいもく》を横《よこ》に長《なが》くつないで伸《の》ばしていきます。そのつなぎ方《かた》の例《れい》となる「行桁継様《ゆきけたつぎよう》」（❷）について、右《みぎ》から「入違《いれちが》ひいも継《つぎ》」「そぎ継《つぎ》」「横鎌継《よこかまつぎ》」「落《おと》し鎌継《かまつぎ》」の4つを挙《あ》げています。左《ひだり》端《はし》は今《いま》でも鎌継《かまつぎ》といい、木製《もくせい》の楔《くさび》ともいえる引《ひ》き抜《ぬ》けない構造《こうぞう》になっています。

平安時代《へいあんじだい》の牛車《ぎっしゃ》にさかのぼる木製《もくせい》の車輪《しゃりん》も、釘《くぎ》や接着剤《せっちゃくざい》を使《つか》わず組《く》み立《た》てていました（❸）。部品《ぶひん》は7枚の大羽《おおば》と小羽《こば》、21本《ぽん》の輻《や》（スポーク）、中心《ちゅうしん》の轂《こしき》などからなり（図解《ずかい》）、最後《さいご》に外周《がいしゅう》の大羽《おおば》を木槌《きづち》で打《う》ち込《こ》みました。円周《えんしゅう》を7分割《ぶんかつ》していたのが、ちょっと不思議《ふしぎ》。

❶

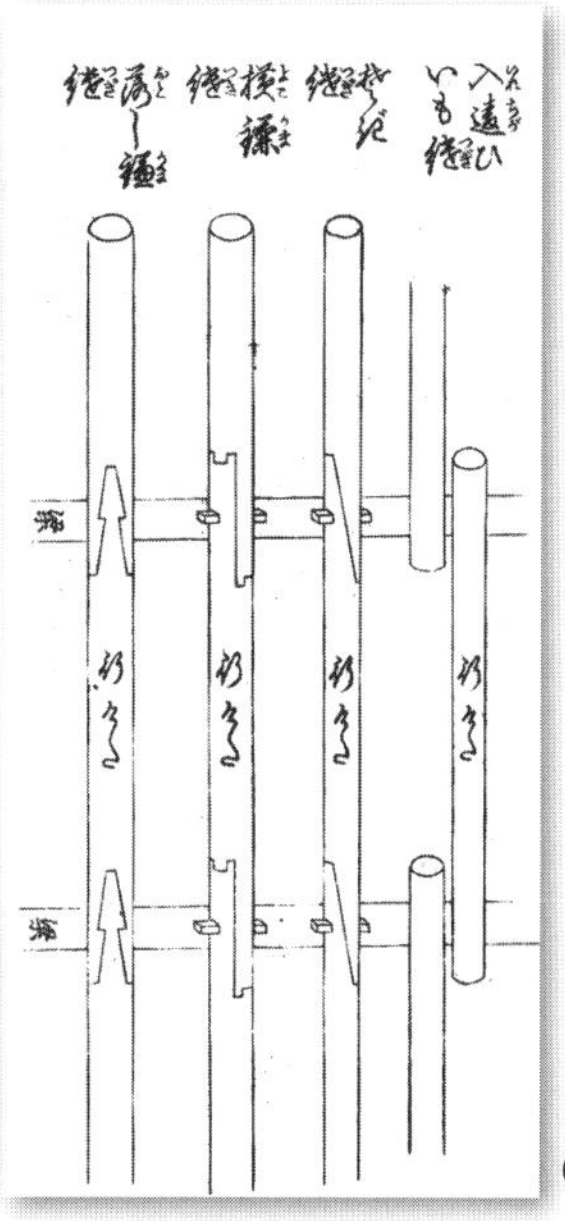

❷

❸

【図解《ずかい》】

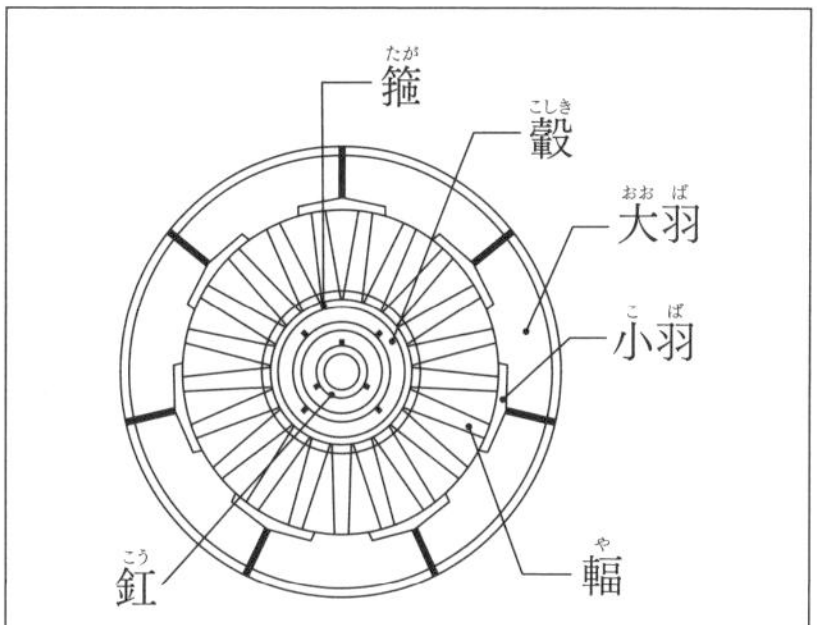

❶手前《てまえ》の大工《だいく》が、鑿《のみ》で枘穴《ほぞあな》を彫《ほ》っています。❷まるで木製《もくせい》の大型《おおがた》パズル。
❸職人《しょくにん》が軸《じく》になる轂《こしき》の部分《ぶぶん》に鑿《のみ》を入《い》れて、微調整《びちょうせい》しています。

10 畳《たたみ》の縁《へり》を踏《ふ》んではいけないのはなぜ？

畳《たたみ》といえば熊本県《くまもとけん》の八代市《やつしろし》が有名《ゆうめい》ですが、民間《みんかん》に普及《ふきゅう》し始《はじ》めた江戸《えど》時代《じだい》中期《ちゅうき》の頃《ころ》は備後《びんご》（広《ひろ》島県東部《しまけんとうぶ》）産《さん》が最高品質《さいこうひんしつ》と見《み》なされ、備中《びっちゅう》や備前《びぜん》（ともに岡山県《おかやまけん》）といった瀬戸内地方《せとうちちほう》が生産《せいさん》の中心地《ちゅうしんち》。宮崎安貞《みやざきやすさだ》の『農業全書《のうぎょうぜんしょ》』には、備後《びんご》の藺草《いぐさ》の栽培法《さいばいほう》が記《き》されています。

そんな畳《たたみ》について、古《ふる》くから伝《つた》わる言葉《ことば》のひとつに「畳《たたみ》の縁《へり》を踏《ふ》んではいけない」というものがあります。今《いま》やマナーやモラルの次元《じげん》で語《かた》られていますが、本来《ほんらい》は実用的《じつようてき》な心《こころ》がけでもありました。畳《たたみ》の縁《へり》というのは小《ちい》さな段差《だんさ》になっていて、しかも従来《じゅうらい》は今以上《いまいじょう》に縁《へり》の部分《ぶぶん》に反《そ》り返《かえ》りが発生《はっせい》していました。そこに足《あし》を引《ひ》っかけると転倒《てんとう》したり滑《すべ》ったりする恐《おそ》れがあり、思《おも》わぬ事故《じこ》を防《ふせ》ぐため、日頃《ひごろ》から踏《ふ》まないよう心《こころ》がけていたのです。

江戸時代後期《えどじだいこうき》になると「畳職人《たたみしょくにん》」「畳屋《たたみや》」という専門《せんもん》の業者《ぎょうしゃ》もあらわれ（❶）、生産地《せいさんち》も拡大《かくだい》していきました。❷のように完成《かんせい》した製品《せいひん》を畳屋《たたみや》が積《つ》み上《あ》げておくのは、製造工程《せいぞうこうてい》で生《しょう》じた反《そ》り返《かえ》りを重《おも》みで矯正《きょうせい》しておくため。年末恒例《ねんまつこうれい》の煤払《すすはら》い（大掃除《おおそうじ》）で、1年間《ねんかん》にたまった畳《たたみ》の埃《ほこり》を叩《たた》いて落《お》とすときにも、しばしば外《そと》に出《だ》して積《つ》み上《あ》げていました（❸）。こうしてときどき、自分《じぶん》たちで畳《たたみ》の反《そ》り返《かえ》りを直《なお》していたのです。

❶

❷

❸

❶奥《おく》にいる職人《しょくにん》が、縁《へり》の縫《ぬ》いつけを担当《たんとう》しています。❷利《き》き腕《うで》の肘《ひじ》の部分《ぶぶん》に畳《たたみ》ダコができたら、それが畳師《たたみし》の勲章《くんしょう》。❸大掃除《おおそうじ》は家族全員《かぞくぜんいん》で。

11 楠《くすのき》は防虫剤《ぼうちゅうざい》の木《き》なの？

楠《くすのき》は大変《たいへん》な長生《ながい》きで、日本全国《にほんぜんこく》の巨木《きょぼく》ベストテンのうち8本《ほん》は楠《くすのき》だとか（❶）。『伊勢参宮名所図会《いせさんぐうめいしょずえ》』に描《えが》かれた平清盛《たいらのきよもり》ゆかりの巨大《きょだい》な清盛楠《きよもりくす》（❷）は、昭和《しょうわ》34年《ねん》（1959）の伊勢湾台風《いせわんたいふう》の被害《ひがい》で2本《ほん》の株《かぶ》に分《わ》かれてしまいましたが、現在《げんざい》も伊勢神宮《いせじんぐう》の外宮《げくう》の表参道《おもてさんどう》にある一《いち》の鳥居《とりい》の右手《みぎて》にそびえ立《た》っています。

楠《くすのき》が長寿《ちょうじゅ》なのは、薬効《やっこう》があるから。また独特《どくとく》の香《かお》りがあり、そこから「臭《くす》し」がクスの語源《ごげん》になったともいいます。「薬《くす》の木《き》」から出《で》たとする説《せつ》もあるくらい虫除《むしよ》けにも使《つか》われ、この木《き》で箪笥《たんす》をつくれば衣類《いるい》に虫《むし》が付《つ》きにくく、本箱《ほんばこ》をつくれば虫食《むしく》いの害《がい》はないといいます。巨材《きょざい》が得《え》られるため、家具《かぐ》や仏像《ぶつぞう》にも使《つか》われてきました。

『日本山海名物図会《にほんさんかいめいぶつずえ》』によると、楠《くすのき》の根《ね》を取《と》って破片《はへん》（チップ）を釜《かま》で煎《せん》じるとあります。釜《かま》の蓋《ふた》は鉢《はち》を逆《さか》さまに被《かぶ》せたもので、釜《かま》と鉢《はち》のあいだに土《つち》を塗《ぬ》って蒸気《じょうき》が出《で》ないようにすると、その蓋《ふた》に溜《た》まるのが樟脳《しょうのう》だとあります（❸）。チップを水蒸気蒸留《すいじょうきじょうりゅう》すると、結晶《けっしょう》として得《え》ることができるわけです。幕末《ばくまつ》には薩摩藩《さつまはん》（鹿児島県《かごしまけん》）や土佐藩《とさはん》（高知県《こうちけん》）が樟脳《しょうのう》の製造《せいぞう》に力《ちから》を注《そそ》ぎ、オランダを通じて樟脳《しょうのう》を輸出《ゆしゅつ》し、莫大《ばくだい》な利益《りえき》を獲得《かくとく》したともいわれています。

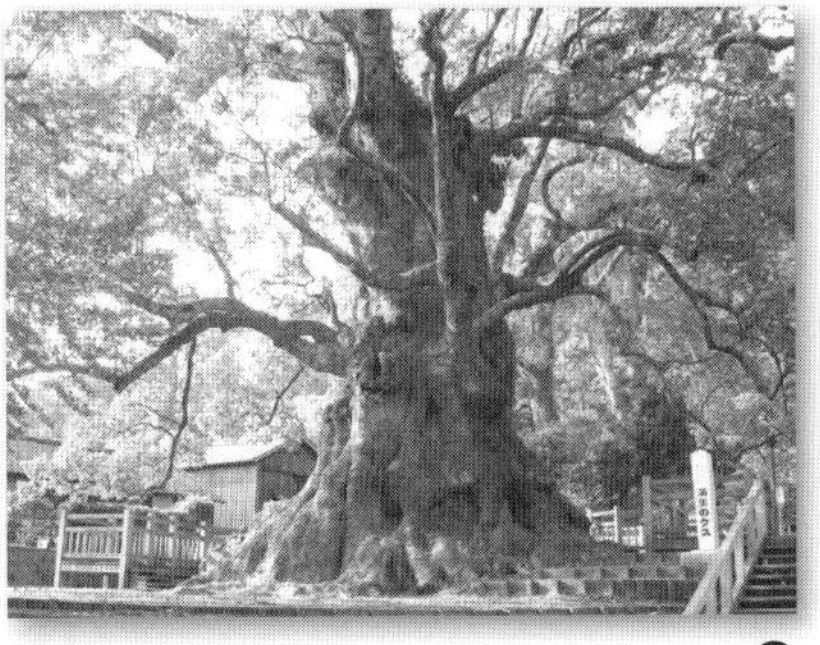

❶

❷

❸

❶鹿児島県始良市《かごしまけんあいらし》の蒲生八幡神社《がもうはちまんじんじゃ》にある日本一《にほんいち》の大楠《おおくすのき》は、樹齢《じゅれい》が1500年《ねん》で根《ね》の周《まわ》りは33.5m。❷平清盛《たいらのきよもり》が参詣《さんけい》したときに冠《かんむり》が枝《えだ》に触《ふ》れて落《お》ち、激怒《げきど》してその枝《えだ》を切《き》らせたと伝《つた》えられています。❸黒《くろ》い羽織姿《はおりすがた》の人《ひと》が、出来栄《できば》えをチェックするところ。

12 木綿《もめん》を紺色《こんいろ》に染《そ》める方法《ほうほう》は？

江戸時代《えどじだい》になると各地《かくち》で綿花《めんか》が栽培《さいばい》され、普段着《ふだんぎ》は従来《じゅうらい》の麻《あさ》から木綿《もめん》に切《き》り替《か》えられ、絹《きぬ》の反《たん》物《もの》を扱《あつか》っていた呉服店《ごふくや》でも木綿織物《もめんおりもの》が「太物《ふともの》」の名《な》で売《う》られるようになりました。その木綿《もめん》を染《そ》めるのは藍色《あいいろ》（紺色《こんいろ》）が主流《しゅりゅう》だったので、染物屋《そめものや》は「紺屋《こんや》」とも呼《よ》ばれました（❶）。素朴《そぼく》な藍《あい》染《ぞ》めは平安時代《へいあんじだい》からあり、時代《じだい》が進《すす》むにつれて、より深《ふか》みのある色《いろ》が求《もと》められました。

藍染《あいぞ》めの原料《げんりょう》は、蓼科《たでか》の1年草蓼藍《ねんそうたであい》が代表的《だいひょうてき》。一大産地《いちだいさんち》だった阿波国《あわのくに》（徳島県《とくしまけん》）は、毎年秋《まいとしあき》に台風《たいふう》で氾濫《はんらん》を起《お》こす吉野川《よしのがわ》が実《みの》り豊《ゆた》かな土壌《どじょう》を生《う》み出《だ》しました。しかも春《はる》に種《たね》をまいて夏《なつ》に刈《か》り取《と》れるので、稲作《いなさく》と違《ちが》って台風《たいふう》とも無縁《むえん》。水打《みずう》ちと撹拌《かくはん》（混《ま》ぜること）、乾燥《かんそう》と貯蔵《ちょぞう》を繰《く》り返《かえ》して藍《あい》の葉《は》を発酵《はっこう》させ、藍色《あいいろ》を凝縮《ぎょうしゅく》させたスクモ（蒅❷）が生《う》み出《だ》されました。

『阿波名所図会《あわめいしょずえ》』の絵《え》は、そのスクモを突《つ》き砕《くだ》いて固《かた》める藍玉《あいだま》づくり（❸❹）。運《はこ》びやすいよう玉状《たまじょう》に固《かた》めて各地《かくち》に送《おく》られ、藍《あい》の葉《は》に住《す》み着《つ》いている菌《きん》を使《つか》って、さらに発酵《はっこう》させます。木灰《きばい》から採《と》ったアルカリの液《えき》を使《つか》い、菌《きん》の活動《かつどう》を助《たす》ける成分《せいぶん》を加《くわ》え、最適《さいてき》な温度《おんど》を保《たも》つことで発酵《はっこう》が進《すす》み、初《はじ》めて染液《せんえき》ができます。アルカリ状態《じょうたい》なので青《あお》くはなく、その染液《せんえき》に浸《つ》けられた糸《いと》や布《ぬの》が空《くう》気《き》に触《ふ》れると酸化反応《さんかはんのう》が起《お》きて、あの鮮《あざ》やかな藍色《あいいろ》を発色《はっしょく》するのです。

❶

❷

❹

❸

❶紺屋《こんや》の店先《みせさき》と藍染職人《あいぞめしょくにん》たち。職人《しょくにん》も藍染《あいぞめ》を身《み》につけています。❷スクモの実物《じつぶつ》。❸藍玉《あいだま》の実物《じつぶつ》。❹右側《みぎがわ》にいる職人《しょくにん》が搗《つ》き固《かた》め、左側《ひだりがわ》の手前《てまえ》で丸《まる》めてから蔵《くら》に運《はこ》んでいます。

13 漆《うるし》が接着剤《せっちゃくざい》になったの？

漆《うるし》の木《き》から採《と》って使《つか》う漆《うるし》は、中国《ちゅうごく》や日本《にほん》などの特産品《とくさんひん》で、古代《こだい》から接着剤《せっちゃくざい》として割《わ》れた土器《どき》や陶器《とうき》の修復《しゅうふく》に使《つか》われていました。防虫効果《ぼうちゅうこうか》もあって、家《いえ》の柱《はしら》や天井《てんじょう》などにも塗《ぬ》られ、つややかな美《うつく》しさから工芸品《こうげいひん》にも塗《ぬ》られていました。『日本山海名物図会《にほんさんかいめいぶつずえ》』の解説《かいせつ》には「漆《うるし》の木《き》の幹《みき》に鎌《かま》で切《き》れ目《め》を入《い》れれば液《えき》が噴《ふ》き出《で》てくるので、それを竹《たけ》べらでこそぎ取《と》る」とあります（❶）。産地《さんち》には大和国《やまとのくに》（奈良県《ならけん》）の吉野《よしの》と紀伊国《きいのくに》（和歌山県《わかやまけん》）の熊野《くまの》が挙《あ》げられています。

『人倫訓蒙図彙《じんりんきんもうずい》』の「継物師《つぎものし》」（❷）の項目《こうもく》には「あらゆる器物《きぶつ》の破損《はそん》を漆《うるし》で塗《ぬ》り継《つ》いで仕上《しあ》げる」とあります。彼《かれ》らは風呂敷包《ふろしきづつ》みを肩《かた》にかけ、町中《まちじゅう》を「継物《つぎもの》、継物《つぎもの》」と触《ふ》れ歩《ある》くとも書《か》かれています。木《き》と木《き》を接着《せっちゃく》するときには、漆《うるし》と小麦粉《こむぎこ》を水《みず》で練《ね》り込《こ》んだ麦漆《むぎうるし》が使《つか》われました。練《ね》っていると粘《ねば》り気《け》が出《で》てきて、いったん固《かた》まればかなり強力《きょうりょく》。これで割《わ》れた仏像《ぶつぞう》を修復《しゅうふく》したり、武具《ぶぐ》の木製《もくせい》のところを直《なお》したりしたのです。

漆《うるし》が固《かた》まるという現象《げんしょう》は、今《いま》の表現《ひょうげん》でいえば空気中《くうきちゅう》の酸素《さんそ》と化合《かごう》して堅《かた》くなるということ。そのため湿度《しつど》が高《たか》くて大気中《たいきちゅう》に酸素《さんそ》の多《おお》い梅雨《つゆ》どきが、いちばん硬化《こうか》しやすくなります。水分《すいぶん》が蒸発《じょうはつ》して洗濯物《せんたくもの》が乾《かわ》くのとは、仕組《しく》みが違《ちが》うのですね。

❶

❷

❸

❶乾燥《かんそう》していない漆《うるし》が皮膚《ひふ》の毛穴《けあな》に付着《ふちゃく》するとかぶれやすく、取《と》り扱《あつか》いは要注意《ようちゅうい》。❷割《わ》れた破片《はへん》を組《く》み合《あ》わせるのは、パズル感覚《かんかく》でした。❸漆細《うるしざい》工《く》や漆器《しっき》の製造《せいぞう》に従事《じゅうじ》する人《ひと》のことを塗師《ぬし》といいました。

14 どんな雨《あま》具《ぐ》があったの？

江戸《えど》時代《じだい》の笠《かさ》は、藺草《いぐさ》や菅《すげ》や竹《たけ》などで編《あ》んだ、いわば頭《あたま》に被《かぶ》る傘《かさ》のこと。『日本山海名物図会《にほんさんかいめいぶつずえ》』によると、全国《ぜんこく》で生産《せいさん》されている菅笠《すげがさ》の中《なか》でも「加賀笠《かがかさ》」（❶）が名高《なだか》いとあります。現《げん》に越中福岡《えっちゅうふくおか》（富山県高岡市《とやまけんたかおかし》）は笠《かさ》どころとして知《し》られ、菅笠《すげがさ》は加賀藩《かがはん》（石川県《いしかわけん》）の特産品《とくさんひん》でした。ただし江戸時代中期頃《えどじだいちゅうきごろ》から都心部《としんぶ》の女性《じょせい》の髪型《かみがた》の種類《しゅるい》が豊富《ほうふ》になるにつれて、手《て》に持《も》つ傘《かさ》のほうが普及《ふきゅう》したとも考《かんが》えられています。笠《かさ》は徐々《じょじょ》に、紳士物《しんしもの》となっていったのですね。

蓑《みの》は雨《あめ》を防《ふせ》ぐために衣服《いふく》の上《うえ》からまとう外衣《がいい》タイプの雨具《あまぐ》で、茅《かや》や菅《すげ》などを素材《そざい》に使《つか》っていました。適度《てきど》な油分《ゆぶん》を含《ふく》む茅《かや》には撥水性《はっすいせい》があり、雨粒《あまつぶ》がついても繊維《せんい》に沿《そ》って水《みず》が流《なが》れ、内部《ないぶ》には染《し》み込《こ》みません。その点《てん》、藁製《わらせい》はやや撥水性《はっすいせい》に劣《おと》るものの、価格的《かかくてき》には手《て》ごろ。厚手《あつで》の和紙《わし》に柿渋《かきしぶ》（☞84ページ）を塗《ぬ》って乾燥《かんそう》させ、その上《うえ》に桐油《とうゆ》や荏油《えのあぶら》を塗《ぬ》り重《かさ》ねた桐油合羽《とうゆがっぱ》については、使用《しよう》する和紙《わし》や油《あぶら》の質《しつ》などによって価格《かかく》はピンキリでした。

『伊勢参宮名所図会《いせさんぐうめいしょずえ》』に取《と》り上《あ》げられた近江国《おうみのくに》（滋賀県《しがけん》）の土山宿《つちやまじゅく》（❷）は雨《あめ》の多《おお》い地域《ちいき》として知《し》られ、歌川広重《うたがわひろしげ》の『東海道五拾三次《とうかいどうごじゅうさんつぎ》』でも「土山《つちやま》 春《はる》の雨《あめ》」が描《えが》かれています。雨天《うてん》の道中《どうちゅう》を行《ゆ》き交《か》う人《ひと》たちは蓑《みの》や紙製《かみせい》の合羽《かっぱ》（❸）を身《み》につけ、慌《あわ》てるそぶりも見《み》られません。

❶

❷

❸

❶加賀《かが》の菅笠《すげがさ》は、もともと町家《まちや》の女性《じょせい》が外出《がいしゅつ》するときのひと品《しな》でした。❷笠《かさ》と蓑《みの》のセットなら、フード付《つ》きのレインコートよりも左右《さゆう》の視界《しかい》が広《ひろ》く、周《しゅう》囲《い》の音《おと》もよく聞《き》こえそう。❸職人《しょくにん》図鑑《ずかん》に描《えが》かれた上方《かみがた》の「合羽師《かっぱし》」。

15 和紙《わし》はどうやってつくっていたの？

もともと紙《かみ》は高級品《こうきゅうひん》でしたが、江戸時代中期《えどじだいちゅうき》に8代将軍徳川吉宗《だいしょうぐんとくがわよしむね》が和紙《わし》の原料《げんりょう》になる楮《こうぞ》や三椏《みつまた》の栽培《さいばい》を奨励《しょうれい》し、世《よ》の中《なか》に紙製品《かみせいひん》が広《ひろ》く出回《でまわ》るようになると書籍《しょせき》の値段《ねだん》も次第《しだい》に下《さ》がりました。その楮《こうぞ》は種《たね》から育《そだ》つほか、根《ね》っこや枝《えだ》を分《わ》けて植《う》えても育《そだ》つ生命力《せいめいりょく》があります。繊維《せんい》が太《ふと》くて長《なが》く、そのため和紙《わし》の本《ほん》はとにかく丈夫《じょうぶ》。たとえ紙《かみ》が折《お》れてしまっても、霧吹《きりふ》きで水気《みずけ》を与《あた》えてしばらく置《お》いておくと、そのうちもとの状態《じょうたい》に戻《もど》るのです。

大蔵永常《おおくらながつね》の『広益国産考《こうえきこくさんこう》』には和紙《わし》づくりが詳《くわ》しく紹介《しょうかい》され、三椏《みつまた》の植《う》え方《かた》から始《はじ》まり、紙《かみ》を漉《す》く際《さい》の注意点《ちゅういてん》にまで言及《げんきゅう》しています。さらには書名《しょめい》の「国産《こくさん》」つまりお国《くに》の特産《とくさん》について語《かた》られ、中国地方《ちゅうごくちほう》から産出《さんしゅつ》される紙《かみ》の種類《しゅるい》や、土佐国《とさのくに》（高知県《こうちけん》）から産出《さんしゅつ》される紙《かみ》が大《おお》きな利益《りえき》になっているという話《はなし》など、話題《わだい》が豊富《ほうふ》です。

和紙《わし》は書写《しょしゃ》したり木版《もくはん》で印刷《いんさつ》したりするときにまとめて使《つか》われたほか、障子紙《しょうじがみ》や傘紙《かさがみ》など、幅広《はばひろ》く加工《かこう》されていました。しかも手漉《てす》きによってつくられるため、何回《なんかい》も漉《す》き返《かえ》して再生紙《さいせいし》を生《う》み出《だ》すことができ、そのため紙屑拾《かみくずひろ》い（❺）や漉《す》き返《かえ》し紙業《しぎょう》などのリサイクル業《ぎょう》も繁盛《はんじょう》していました。今《いま》の段《だん》ボール紙《し》にも勝《まさ》るとも劣《おと》らない、高《たか》いリサイクル率《りつ》を誇《ほこ》っていたのです。

❶

❷

❸

❹

❺

❶一度《いちど》蒸《む》した楮《こうぞ》の皮《かわ》を剝《は》ぐところ。❷剝《は》いだ楮《こうぞ》の皮《かわ》を煮炊《にた》きしています。❸和紙《わし》を漉《す》いています。❹漉《す》いた和紙《わし》を干《ほ》しています。❺左側《ひだりがわ》にいる紙屑拾《かみくずひろ》いが犬《いぬ》に吠《ほ》えられ、パニック状態《じょうたい》。

16 蒟蒻《こんにゃく》入《い》りの紙《かみ》があったの？

和紙《わし》でできた着物《きもの》のことを、紙子《かみこ》といいます。もとは僧侶《そうりょ》が法衣《ほうえ》として着《き》ていたのですが、風《かぜ》を通《とお》しにくく保温性《ほおんせい》にすぐれていることから冬《ふゆ》の防寒具《ぼうかんぐ》として世《よ》の中《なか》に広《ひろ》まりました。繊維《せんい》の方向《ほうこう》が交差《こうさ》するように紙《かみ》を貼《は》り合《あ》わせたり、柿渋《かきしぶ》や蒟蒻糊《こんにゃくのり》を塗《ぬ》ったりして耐久性《たいきゅうせい》をアップさせるなど、紙《かみ》ならではの工夫《くふう》が施《ほどこ》されるようになりました。

『日本山海名物図会《にほんさんかいめいぶつずえ》』には「仙台紙子《せんだいかみこ》」の項目《こうもく》があり（❶）、柔《やわ》らかくツヤがあると述《の》べられています。奥州《おうしゅう》（東北地方《とうほくちほう》）は木綿《もめん》が少《すく》ないので、「中人《ちゅうじん》（庶民《しょみん》クラス）」以下《いか》の人《ひと》たちは紙子《かみこ》の服《ふく》をまとい、夜具《やぐ》にも使用《しよう》しているともあります。肥後《ひご》（熊本県《くまもとけん》）の八代紙子《やつしろかみこ》や播磨紙子《はりまかみこ》など東北《とうほく》以外《いがい》の特産地《とくさんち》が最後《さいご》に列記《れっき》されていて、北国《きたぐに》以外《いがい》にも流通《りゅうつう》していたことがわかります。

蒟蒻《こんにゃく》の気密性《きみつせい》と防水性《ぼうすいせい》は、お客《きゃく》さんの売《う》り上《あ》げ記録《きろく》といえる大福帳《だいふくちょう》（❷、❸）にも取《と》り入《い》れられていました。たとえば江戸時代《えどじだい》の呉服屋《ごふくや》などでは、蒟蒻入《こんにゃくい》りの特殊《とくしゅ》な用紙《ようし》の大福帳《だいふくちょう》を使《つか》っていたのです。水《みず》に強《つよ》いので、火事《かじ》になったら大福帳《だいふくちょう》だけ持《も》ち出《だ》して井戸《いど》に投《な》げ込《こ》み、鎮《ちん》火したあとで引《ひ》き上《あ》げて乾《かわ》かせば大丈夫《だいじょうぶ》。当時《とうじ》の商取引《しょうとりひき》は、掛《か》け売《う》りという後払《あとばら》いが一般的《いっぱんてき》だったため、売《う》り上《あ》げの記録《きろく》はもっとも大切《たいせつ》なデータだったのです。

❶

❷

❸

❶上半身裸《じょうはんしんはだか》の男《おとこ》が、地紙《じがみ》を揉《も》んでいます。このひと手間《てま》で、紙《かみ》が柔《やわ》らかく仕《し》上《あ》がります。❷大福帳《だいふくちょう》の記載《きさい》をもとに、売《う》り上《あ》げを計算中《けいさんちゅう》。奥《おく》の旦那《だんな》は渋《しぶ》い顔《かお》。❸江戸時代《えどじだい》に使《つか》われた本物《ほんもの》の大福帳《だいふくちょう》。ものすごい厚《あつ》みですね。

17 防水《ぼうすい》のために塗《ぬ》ったものは何《なに》？

赤《あか》い実《み》をつけた柿《かき》の木《き》は、今《いま》でも日本《にほん》の秋《あき》を彩《いろど》る果物《くだもの》。柿《かき》は「医者《いしゃ》いらず」といわれたように、ビタミンが豊富《ほうふ》な健康食品《けんこうしょくひん》でもありました。その柿《かき》からつくられるのが、柿渋《かきしぶ》。青《あお》い未熟《みじゅく》の渋《しぶ》柿《がき》に重《おも》しを載《の》せて押《お》しつぶし（❶）、その汁《しる》を発酵《はっこう》させます。防腐作用《ぼうふさよう》のあるカキタンニンを豊《ほう》富《ふ》に含《ふく》む、天然《てんねん》のニスのようなものと考《かんが》えたらよいでしょう。

使《つか》い道《みち》のひとつは、漁師《りょうし》が使《つか》う魚網《ぎょもう》でした。何《なに》も加工《かこう》していない麻《あさ》や綿《めん》の糸《いと》でつくった網《あみ》は腐《くさ》りやすく、そこで網《あみ》を補強《ほきょう》するため柿渋《かきしぶ》を樽《たる》に入《い》れて網《あみ》を浸《ひた》し、しばらく乾燥《かんそう》させます。これを何度《なんど》か繰《く》り返《かえ》すと、水切《みずぎ》れがよく長持《ながも》ちする網《あみ》になります。このほか柿渋《かきしぶ》を釜《かま》に入《い》れて、網《あみ》を煮《に》込《こ》むという方法《ほうほう》も知《し》られていました。水《みず》に対《たい》する強度《きょうど》が増《ま》すので、傘張《かさは》り職人《しょくにん》は和紙《わし》を貼《は》ったあとで上《うえ》から刷毛《はけ》で塗《ぬ》りました（❷）。これで防水対策《ぼうすいたいさく》は万全《ばんぜん》です。

柿渋《かきしぶ》が塗《ぬ》ってある身近《みぢか》な品物《しなもの》といえば、赤黒《あかぐろ》い色《いろ》の柿渋団扇《かきしぶうちわ》。塗《ぬ》って乾《かわ》かす作業《さぎょう》を繰《く》り返《かえ》すと、そのような色《いろ》になります。『日本山海名物図会《にほんさんかいめいぶつずえ》』にある「河内小山団扇《かわちこやまうちわ》」（❸）には、河内国《かわちのくに》（大《おお》阪府東部《さかふとうぶ》）の名物《めいぶつ》だった渋団扇《しぶうちわ》の製造風景《せいぞうふうけい》が描《えが》かれています。丈夫《じょうぶ》なので、七輪《しちりん》の前《まえ》でバタバタと手荒《てあら》く振《ふ》り回《まわ》しても問題《もんだい》なし。水《みず》にも火《ひ》にも強《つよ》いなんて、頼《たの》もしいですね。

❶

❷

❸

❶職人《しょくにん》は棒《ぼう》の上《うえ》でバランスをとりながら、全体重《ぜんたいじゅう》をかけています。❷傘張《かさは》り職人《しょくにん》の仕事場《しごとば》。紙《かみ》の原価《げんか》が値上《ねあ》がりすると、傘代《かさだい》も高《たか》くなりました。❸右側《みぎがわ》の軒先《のきさき》にある、団扇型《うちわがた》の看板《かんばん》のキャッチフレーズは種類《しゅるい》の豊富《ほうふ》さ。

18 蓬《よもぎ》って何《なに》に使《つか》ったの？

蓬《よもぎ》は「善燃義《よもぎ》」とも書《か》き、よく燃《も》える草木《くさき》の意《い》ともいわれています。その蓬《よもぎ》に含《ふく》まれる硝酸《しょうさん》を発酵《はっこう》させると、高純度《こうじゅんど》の硝石《しょうせき》（硝酸《しょうさん》カリウムの結晶《けっしょう》）が得《え》られます。それを硫黄《いおう》や黒炭《こくたん》と混《ま》ぜ合《あ》わせると黒色火薬《こくしょくかやく》になり、鉄砲《てっぽう》が伝来《でんらい》したときにはこの火薬《かやく》が使《つか》われました。天然《てんねん》の硝石《しょうせき》は国内《こくない》でほとんど産出《さんしゅつ》されなかったため、植物素材《しょくぶつそざい》で代用《だいよう》していたのです。なお江戸時代《えどじだい》の鉄砲《てっぽう》は主《おも》に狩猟用《しゅりょうよう》で、『和泉名所図会《いずみめいしょずえ》』には鉄砲鍛冶《てっぽうかじ》の作業風景《さぎょうふうけい》が描《えが》かれています（❶）。

もともと蓬《よもぎ》は艾《もぐさ》（藻草《もぐさ》）つまりお灸《きゅう》の材料《ざいりょう》でもあり、江戸時代《えどじだい》になるとその割合《わりあい》が高《たか》まりました。艾《もぐさ》にも「燃《も》え草《ぐさ》」という意味《いみ》があり、蓬《よもぎ》の葉《は》の裏《うら》にある繊毛《せんもう》（白《しろ》っぽい綿毛《わたげ》）を集《あつ》めて臼《うす》で搗《つ》いて篩《ふるい》にかけ、陰干《かげぼ》しするという工程《こうてい》を繰《く》り返《かえ》してつくられました。お灸《きゅう》は腰痛《ようつう》や神経痛《しんけいつう》のほか、子《こ》どもの夜尿症《やにょうしょう》などにも有効《ゆうこう》と考《かんが》えられていました（❷）。蓬《よもぎ》の葉《は》は万病《まんびょう》に効果《こうか》があると見《み》なされ、煎《せん》じて飲《の》んだり、薬《くすり》として食《た》べたりすることもありました（❸）。

蓬《よもぎ》の葉《は》には収斂《しゅうれん》（引《ひ》き締《し》まること）作用《さよう》があり、止血《しけつ》に役立《やくだ》つといわれています。切《き》り傷《きず》などには蓬《よもぎ》の葉《は》を何枚《なんまい》か摘《つ》み取《と》り、噛《か》み砕《くだ》いて患部《かんぶ》につけていました。このように軍用《ぐんよう》から薬用《やくよう》までじつに幅広《はばひろ》い用途《ようと》があり、使《つか》い道《みち》の変化《へんか》に時代《じだい》の移《うつ》り変《か》わりが感《かん》じられます。

❶

❷

❸

❶火縄銃《ひなわじゅう》の製造技術《せいぞうぎじゅつ》は伝来《でんらい》した種子島《たねがしま》から堺《さかい》に伝《つた》わり、部品《ぶひん》の分業体制《ぶんぎょうたいせい》で量産《りょうさん》されました。❷子《こ》どもにお灸《きゅう》をしているところ。とくに嫌《いや》がるわけでもなく、手慣《てな》れたもの。❸若《わか》い売《う》り子《こ》の「よもぎ、よもぎ」という声《こえ》が響《ひび》いています。

19 薪《たきぎ》と木炭《もくたん》はどう違《ちが》うの？

木《き》を構成《こうせい》している主《おも》な元素《げんそ》は炭素《たんそ》、酸素《さんそ》、水素《すいそ》と金属元素《きんぞくげんそ》（ミネラル）。燃《も》やすと酸素《さんそ》と水素《すいそ》が結《むす》びつき、水《みず》になって蒸発《じょうはつ》します。炭素《たんそ》は空気中《くうきちゅう》の酸素《さんそ》と結《むす》びついて二酸化炭素《にさんかたんそ》になるためミネラルだけが残《のこ》り、炭《すみ》ではなく灰《はい》になるのです。そこで酸素《さんそ》が入《はい》らない蒸《む》し焼《や》きにすると、酸素《さんそ》と水素《すいそ》は結《むす》びついて水《みず》になりますが、炭素《たんそ》は酸素《さんそ》と結《むす》びつかないため炭素《たんそ》だけが残《のこ》ります。それが木炭《もくたん》で、『人倫訓蒙図彙《じんりんきんもうずい》』には木炭《もくたん》を製造《せいぞう》する「炭焼《すみやき》」が描《えが》かれています（❶）。

薪《たきぎ》（❷）は材木《ざいもく》を乾燥《かんそう》させたもので、ただの材木《ざいもく》よりも燃《も》えやすいとはいえ、木《き》を蒸《む》し焼《や》きにして得《え》られる木炭《もくたん》のほうが熱源《ねつげん》としては上質《じょうしつ》。木炭《もくたん》は薪《たきぎ》のような炎《ほのお》が立《た》たず、煙《けむり》も出《だ》さず、燃焼《ねんしょう》する時間《じかん》が長《なが》くて火力《かりょく》が安定《あんてい》しています。取《と》り入《い》れる空気《くうき》の量《りょう》によって、燃焼《ねんしょう》する温度《おんど》を調節《ちょうせつ》できることも大《おお》きなメリットでした。

『日本山海名物図会《にほんさんかいめいぶつずえ》』の池田炭《いけだずみ》（❸）は柔《やわ》らかいクヌギ（椚《くぬぎ》）を使用《しよう》してつくられ、黒炭《こくたん》（☞90ページ）の最高級品《さいこうきゅうひん》。絵《え》の左上《ひだりうえ》に積《つ》まれた炭《すみ》の切《き》り口《くち》が菊《きく》の花《はな》のようになっていることから菊炭《きくすみ》とも呼《よ》ばれ、今《いま》も茶道《さどう》ではなくてはならない炭《すみ》なので、茶道炭《さどうずみ》ともいいます。炭《すみ》の色《いろ》つやのほか、香《かお》りや火相《ひあい》（火《ひ》の起《お》こり具合《ぐあい》）まで吟味《ぎんみ》されることもあり、もはや芸術品《げいじゅつひん》に近《ちか》い燃料《ねんりょう》です。

❶

❷

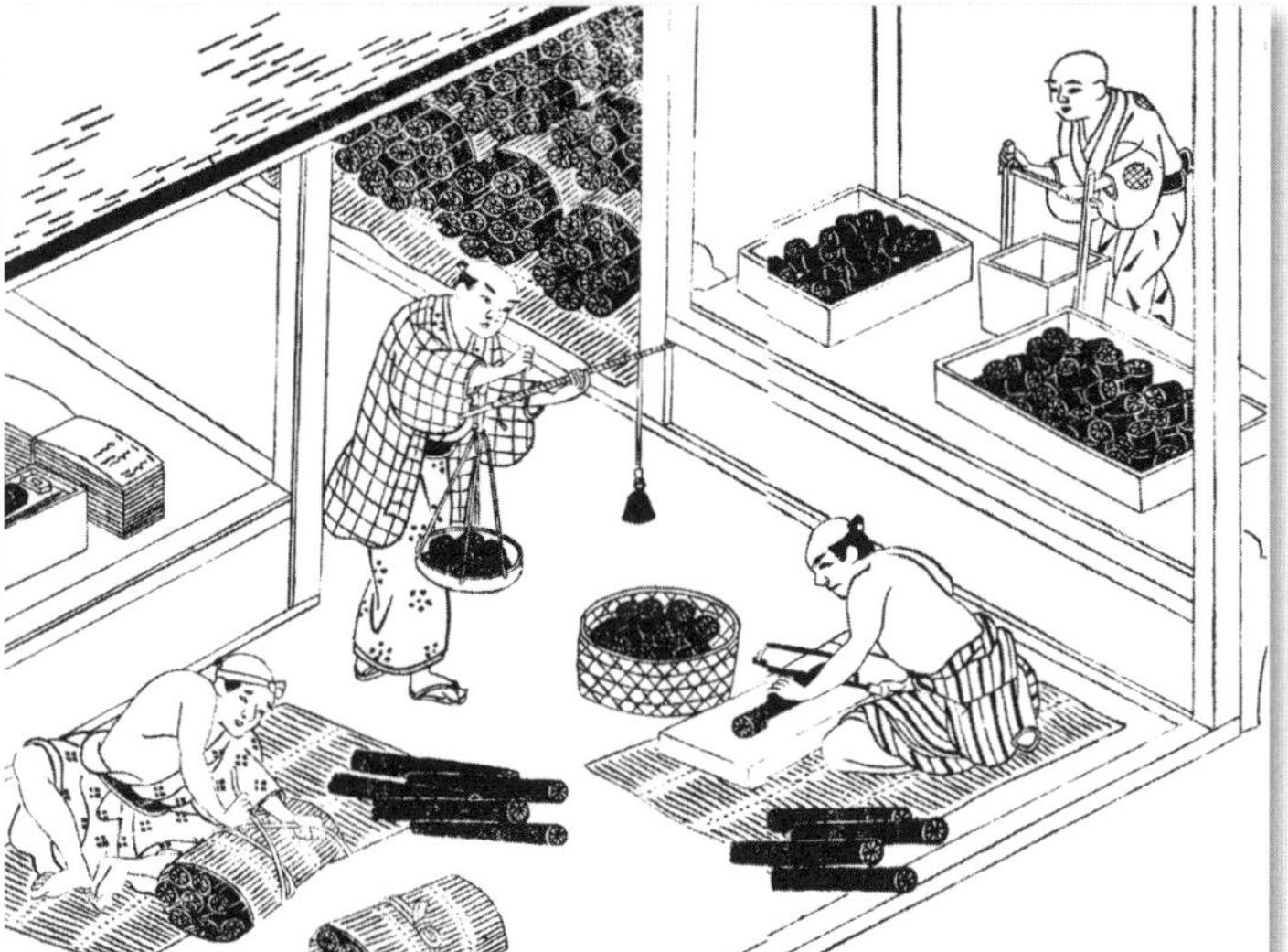

❸

❶炭窯《すみがま》から取《と》り出《だ》した炭《すみ》を束《たば》ねて炭俵《すみだわら》に。この段階《だんかい》では、まだカットしていない長炭《ながずみ》のまま。❷左側《ひだりがわ》に大量の薪《たきぎ》が積まれていますね。安価《あんか》な燃料《ねんりょう》として、薪《たきぎ》は庶民《しょみん》の生活必需品《せいかつひつじゅひん》でした。❸長炭《ながずみ》を俵《たわら》から取《と》り出《だ》し、規格《きかく》のサイズにカット中《ちゅう》。天秤《てんびん》ばかりで計量《けいりょう》している人《ひと》もいます。

20 黒炭《こくたん》と白炭《はくたん》の違《ちが》いは何《なに》？

明治時代以降《めいじじだいいこう》になると、製法《せいほう》の違《ちが》いから木炭《もくたん》を黒炭《こくたん》と白炭《はくたん》に分《わ》けるようになりました。どちらも木《き》を炭窯《すみがま》の中《なか》に入《い》れて、蒸《む》し焼《や》きにするところまでは同《おな》じ。そうして木材《もくざい》を炭化《たんか》させ、窯《かま》を密閉《みっぺい》して消《け》すやり方《かた》でつくるのが黒炭《こくたん》。江戸時代《えどじだい》の木炭《もくたん》の大半《たいはん》はこの黒炭《こくたん》で、クヌギ（椚《くぬぎ》）やコナラ（小楢《こなら》）などの柔《やわ》らかい木《き》が使《つか》われ、低温《ていおん》でも火《ひ》がつく代《か》わりに火持《ひも》ちはよくありません。

対《たい》する白炭《はくたん》はナラ（楢《なら》）やカシ（樫《かし》）などの堅《かた》い木《き》を素材《そざい》に用《もち》い、石窯《いしがま》を使《つか》って高熱《こうねつ》で焼《や》いた炭《すみ》。窯《かま》の中《なか》に少《すこ》しずつ空気《くうき》を入《い》れながら堅《かた》く焼《や》きしめ、温度《おんど》を千度前後《せんどぜんご》まで引《ひ》き上《あ》げてから真《ま》っ赤《か》になった炭《すみ》を窯《かま》の外《そと》に出《だ》し、素灰《すばい》（不純物《ふじゅんぶつ》のない灰《はい》）をかけて消火《しょうか》するのです。できあがった炭《すみ》は堅《かた》くて表面《ひょうめん》が白《しろ》く、堅炭《かたすみ》ともいいました。

白炭《はくたん》で名高《なだか》いのは、紀伊国《きいのくに》（和歌山県《わかやまけん》）が本場《ほんば》の備長炭《びんちょうたん》。元禄期《げんろくき》に紀伊《きい》の備中屋長左衛門《びっちゅうやちょうざえもん》が、姥目樫《うばめかし》を炭材《たんざい》として独特《どくとく》の製炭法《せいたんほう》を考案《こうあん》したという説《せつ》がもとになって、備長炭《びんちょうたん》という名《な》が定着《ていちゃく》しました。『日本山海名物図会《にほんさんかいめいぶつずえ》』には、産地《さんち》のひとつに紀州《きしゅう》の名《な》を挙《あ》げています（❶）。白炭《はくたん》は堅《かた》く、火《ひ》がつく温度《おんど》は高《たか》い代《か》わりに火持《ひも》ちがよく、煙《けむり》もほとんど出《で》ないため、鰻《うなぎ》の蒲焼《かばやき》や焼《や》き鳥《とり》などの調理用《ちょうりよう》の炭《すみ》に好《この》んで使《つか》われました（❷）。今《いま》でもブランド品《ひん》ですね。

❶

❷

❶右《みぎ》の炭窯《すみがま》の上《うえ》に4つの穴《あな》があり、炎《ほのお》を立《た》てずギリギリ消《き》えない程度《ていど》に酸《さん》素《そ》を与《あた》えます。❷大坂《おおさか》の北浜米市《きたはまこめいち》の賑《にぎ》わいを描《えが》いた中《なか》の一場面《いちばめん》。船上《せんじょう》で火《ひ》を扱《あつか》うのは危険《きけん》でも、炭《すみ》なら大丈夫《だいじょうぶ》？

コラム 2

幻《まぼろし》の黄色《きいろ》い朝顔《あさがお》

江戸時代《えどじだい》に巻《ま》き起《お》こった園芸《えんげい》ブームで新《あら》たに育《そだ》てられた朝顔《あさがお》は、古典園芸植物《こてんえんげいしょくぶつ》のひとつ。八重咲《やえざき》や糸状《いとじょう》の花《はな》びらといった変《か》わり朝顔《あさがお》は、幕末期《ばくまつき》には1000種《しゅ》を超《こ》えていたともいわれています。

遺伝子研究《いでんしけんきゅう》もない当時《とうじ》は、ひたすら大量《たいりょう》の鉢《はち》を栽培《さいばい》して自然交配《しぜんこうはい》による突然変異《とつぜんへんい》や遺伝子異常《いでんしいじょう》などの偶然《ぐうぜん》を辛抱強《しんぼうづよ》く待《ま》ちました。あえて劣性遺伝《れっせいいでん》子《し》を引《ひ》き出《だ》しているため、種《たね》をつくれないものも多《おお》く、当時《とうじ》の文献《ぶんけん》や絵《え》に残《のこ》っているのに現在《げんざい》は再現《さいげん》されていない花《はな》も珍《めずら》しくありません。

色合《いろあ》いについても、もとの原種《げんしゅ》は青《あお》い花《はな》を咲《さ》かせますが、のちには多様《たよう》な色《いろ》が生《う》み出《だ》されました。とりわけレアだったのが黄色《きいろ》と黒《くろ》で、『朝顔三十六花撰《あさがおさんじゅうろっかせん》』（嘉永《かえい》7年《ねん》、1854刊《かん》）には黄色《きいろ》い朝顔《あさがお》も描《えが》かれています（図《ず》）。これも現在《げんざい》、100パーセントは再現《さいげん》されていません。

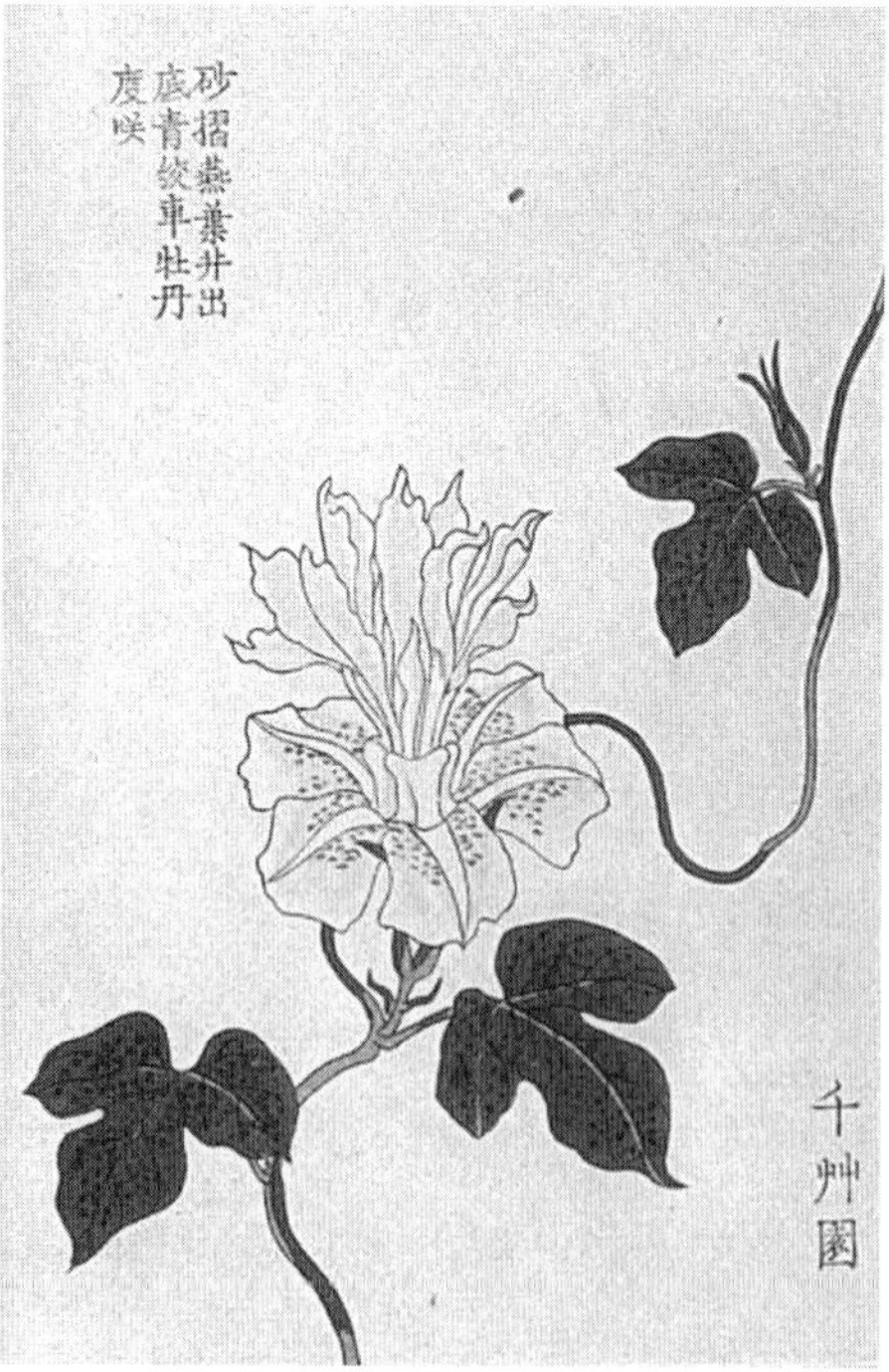

▲『朝顔三十六花撰《あさがおさんじゅうろっかせん》』より黄色《きいろ》い朝顔《あさがお》。

第《だい》3章《しょう》●大地《だいち》のめぐみ

1 地震《じしん》予知《よち》ってあったの?

江戸時代《えどじだい》の事典《じてん》や雑書《ざっしょ》には、地震《じしん》の中《なか》を逃《に》げ惑《まど》う人《ひと》たちの姿《すがた》も描《えが》かれています。地震《じしん》といえば足《あし》もとから揺《ゆ》さぶられるイメージですが、描《えが》かれた絵《え》では逃《に》げる人《ひと》たちがしばしば足《あし》もとよりも上《うえ》のほうを気《き》にしています。建物《たてもの》が壊《こわ》れて壁《かべ》や塀《へい》が自分《じぶん》のほうに倒《たお》れかかってきたり、屋根瓦《やねがわら》が落《お》ちてきたりするのを心配《しんぱい》していたのですね。

幕末《ばくまつ》に発生《はっせい》した安政《あんせい》の大地震《おおじしん》について記《き》した『安政見聞誌《あんせいけんもんし》』(❶)によると、長《なが》さが1メートル近《ちか》くある天然磁石《てんねんじしゃく》を入手《にゅうしゅ》した浅草《あさくさ》の眼鏡屋《めがねや》が、釘《くぎ》などを吸《す》いつけて看板《かんばん》代《が》わりに店先《みせさき》に掲《かか》げていたところ、ある夜《よる》その釘《くぎ》がみな落《お》ちていました。磁力《じりょく》が薄《うす》れたのかと思《おも》っていたら、その数時間後《すうじかんご》に地震《じしん》が発生《はっせい》し、しかも地震後《じしんご》に磁力《じりょく》が回復《かいふく》したというのです。

『安政見聞誌《あんせいけんもんし》』には、和時計《わどけい》の目覚《めざ》まし機構《きこう》と天然磁石《てんねんじしゃく》を利用《りよう》した「地震時斗《じしんどけい》(時計《とけい》)」の図《ず》も載《の》っています(❷)。大地震《おおじしん》の前《まえ》には磁力《じりょく》が低下《ていか》するという説《せつ》をふまえ、ある人《ひと》が考案《こうあん》したとあります。その仕組《しく》み(図解《ずかい》)は、磁石《じしゃく》に吸《す》いついている鉄針《てっしん》が離《はな》れると留《と》め金《がね》がはずれ、重《おも》りが下《さ》がって糸車《いとぐるま》を回《まわ》し、鐘《かね》を鳴《な》らすというもの。地元《じもと》の信濃国《しなののくに》(長野県《ながのけん》)で善光寺大地震《ぜんこうじおおじしん》に遭《あ》った兵学者《へいがくしゃ》の佐久間象山《さくましょうざん》も、同《おな》じ原理《げんり》に基《もと》づく予知機《よちき》を製作《せいさく》しています。

❶

【図解《ずかい》】

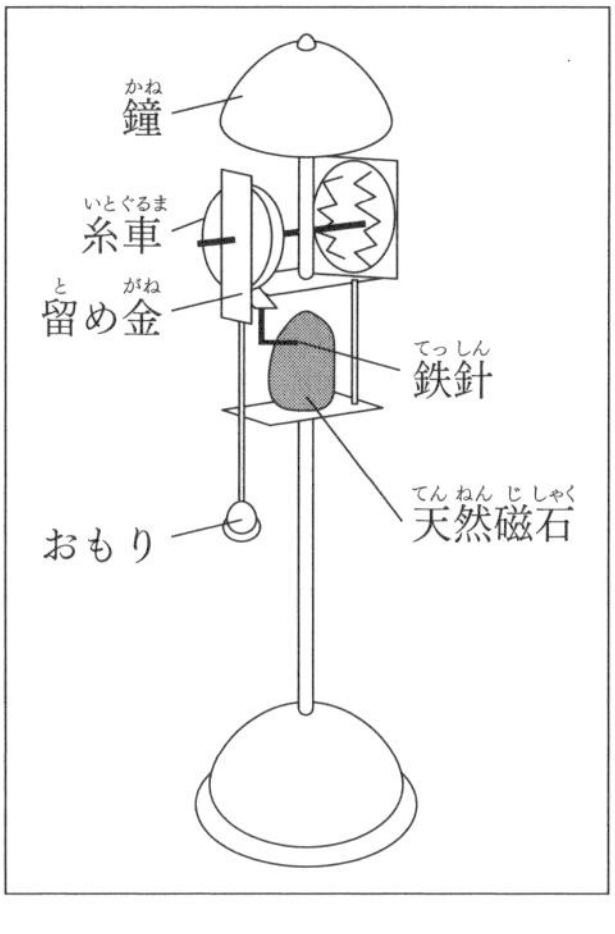

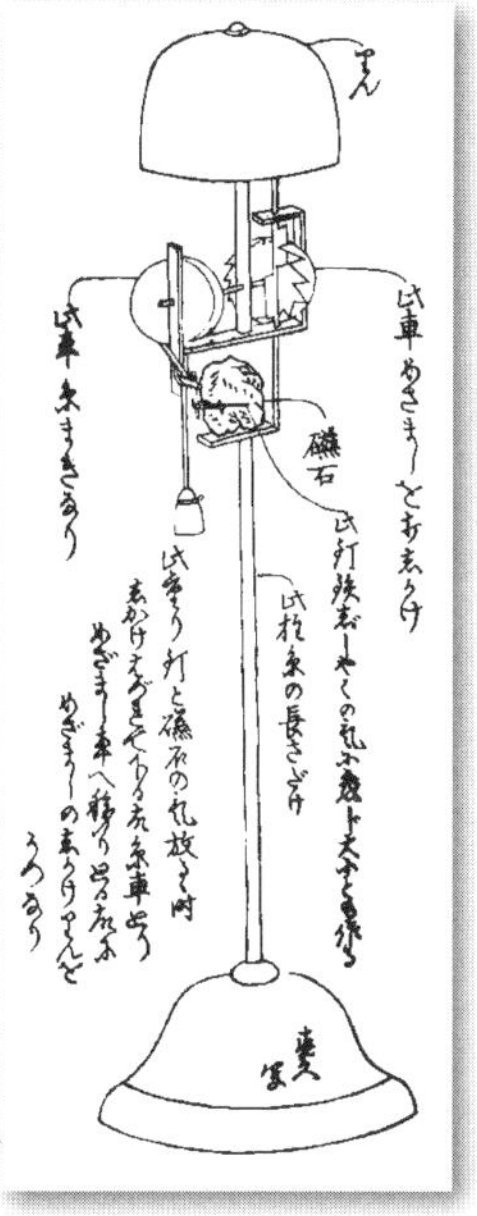

❷

❶絵《え》の説明《せつめい》によると、嫁《よめ》が姑《しゅうとめ》を救《すく》おうとして家《いえ》に引《ひ》き返《かえ》したため被災《ひさい》した場面《ばめん》とあります。❷当時《とうじ》のハイテク地震予知機《じしんよちき》。

2 巨大《きょだい》な石《いし》の切《き》り出《だ》し方《かた》は？

日本《にほん》の建築物《けんちくぶつ》や器物《きぶつ》には、石《いし》でできたものもたくさんあります。『増補訓蒙図彙《ぞうほきんもうずい》』の「石工《せきこう》」の項目《こうもく》には、彼《かれ》らのつくる製品《せいひん》として石垣《いしがき》、石灯籠《いしどうろう》、石橋《いしばし》、石塔《せきとう》のほか、石《いし》の器物《うつわもの》を挙《あ》げています。彼《かれ》らは石鑿《いしのみ》を使《つか》って、巧《たく》みに彫《ほ》り上《あ》げていました。

和泉国《いずみのくに》（大阪府南西部《おおさかふなんせいぶ》）の地誌《ちし》『和泉名所図会《いずみめいしょずえ》』の「和泉石《いずみいし》」（❶）によると、地元《じもと》で採《と》れる和泉石《いずみいし》（和泉砂岩《いずみさがん》）はきめ細《こま》かい石質《せきしつ》なので、石碑《せきひ》に彫《ほ》った小《ちい》さな文字《もじ》まで鮮明《せんめい》に見《み》えるとあります。また「近年《きんねん》ここの石材《せきざい》を使《つか》って、孝行臼《こうこううす》という臼《うす》がつくられた。この臼《うす》に硬《かた》い魚《さかな》などを入《い》れて、同《おな》じ素材《そざい》の杵《きね》で搗《つ》いて柔《やわ》らかくすれば、歯《は》のないご老人《ろうじん》でも食《た》べることができる。味《あじ》わいは変《か》わらないので大《おお》いに喜《よろこ》ばれ、それが親孝行《おやこうこう》になる」とも書《か》かれています。

築城石《ちくじょうせき》のような巨石《きょせき》を採石《さいせき》するときには、山《やま》や沢《さわ》にある自然石《しぜんせき》に小《ちい》さな穴《あな》（矢穴《やあな》・箭穴《やあな》）を一列《いちれつ》に並《なら》べて彫《ほ》ります。『日本山海名産図会《にほんさんかいめいさんずえ》』に描《えが》かれた摂津国《せっつのくに》の御影石《みかげいし》の採掘場《さいくつじょう》（❷）には矢穴《やあな》を掘《ほ》る人《ひと》と玄能《げんのう》（金《かな》づち）で矢《や》を打《う》つ人《ひと》の姿《すがた》があり、右《みぎ》の人《ひと》は割《わ》れた巨石《きょせき》を梃子《てこ》で押《お》し広《ひろ》げています。このほか、矢穴《やあな》に樫《かし》の木《き》の楔《くさび》を打《う》ち込《こ》んで水《みず》をかけておき、楔《くさび》が膨張《ぼうちょう》する力《ちから》で石《いし》を割《わ》る方法《ほうほう》もありました。この矢穴《やあな》は、今《いま》でも各地《かくち》の採石場《さいせきじょう》に残《のこ》っています（❸）。

❶

❷

❸

❶やや左側《ひだりがわ》にいる見習《みなら》い中《ちゅう》の子《こ》どもは、小型《こがた》の茶臼彫《ちゃうすぼ》りに挑戦中《ちょうせんちゅう》。❷自分《じぶん》たちが乗《の》っている岩《いわ》が崩《くず》れないか心配《しんぱい》するのは、余計《よけい》なお世話《せわ》？　❸知《し》らない人《ひと》が見《み》たら、近代《きんだい》アート風《ふう》に思《おも》えるかも。

3 巨石《きょせき》はどうやって運《はこ》んだの？

巨大《きょだい》な石《いし》を目的地《もくてきち》に運搬《うんぱん》するとき、大型船《おおがたせん》に積《つ》むにしても、米俵《こめだわら》のようにバランスよく分散《ぶんさん》させて積《つ》むことができません。そのような問題《もんだい》を解消《かいしょう》するため、水中《すいちゅう》の浮力《ふりょく》を利用《りよう》できるように考《こう》案《あん》されたのが石釣《いしつ》り船《ぶね》でした。またの名《な》を、底《そこ》なし船《ぶね》ともいいます。

大蔵永常《おおくらながつね》の『農具便利論《のうぐべんりろん》』にある図版《ずはん》では、2艘《そう》の船《ふね》を連結《れんけつ》するようにして船体《せんたい》の中心部《ちゅうしんぶ》に巨《きょ》石《せき》を釣《つ》るスペースを設《もう》け、縄《なわ》で石《いし》を結《むす》んで水中《すいちゅう》を泳《およ》がせるようにして運《はこ》んでいます（❶）。その縄《なわ》は、石《いし》を釣《つ》り上《あ》げるための装置《そうち》となる両《りょう》サイドの巻《ま》きロクロ（轆轤《ろくろ》）につながっています。

『増補訓蒙図彙《ぞうほきんもうずい》』にも巻《ま》きロクロがあり、十文字《じゅうもんじ》の持《も》ち手《て》を4人《にん》ないしそれ以上《いじょう》の人数《にんずう》で同《おな》じ方《ほう》向《こう》に回転《かいてん》させることによって、大《おお》きな巻《ま》き取《と》りの力《ちから》を得《え》ることができるのです。

『摂津名所図会《せっつめいしょずえ》』には、長堀川沿《ながほりがわぞ》いに到着《とうちゃく》した船《ふね》から巨石《きょせき》を降《お》ろし、坂《さか》の上《うえ》まで巻《ま》きロクロで引《ひ》き上《あ》げる様子《ようす》が描《えが》かれています（❷）。現在《げんざい》の長堀通《ながほりどおり》のところを流《なが》れていた長堀川《ながほりがわ》は、江戸時《えどじ》代《だい》の大坂《おおさか》の主要《しゅよう》な河川《かせん》のひとつ。旧心斎橋《きゅうしんさいばし》と佐野屋橋《さのやばし》とのあいだには石屋《いしや》が密集《みっしゅう》していた地域《ちいき》があり、長堀川《ながほりがわ》を通《とお》って運《はこ》ばれた各地《かくち》の名産《めいさん》の石材《せきざい》が石工《いしく》たちの手《て》によって鳥居《とりい》や橋《はし》、灯籠《とうろう》などに加工《かこう》されていました。絵《え》では巨石《きょせき》の下《した》にコロを敷《し》くなど、摩擦《まさつ》を軽減《けいげん》する工夫《くふう》が見《み》られます。

❶

❷

❶池《いけ》に投《な》げた石《いし》がゆっくり沈《しず》むのは、浮《う》き上《あ》がらせようとする浮力《ふりょく》がはたらいているから。❷上《うえ》から引《ひ》き上《あ》げる側《がわ》と、下《した》から押《お》し上《あ》げる側《がわ》のチームワークが求《もと》められる力仕事《ちからしごと》。

4 蛇《じゃ》籠《かご》ってどんな籠《かご》？

江戸時代《えどじだい》は、河川工事《かせんこうじ》のことを川普請《かわぶしん》といいました。その際《さい》に使《つか》われた蛇籠《じゃかご》（❶）とは、古来《こらい》より竹《たけ》を主《おも》な材料《ざいりょう》として円筒形《えんとうけい》の籠《かご》を編《あ》み、内部《ないぶ》に大《おお》ぶりな石材《せきざい》を大量《たいりょう》に詰《つ》めたもの。それを過《か》去《こ》に決壊《けっかい》したところや、増水《ぞうすい》しやすい川《かわ》べりにいくつも沈《しず》めておくのです。竹《たけ》は弾力性《だんりょくせい》に富《と》み、簡単《かんたん》に入手《にゅうしゅ》できたことから、材料《ざいりょう》として多用《たよう》されました。

蛇籠《じゃかご》そのものが水《みず》の勢《いきお》いに押《お》し流《なが》されないよう、杭《くい》がわりに竹《たけ》を打《う》ち込《こ》んで周囲《しゅうい》を固定《こてい》していました。『増補訓蒙図彙《ぞうほきんもうずい》』にある洪水対策《こうずいたいさく》の絵《え》（❷）では、カーブしている川《かわ》のうち、流《なが》れの早《はや》い外側《そとがわ》に埋《う》められています。ちなみに内側《うちがわ》の川辺《かわべ》に植《う》えられているのは柳《やなぎ》の木《き》。地中《ちちゅう》に深《ふか》く広《ひろ》く根《ね》を張《は》る木《き》なので、土壌《どじょう》を強《つよ》くするはたらきがありました。でも、川《かわ》での入水自殺《じゅすいじさつ》が舞台化《ぶたいか》されるにともなって、川《かわ》べりの柳《やなぎ》イコール幽霊《ゆうれい》というイメージも強《つよ》くなり、いい迷惑《めいわく》だったかも。

江戸時代後期《えどじだいこうき》にまとめられた『算法地方大成《さんぽうじかたたいせい》』は、「地方《じかた》」つまり農政《のうせい》をテーマにしながら測《そく》量《りょう》 計算《けいさん》と結《むす》びつけた実用書《じつようしょ》なので、土手《どて》が決壊《けっかい》したときに補《おぎな》う土《つち》の量《りょう》といった例題《れいだい》が並《なら》び、堤《つつみ》を蛇籠《じゃかご》や土嚢《どのう》で修復《しゅうふく》した形《かたち》の図版《ずはん》もリアルに描《えが》かれています（❸）。なお江戸時代《えどじだい》は、面積《めんせき》だけでなく体積《たいせき》の単位《たんい》も「坪《つぼ》」でした。

❶

❷

❶大井川《おおいがわ》が増水《ぞうすい》したときには、蛇籠《じゃかご》に石《いし》を詰《つ》めて杭《くい》で固定《こてい》する「出《だ》し」堤防《ていぼう》が並《なら》べられ、激流《げきりゅう》が堤防《ていぼう》に直《ちょく》接《せつ》当《あ》たらないようにしました。❷川《かわ》の外側《そとがわ》に蛇籠《じゃかご》、内側《うちがわ》に柳《やなぎ》。❸実際《じっさい》にこの作業《さぎょう》をするときには、スピード感《かん》が命《いのち》。

❸

5 堤《つつみ》はどうやってつくったの？

日本《にほん》の河川《かせん》には急流《きゅうりゅう》が多《おお》く、洪水対策《こうずいたいさく》は昔《むかし》から大《おお》きな課題《かだい》でした。江戸時代《えどじだい》になると、決壊《けっかい》しやすい場所《ばしょ》に堤《つつみ》を築《きず》く方法《ほうほう》がいろいろと研究《けんきゅう》されました。農政《のうせい》を取《と》り上《あ》げた『算法地方大成《さんぽうじかたたいせい》』には、河川工事《かせんこうじ》に関《かん》する測地《そくち》のことが解説《かいせつ》されています。「川除堤《かわよけづつみ》（堤防《ていぼう》）」工事《こうじ》（❶）の項目《こうもく》によると、堤《つつみ》の斜面《しゃめん》の勾配《こうばい》は普通《ふつう》「川表《かわおもて》（川側《かわがわ》）」で37度《ど》ほど、「川裏《かわうら》（川《かわ》の反対側《はんたいがわ》）」では27度《ど》とする、などと具体的《ぐたいてき》に書《か》かれています。

「算法《さんぽう》」の本《ほん》でもあるため、練習問題《れんしゅうもんだい》もいくつかあります。たとえば、堤《つつみ》の長《なが》さと高《たか》さ、敷地《しきち》（台形《だいけい》の下底《かてい》）と馬踏《ばふみ》（台形《だいけい》の上底《じょうてい》）の値《あたい》が与《あた》えられた上《うえ》で、必要《ひつよう》となる砂《すな》の体積《たいせき》を求《もと》めさせています。馬踏《ばふみ》とは、堤防《ていぼう》の上《うえ》を人馬《じんば》が通行《つうこう》できるよう平《たい》らになった道幅《みちはば》のことです。

8代将軍徳川吉宗《だいしょうぐんとくがわよしむね》は堤《つつみ》の建設《けんせつ》を積極的《せっきょくてき》に推進《すいしん》させるとともに、享保《きょうほう》の改革《かいかく》の一環《いっかん》として隅田川堤《すみだがわづつみ》（向島《むこうじま》。❷）や飛鳥山《あすかやま》（王子《おうじ》）、御殿山《ごてんやま》（品川《しながわ》）などに桜《さくら》を植樹《しょくじゅ》しました。さらには花見客《はなみきゃく》用《よう》の飲食店《いんしょくてん》までつくらせ、庶民《しょみん》の花見《はなみ》を奨励《しょうれい》しました。このことが、現在《げんざい》の花見《はなみ》の慣例《かんれい》にもつながっていると見《み》なされています。観光地化《かんこうちか》して大勢《おおぜい》の客《きゃく》が訪《おとず》れるようになると、文字通《もじどお》り馬踏《ばふみ》の部分《ぶぶん》が人馬《じんば》によって踏《ふ》み固《かた》められ、堤《つつみ》が強固《きょうこ》になるという狙《ねら》いもあったようです。

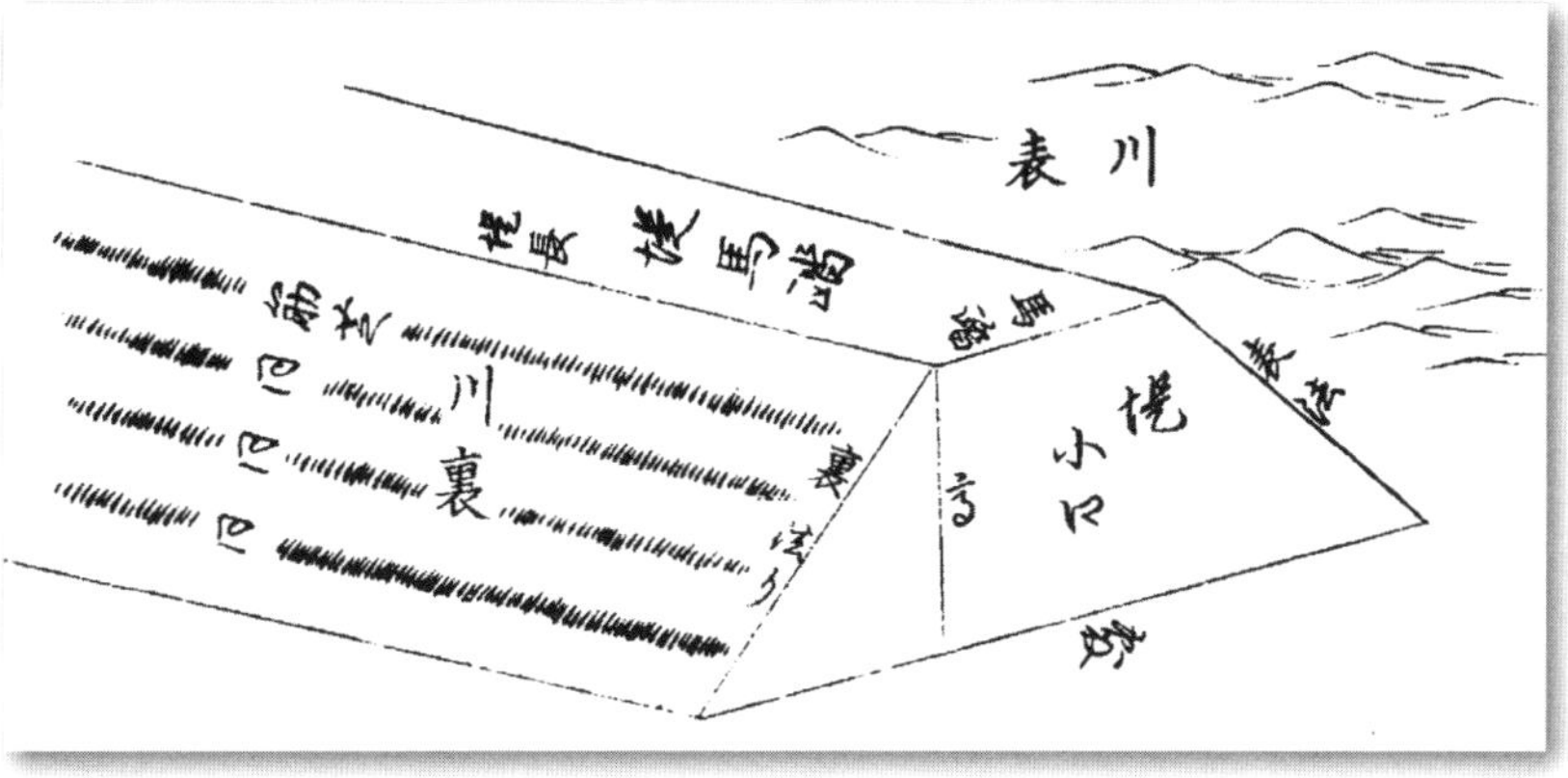

❶

❷

❶計算練習《けいさんれんしゅう》の例題《れいだい》にある図版《ずはん》なので、堤《つつみ》の輪郭《りんかく》はあえて整然《せいぜん》と描《えが》かれています。❷隅田川東岸《すみだがわとうがん》の向島《むこうじま》から千住《せんじゅ》までの1里《り》（約《やく》4km）にわたって吉宗《よしむね》が桜《さくら》を植《う》えさせ、花見《はなみ》の名所《めいしょ》になりました。

6 横《よこ》臼《うす》ってどんな臼《うす》？

臼《うす》には石臼《いしうす》や土臼《どうす》といった材質《ざいしつ》の違《ちが》いのほかに、構造上《こうぞうじょう》の違《ちが》いもありました。米《こめ》の脱穀《だっこく》には杵《きね》で搗《つ》く搗臼《つきうす》が一般的《いっぱんてき》で、より細《こま》かく挽《ひ》く必要《ひつよう》のある小麦粉《こむぎこ》や蕎麦粉《そばこ》などには横臼《よこうす》が使《つか》われました。横臼《よこうす》は円筒状《えんとうじょう》の二段重《にだんがさ》ね構造《こうぞう》で、上部《じょうぶ》の挽《ひ》き手《て》を握《にぎ》り、臼《うす》の上半分《うえはんぶん》を回転《かいてん》させながら磨《す》り潰《つぶ》していきます。『今様職人尽百人一首《いまようしょくにんづくしひゃくにんいっしゅ》』の「臼《うす》の目切《めき》り」（❶）とは臼《うす》に溝《みぞ》を彫《ほ》ったり、摩耗《まもう》した溝《みぞ》を彫《ほ》り直《なお》す職人《しょくにん》のことで、臼《うす》に彫《ほ》られた放射線状《ほうしゃせんじょう》の溝《みぞ》（図解《ずかい》）が見《み》えています。

大型《おおがた》の石臼《いしうす》の場合《ばあい》は、回《まわ》す作業《さぎょう》を少《すこ》しでも軽《かる》くするための工夫《くふう》がなされていました。そのひとつが『人倫訓蒙図彙《じんりんきんもうずい》』にあるような「粉屋《こなや》」の器具《きぐ》（❷）。臼《うす》の挽《ひ》き手《て》に長《なが》い棒《ぼう》が取《と》りつけられ、その棒《ぼう》は別《べつ》の棒《ぼう》とT字型《じがた》に組《く》み合《あ》わされ、さらに天井《てんじょう》から縄《なわ》で吊《つ》り下《さ》げられています。3人《にん》ひと組《くみ》くらいで棒《ぼう》を握《にぎ》り、体全体《からだぜんたい》で前後《ぜんご》に押《お》し引《ひ》きすれば、臼《うす》のような回転運動《かいてんうんどう》を往復運動《おうふくうんどう》に置《お》きかえられます。粉屋《こなや》については、饂飩粉《うどんこ》や蕎麦粉《そばこ》を挽《ひ》くと解説《かいせつ》されています。

両側《りょうがわ》からの綱引《つなひ》きタイプ（❸）もあり、二人《ふたり》でリズムよく引《ひ》き合《あ》いながら回転《かいてん》させます。この方式《ほうしき》は、主《おも》に木臼《きうす》で使《つか》われていました。石臼《いしうす》ほどの重量《じゅうりょう》もないので、自分《じぶん》の体重《たいじゅう》を乗《の》せずに操作《そうさ》できました。ただし素人《しろうと》が挑戦《ちょうせん》すると、かなりの重労働《じゅうろうどう》に感《かん》じるのでしょうね。

❶

❷

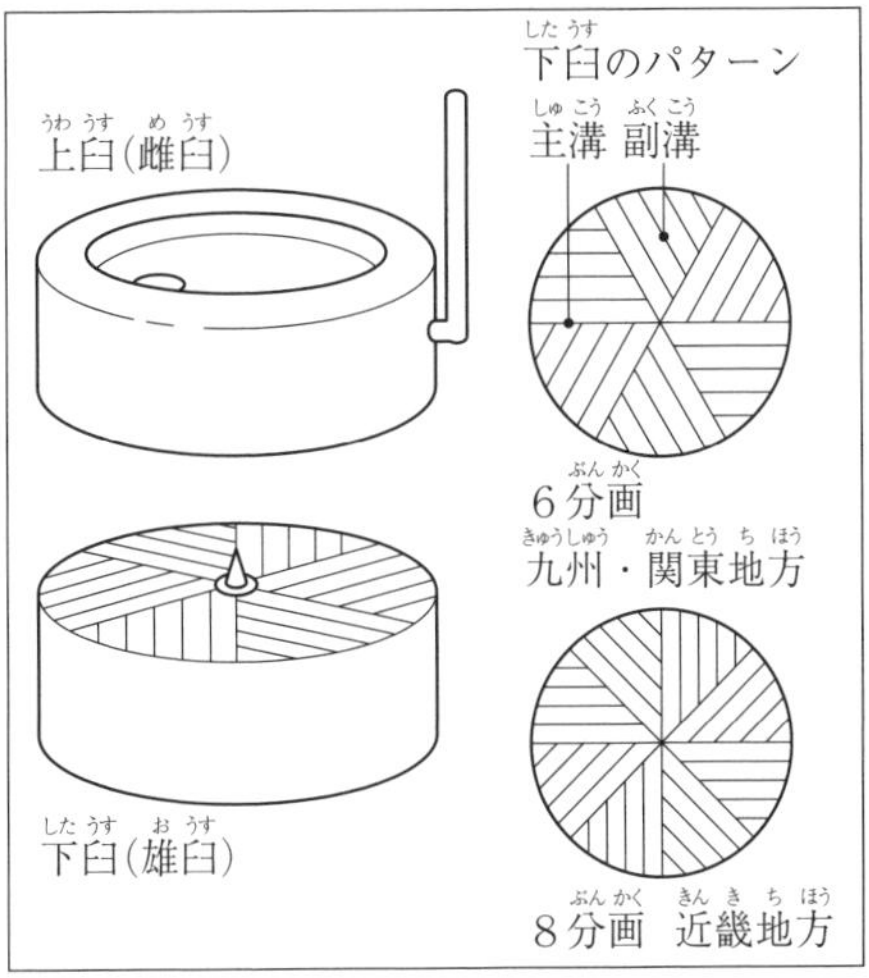

【図解《ずかい》】

❶父子《おやこ》でそれぞれ作業中《さぎょうちゅう》。父《ちち》親《おや》の左側《ひだりがわ》には、取《と》り外《はず》された横臼《よこうす》の上半分《うえはんぶん》が置《お》かれています。❷どれくらいのスピードで回転《かいてん》させていたのか、想像《そうぞう》してみたくなりますね。❸この木《き》臼《うす》と石《いし》臼《うす》のほかに、大型《おおがた》の土《ど》臼《うす》もありました。

❸

7 土《つち》の壁《かべ》ってどんな住《す》み心地《ごこち》？

江戸《えど》の長屋《ながや》の板壁《いたかべ》が薄《うす》かった理由《りゆう》のひとつは、火災《かさい》のときに取《と》り壊《こわ》しやすいから。火《ひ》の手《て》が及《およ》ぶ前《まえ》に風下《かざしも》の家《いえ》を引《ひ》き倒《たお》し、類焼《るいしょう》を防《ふせ》ぐことを破壊消火《はかいしょうか》ともいいます。対《たい》する武家屋敷《ぶけやしき》には、防火対策《ぼうかたいさく》として土壁《つちかべ》を取《と》り入《い》れることがよくありました（❶）。土壁《つちかべ》といっても土《つち》だけではなく、小竹《こだけ》を使《つか》って井《い》の字《じ》に組《く》み合《あ》わせた上《うえ》から土《つち》を塗《ぬ》っていました。『増補訓蒙図彙《ぞうほきんもうずい》』に描《えが》かれた壁《かべ》塗《ぬ》りでも、土《つち》を塗《ぬ》って仕上《しあ》げる前《まえ》の小竹《こだけ》の部分《ぶぶん》が見《み》えています（❷）。

土壁《つちかべ》には、防火《ぼうか》のほかにもいろいろなメリットがあります。たとえば湿度《しつど》を調節《ちょうせつ》してくれるので夏《なつ》には涼《すず》しく、冬《ふゆ》には暖《あたた》かく感《かん》じられます。このほかカビやダニなどを防《ふせ》ぎ、粉塵《ふんじん》（ハウスダスト）が飛《と》び散《ち》りにくいので、喉《のど》や鼻《はな》をあまり痛《いた》めません。また土壁《つちかべ》の内側《うちがわ》には空洞《くうどう》がなく、しかもある程度《ていど》の厚《あつ》さと重《おも》さがあるため、防音《ぼうおん》にもすぐれています。隣《となり》の声《こえ》が筒抜《つつぬ》けだった長屋《ながや》とは、じつに対照的《たいしょうてき》ですね。

さすがの土壁《つちかべ》も強度《きょうど》は万全《ばんぜん》でなく、大《おお》きな地震《じしん》に耐《た》えることはできません。ときには、泥棒《どろぼう》による被害《ひがい》もあったかもしれません。というのも、泥棒《どろぼう》が土壁《つちかべ》に穴《あな》を空《あ》けている絵《え》があるのです（❸）。土《つち》の中《なか》の小竹《こだけ》ものぞいていて、ちょっと生々《なまなま》しい感《かん》じ。

❶

❷

❸

❶足場《あしば》を組《く》み、バケツリレー方式《ほうしき》で土《つち》を受《う》け渡《わた》しながら盛《も》ります。右《みぎ》にいる施主《せしゅ》（注文主《ちゅうもんぬし》）も満足《まんぞく》げ。❷左官《さかん》の商売道具《しょうばいどうぐ》といえるコテを漢字《かんじ》で書《か》けば「鏝」。❸板戸《いたど》をこじ開《あ》けるよりも、手《て》っ取《と》り早《ばや》かったようです。

8 漆喰《しっくい》ってどんな壁《かべ》？

土壁《つちかべ》の家《いえ》は季節《きせつ》を問《と》わず快適《かいてき》ですが、耐久性《たいきゅうせい》は不十分《ふじゅうぶん》。その点《てん》、漆喰《しっくい》を上塗《うわぬ》りして仕上《しあ》げた壁《かべ》なら丈夫《じょうぶ》で、耐火性《たいかせい》もすぐれています。その素材《そざい》は牡蠣《かき》や蛤《はまぐり》などの貝殻《かいがら》を蒸《む》し焼《や》きにしてできる貝灰《かいばい》（有機石灰《ゆうきせっかい》）で、水《みず》と練《ね》り合《あ》わせると大気中《たいきちゅう》の成分《せいぶん》と反応《はんのう》して固《かた》まっていきます。さらには凝固剤《ぎょうこざい》になる海藻《かいそう》の布海苔《ふのり》のほか、ひび割《わ》れ防止《ぼうし》に繊維質《せんいしつ》のつなぎ材《ざい》も加《くわ》えられていました。これを塗《ぬ》る専門家《せんもんか》が、壁塗《かべぬ》りの左官《さかん》でした（☞107ページ）。

そのすぐれた性質《せいしつ》から、漆喰《しっくい》は戦国時代《せんごくじだい》には城郭《じょうかく》の建築《けんちく》に使用《しよう》され、漆喰壁《しっくいかべ》と屋根《やね》の白《しろ》さが際立《きわだ》つ姫路城《ひめじじょう》は、白鷺城《しらさぎじょう》とも呼《よ》ばれています。江戸時代《えどじだい》になると、神社仏閣《じんじゃぶっかく》や商家《しょうか》の土蔵《どぞう》（倉庫《そうこ》）などにも取《と》り入《い》れられました（❶）。強《つよ》いアルカリ性《せい》なのでカビなどが発生《はっせい》しにくく、湿度《しつど》も調節《ちょうせつ》してくれるため、貴重品《きちょうひん》を保管《ほかん》するのに最適《さいてき》でした。

その漆喰《しっくい》の壁《かべ》をさらに進化《しんか》させたのが、海鼠壁《なまこかべ》。壁面《へきめん》に四角《しかく》い平瓦《ひらがわら》を並《なら》べて貼《は》り、目地《めじ》と呼《よ》ばれる継《つ》ぎ目《め》の部分《ぶぶん》に漆喰《しっくい》をかまぼこ型《がた》に盛《も》り上《あ》げて塗《ぬ》ってあります。江戸《えど》なら浅野家《あさのけ》、黒田家《くろだけ》などの大名屋敷《だいみょうやしき》が並《なら》ぶ霞《かすみ》が関《せき》のようなところには、海鼠壁《なまこかべ》と石垣《いしがき》が続《つづ》いていました。そのさまが『江戸名所図会《えどめいしょずえ》』に描《えが》かれています（❷。石垣《いしがき》の上《うえ》にある黒地《くろじ》の部分《ぶぶん》）。壮観《そうかん》ですね。

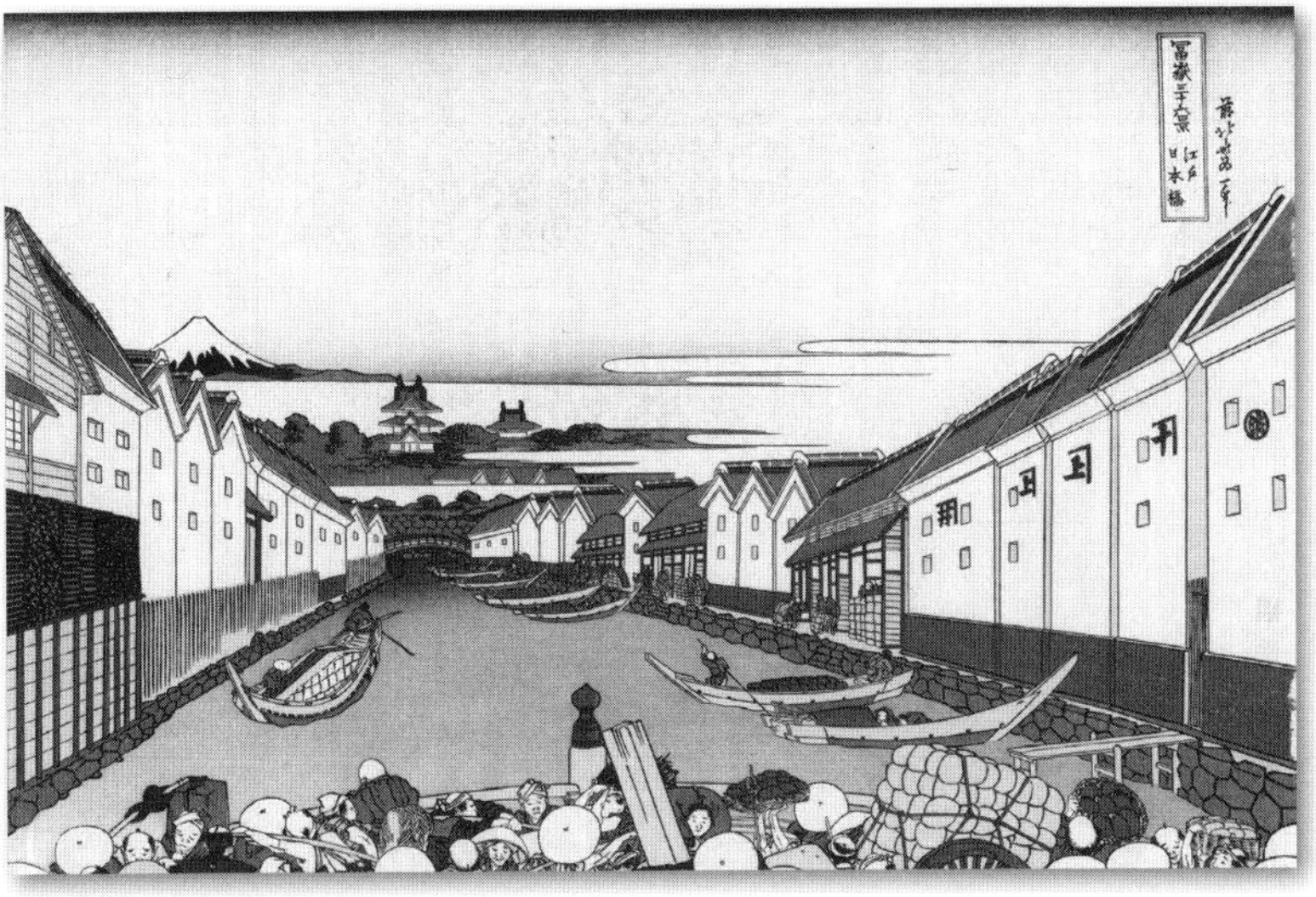

❶

❷

❶葛飾北斎《かつしかほくさい》『冨嶽三十六景《ふがくさんじゅうろっけい》』の「日本橋《にほんばし》」は、手前《てまえ》の人混《ひとご》みが橋《はし》の上《うえ》という構図《こうず》。川《かわ》の両端《りょうたん》に漆喰《しっくい》の蔵《くら》がズラリ。❷手前《てまえ》で2組《くみ》の大名行列《だいみょうぎょうれつ》がすれ違《ちが》っていますが、通行人《つうこうにん》たちは無関心《むかんしん》。

9 屋根瓦《やねがわら》はいつから広《ひろ》まったの？

瓦葺《かわらぶ》きの建造物《けんぞうぶつ》といえば、安土桃山時代《あづちももやまじだい》から江戸時代初期《えどじだいしょき》になっても寺院《じいん》か城郭《じょうかく》がほとんど。江戸《えど》の町方《まちかた》の屋根《やね》はたいてい板葺《いたぶ》きや草葺《くさぶ》きで、平瓦《ひらがわら》と丸瓦《まるがわら》を組《く》み合《あ》わせて葺《ふ》く本瓦葺《ほんがわらぶ》き（図解《ずかい》①）は、そもそも重量《じゅうりょう》オーバーでした。それでものちに少《すこ》しずつ普及《ふきゅう》し、8代将軍徳川吉宗《だいしょうぐんとくがわよしむね》は贅沢品《ぜいたくひん》という理由《りゆう》で町家《まちや》の屋根瓦《やねがわら》を禁《きん》じましたが、火災《かさい》に強《つよ》いことを重《おも》んじて奨励《しょうれい》に転《てん》じています。

『日本山海名物図会《にほんさんかいめいぶつずえ》』には大坂瓦屋町《おおさかかわらやまち》の瓦師《かわらし》が紹介《しょうかい》され、絵《え》のあちこちに丸瓦《まるがわら》と平瓦《ひらがわら》が置《お》かれています（❶）。解説《かいせつ》によると「大坂《おおさか》の東高津《ひがしこうづ》や西高津《にしこうづ》のあたりは地質《ちしつ》がよく、その土《つち》を使《つか》うと色鮮《いろあざ》やかで丈夫《じょうぶ》な瓦《かわら》が焼《や》き上《あ》がる。その昔《むかし》、聖徳太子《しょうとくたいし》も四天王寺《してんのうじ》を建立《こんりゅう》した際《さい》にこの地《ち》の土《つち》を使用《しよう》した。今《いま》でも諸国《しょこく》のお城《しろ》や館《やかた》に用《もち》いられている」とあります。

その平瓦《ひらがわら》と丸瓦《まるがわら》を一体化《いったいか》させた軽量《けいりょう》タイプの桟瓦《さんがわら》（図解《ずかい》②）は江戸時代前期《えどじだいぜんき》に考案《こうあん》され、広《ひろ》く普及《ふきゅう》したのは後期《こうき》になってから。同《おな》じ後期《こうき》にまとめられた『江戸名所図会《えどめいしょずえ》』には、現在《げんざい》の墨田区《すみだく》吾妻橋《あづまばし》の東岸付近《とうがんふきん》にあった中之郷町《なかのごうちょう》が描《えが》かれ（❷）、瓦師《かわらし》を生業《せいぎょう》とする人《ひと》が多《おお》く暮《く》らしていると述《の》べられています。よく見《み》ると、無数《むすう》に並《なら》べられている瓦《かわら》は桟瓦《さんがわら》のようですね。

❶

❷

❶瓦《かわら》は粘土《ねんど》を成型《せいけい》して焼《や》いたもの。中央《ちゅうおう》の職人《しょくにん》は木型《きがた》に粘土《ねんど》を載《の》せ、木《き》の棒《ぼう》で形《かたち》を整《ととの》えています。❷手前《てまえ》のところに松《まつ》の葉《は》や枝《えだ》が見《み》られるのは、瓦《かわら》を焼《や》いてから燻《いぶ》し、表面《ひょうめん》に渋《しぶ》い銀色《ぎんいろ》の炭素膜《たんそまく》を形成《けいせい》させるため。

【図解《ずかい》①】本瓦葺《ほんがわらぶ》き

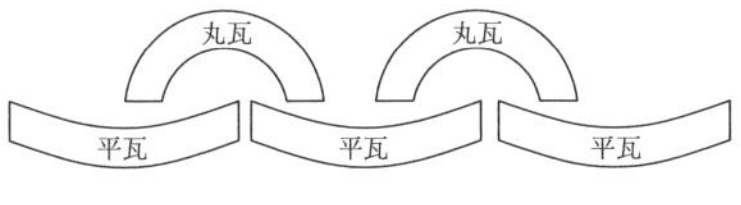

【図解《ずかい》②】桟瓦葺《さんがわらぶ》き

1種類《しゅるい》の瓦《かわら》で屋根《やね》を葺《ふ》くことができます。

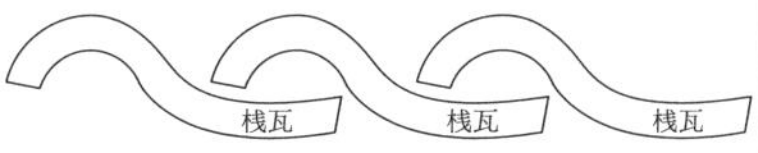

10 鉄製品《てっせいひん》の修理《しゅうり》はどうしていたの？

金属《きんぞく》を高《たか》い温度《おんど》で溶《と》かし、砂《すな》の型《かた》（鋳型《いがた》）に流《なが》し込《こ》んでつくる製品《せいひん》を鋳物《いもの》といいます。今《いま》では身《み》の回《まわ》りの生活用品《せいかつようひん》から少《すこ》しずつ消《き》えていますが、江戸時代《えどじだい》に使《つか》われていた鍋《なべ》や釜《かま》などの多《おお》くは鉄《てつ》の鋳物《いもの》でした。❶は『江戸名所図会《えどめいしょずえ》』に描《えが》かれた「川口鍋匠《かわぐちなべつくり》」（埼玉県川口市《さいたまけんかわぐちし》）で、川口《かわぐち》の鋳物《いもの》は大消費地《だいしょうひち》の江戸《えど》でも人気《にんき》がありました。左下《ひだりした》に積《つ》まれている炭俵《すみだわら》の木炭《もくたん》を燃料《ねんりょう》にして中央《ちゅうおう》にある炉《ろ》で鉄《てつ》を溶《と》かし、右側《みぎがわ》では鋳型《いがた》に流《なが》し込《こ》んでいます。

いくら頑丈《がんじょう》な鉄製品《てっせいひん》でも、長《なが》く使《つか》っているとすり減《へ》って穴《あな》が空《あ》いたりします。そのときは、鍋《なべ》や釜《かま》の修理《しゅうり》を専門《せんもん》とする鋳掛屋《いかけや》の出番《でばん》（❷）。彼《かれ》らの商売道具《しょうばいどうぐ》は、鋳直《いなお》す燃料《ねんりょう》にする炭《すみ》や火炉《かろ》となる七輪《しちりん》、送風器《そうふうき》の鞴《ふいご》。まず鋳鉄《ちゅうてつ》（鋳物用《いものよう》の鉄《てつ》）を熱《ねっ》し、鞴《ふいご》で空気《くうき》を吹《ふ》きつけて鉄《てつ》を溶《と》かし、欠《か》けや摩耗《まもう》を補《おぎな》いました。『人倫訓蒙図彙《じんりんきんもうずい》』には「継物師《つぎものし》」（☞76ページ）のあとに「鋳掛師《いかけし》」（❸）が置《お》かれ、絵《え》の職人《しょくにん》は鞴《ふいご》の代《か》わりに火吹竹《ひふきだけ》を使《つか》って加熱《かねつ》しています。

一般的《いっぱんてき》な鋼《はがね》は低炭素《ていたんそ》の合金《ごうきん》で、炭素量《たんそりょう》は最大《さいだい》でも2、3パーセントしか含《ふく》まず、高熱《こうねつ》でないと溶《と》かせません。対《たい》する鋳鉄《ちゅうてつ》は炭素量《たんそりょう》が多《おお》いため融点《ゆうてん》が低《ひく》く、火吹竹《ひふきだけ》による加熱程度《かねつていど》でも容易《ようい》に溶《と》かすことができたのでしょう。ただし金属《きんぞく》としては若干《じゃっかん》もろく、そこは一長一短《いっちょういったん》でした。

❶

❷

❸

❶川口《かわぐち》の近《ちか》くの荒川《あらかわ》では、鋳物《いもの》の型《かた》に適《てき》した粘土《ねんど》や砂《すな》が採取《さいしゅ》できました。❷営業中《えいぎょうちゅう》の鋳掛屋《いかけや》。鞴《ふいご》を肩《かた》から下《さ》げています。❸す（鬆。空洞部分《くうどうぶぶん》）が入《はい》りやすかった当時《とうじ》の鍋《なべ》や釜《かま》は、ひび割《わ》れたり穴《あな》が空《あ》くこともしばしば。

11 メッキって日《に》本《ほん》語《ご》だったの？

金箔職人《きんぱくしょくにん》の箔押師《はくおしし》が金箔《きんぱく》を貼《は》るときには、天然《てんねん》の接着剤《せっちゃくざい》ともいえる膠《にかわ》（☞174ページ）がよく使《つか》われていました（❶）。同《おな》じく金属《きんぞく》の表面加工《ひょうめんかこう》に使《つか》われてきたメッキは中国《ちゅうごく》から伝《つた》わり、各地《かくち》の古墳《こふん》から出土《しゅつど》する青銅製《せいどうせい》の馬具《ばぐ》や銅製《どうせい》の装飾品《そうしょくひん》などに金《きん》メッキされたものが多数発見《たすうはっけん》されています。仏教《ぶっきょう》が伝来《でんらい》してからは、仏像《ぶつぞう》や仏壇《ぶつだん》などにも使《つか》われました。

メッキには金箔《きんぱく》を水銀《すいぎん》に入《い》れて溶《と》かす工程《こうてい》があり、まるで金《きん》が水銀《すいぎん》の中《なか》に消滅《しょうめつ》してしまったように見《み》える「滅金《めっきん》」がメッキになりました。水銀《すいぎん》は日常《にちじょう》の温度《おんど》で液体《えきたい》になっている金属《きんぞく》で、金箔《きんぱく》を入《い》れると簡単《かんたん》に溶《と》けて合金《ごうきん》になります。水銀《すいぎん》とほかの金属《きんぞく》の合金《ごうきん》をアマルガムといい、これが表面《ひょうめん》に塗《ぬ》られた状態《じょうたい》から加熱《かねつ》すると水銀《すいぎん》は蒸発《じょうはつ》し、あとに残《のこ》るのは薄《うす》い金《きん》の膜《まく》だけ。

『和漢三才図会《わかんさんさいずえ》』には、「鍍」の字《じ》の脇《わき》に「金《きん》めつき」と書《か》かれ（❷）、まず銅器《どうき》を柔《やわ》らかい藁《わら》で磨《みが》いて梅酢《うめず》を塗《ぬ》り、水銀《すいぎん》を塗《ぬ》って金箔《きんぱく》を置《お》いて焼《や》くとあります。現在《げんざい》は梅酢《うめず》の代《か》わりに酸化剤《さんかざい》の硝酸《しょうさん》を使《つか》い、水銀《すいぎん》に溶《と》かして（硝酸水銀《しょうさんすいぎん》）塗金面《ときんめん》に塗《ぬ》り、その上《うえ》に金《きん》を塗《ぬ》ります。『和漢三才《わかんさんさい》図会《ずえ》』では同様《どうよう》に銅器《どうき》を磨《みが》いてから亜鉛《あえん》と水銀《すいぎん》を混《ま》ぜて塗《ぬ》り、金箔《きんぱく》を置《お》いて焼《や》く「焼着《やきつけ》（焼《や》き着《つ》けメッキ）」も解説《かいせつ》しています。装飾《そうしょく》にかかわる金属《きんぞく》の化学《かがく》には、長《なが》い歴史《れきし》があったのですね（❸）。

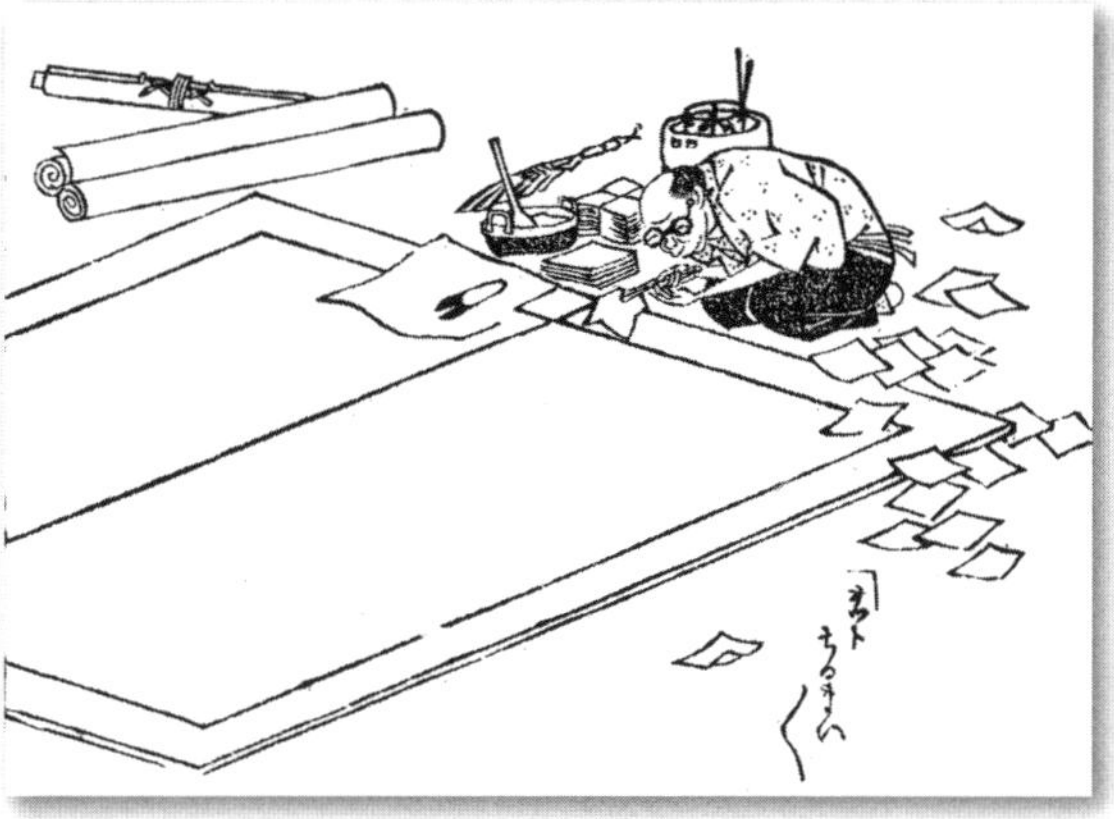

❶

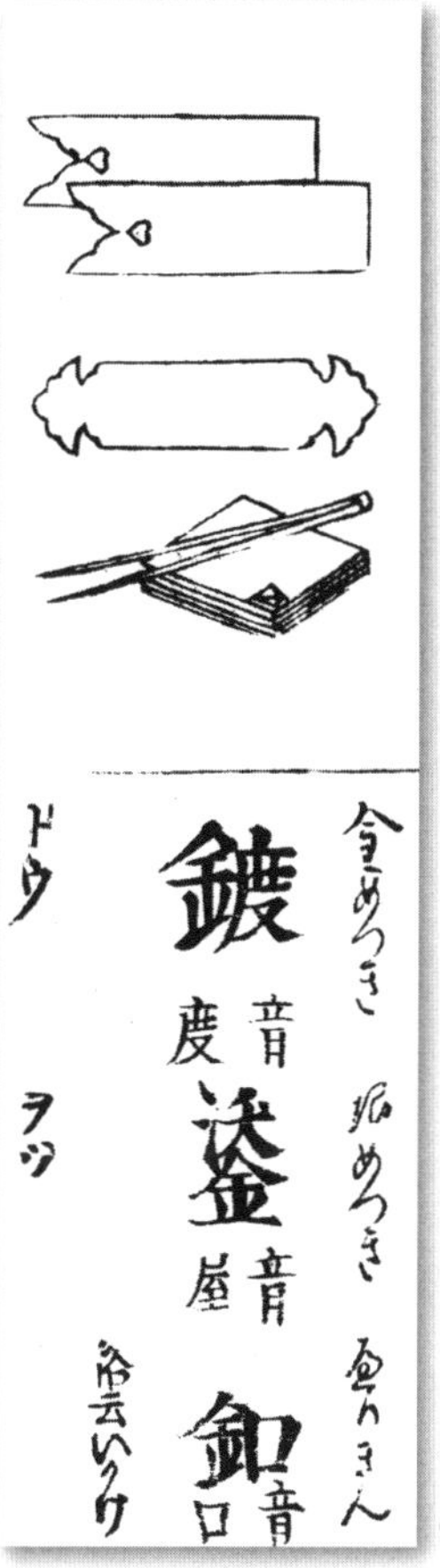

❷

❸

❶屏風《びょうぶ》に金箔《きんぱく》を貼《は》るとき、必要《ひつよう》な枚数《まいすう》を問《と》う新版《しんばん》『塵劫記《じんこうき》』の例題《れいだい》。❷『和漢三才図会《わかんさんさいずえ》』の「鍍」の項目《こうもく》にある、金《きん》メッキ加工《かこう》をした金具《かなぐ》と金箔《きんぱく》。❸金《きん》メッキの簪《かんざし》を差《さ》したら超豪華《ちょうごうか》。

12 錫《すず》ってどんな金属《きんぞく》?

原子番号《げんしばんごう》50番《ばん》の錫《すず》という金属《きんぞく》は、どこかで名前《なまえ》は聞《き》いたことがあっても、その見《み》た目《め》や使《つか》い道《みち》などについてはあまり知《し》られていないように思《おも》われます。それでも金属《きんぞく》の中《なか》では比較的柔《ひかくてきやわ》らかく、加工《かこう》もしやすいため、古《ふる》くから世界的《せかいてき》に使《つか》われてきました。それほど人体《じんたい》に害《がい》もなく、江戸時代《えどじだい》には食器《しょっき》をはじめとする日用品《にちようひん》に広《ひろ》く用《もち》いられました。山東京伝《さんとうきょうでん》の『近世奇跡考《きんせいきせきこう》』には、錫製《すずせい》の酒器《しゅき》が並《なら》んでいます（❶）。

実際《じっさい》に加工《かこう》をする際《さい》には、しばしば「轆轤師《ろくろし》」という別《べつ》の職人《しょくにん》との共同作業《きょうどうさぎょう》で進《すす》められました。『今様職人尽百人一首《いまようしょくにんづくしひゃくにんいっしゅ》』にある「錫師《すずし》」（❷）の場合《ばあい》は、中央《ちゅうおう》の人《ひと》が両手《りょうて》に革紐《かわひも》を持《も》って引《ひ》きながら轆轤《ろくろ》を回転《かいてん》させ、手前《てまえ》の人《ひと》が軸《じく》の先《さき》に錫《すず》を固定《こてい》して小刀《こがたな》や鉋《かんな》などで削《けず》って形《かたち》を整《ととの》えています。解説《かいせつ》によると「錫鉛《すずなまり》（錫《すず》と鉛《なまり》の合金《ごうきん》。はんだ）」を使《つか》って徳利《とっくり》や鉢《はち》、茶壺《ちゃつぼ》などを製造《せいぞう》するとあり、回転《かいてん》している木材《もくざい》から削《けず》り出《だ》すこけしや独楽《こま》づくりと製法《せいほう》が似《に》ています。

なお、昭和時代《しょうわじだい》に入《はい》ってから国内《こくない》でアルミニウムの加工《かこう》が始《はじ》まると、安《やす》い値段《ねだん》のアルミ製品《せいひん》が量産《りょうさん》されるようになりました。その結果《けっか》、安価《あんか》で錆《さ》びにくい金属《きんぞく》の王座《おうざ》はアルミに奪《うば》われたのです。錫《すず》のことを知《し》らない人《ひと》が増《ふ》えたのも、もっともな話《はなし》ですね。

❶

❷

❸

❶「酒戦《しゅせん》の図《ず》」と題《だい》された酒盛《さかも》りの場面《ばめん》。幾何学模様《きかがくもよう》の錫製品《すずせいほん》が右奥《みぎおく》に見《み》えます。❷軸《じく》が横向《よこむ》きに回転《かいてん》する装置《そうち》も「轆轤《ろくろ》」でした。左上《ひだりうえ》の棚《たな》に❶の酒席《しゅせき》にあったような錫製品《すずせいひん》が並《なら》んでいます。❸『人倫訓蒙図彙《じんりんきんもうずい》』の錫師《すずし》。

13 錆《さび》を防《ふせ》ぐ錆《さび》があったの？

丈夫《じょうぶ》な鉄製品《てっせいひん》も、放《ほう》っておくと赤錆《あかさび》が出《で》てきます。職人図鑑《しょくにんずかん》にある「槍師《やりし》」の項目《こうもく》（❶）は、三十六歌仙《さんじゅうろっかせん》のひとりだった壬生忠岑《みぶのただみね》の歌《うた》「有明《ありあけ》の つれなく見《み》えし 別《わか》れより 暁《あかつき》ばかり 憂《う》きものはなし」を下敷《したじ》きにした赤錆《あかさび》の歌《うた》を載《の》せています。「鎗先《やりさき》の 切《き》れなく見《み》へし 腐《くさ》れ錆《さび》 赤錆抜《あかさびぬ》けぬ憂《う》きものはなし」とアレンジされていて、なかなかユーモラス。

鉄《てつ》には酸素《さんそ》を取《と》り込《こ》んで酸化物《さんかぶつ》になろうとする性質《せいしつ》があり、酸素《さんそ》と水《みず》に触《ふ》れることによって赤《あか》錆《さび》が発生《はっせい》します。だから河川《かせん》の橋脚《きょうきゃく》でもっとも錆《さ》びやすいのは、大気《たいき》も水《みず》もある水面《すいめん》の部分《ぶぶん》。その赤錆《あかさび》を防《ふせ》ぐ黒錆《くろさび》は、鉄《てつ》の表面《ひょうめん》にできる酸化膜《さんかまく》のことで、この膜《まく》が酸素《さんそ》や水《みず》から鉄《てつ》を守《まも》ります。黒錆加工《くろさびかこう》をするときには、鉄《てつ》を高温《こうおん》に熱《ねっ》するかメッキを施《ほどこ》します。

『日本山海名物図会《にほんさんかいめいぶつずえ》』に載《の》せられた和泉国《いずみのくに》の堺包丁《さかいぼうちょう》（❷）は黒錆加工《くろさびかこう》で知《し》られ、解説《かいせつ》によると、通称《つうしょう》は「黒打《くろうち》」。切《き》れ味《あじ》が格別《かくべつ》によく、出刃《でば》、薄刃《うすば》、刺身包丁《さしみぼうちょう》などが有名《ゆうめい》だと評《ひょう》されています。

今日《こんにち》、黒《くろ》い鉄製品《てっせいひん》で名高《なだか》いのが仙台《せんだい》や盛岡《もりおか》でつくられている南部鉄瓶《なんぶてつびん》。黒錆加工《くろさびかこう》のことを黒皮《くろかわ》といい、仕上《しあ》げの釜焼《かまや》きで炭火《すみび》を使《つか》って鉄瓶《てつびん》を高温《こうおん》で蒸《む》し焼《や》きにしています。錆《さび》で錆《さび》を防《ふせ》ぐのは、まるで毒《どく》をもって毒《どく》を制《せい》すような逆転《ぎゃくてん》の発想《はっそう》だったのですね。

❶

❷

❶右《みぎ》の男《おとこ》は、錆《さび》が取《と》れないのをボヤいています。❷堺包丁《さかいほうちょう》の解説文《かいせつぶん》に出《で》てくる名物《めいぶつ》の真魚箸《まなばし》とは、魚《さかな》や鳥《とり》の調理《ちょうり》に使《つか》う柄《え》つきの長《なが》い鉄製《てつせい》の箸《はし》のこと。

14 どんな鋸《のこぎり》が使《つか》われていたの？

江戸時代《えどじだい》よりも少《すこ》し前《まえ》、太《ふと》い丸太《まるた》を切《き》る鋸《のこぎり》は両側《りょうがわ》から二人《ふたり》で持《も》って押《お》し引《ひ》きする二人挽《ふたりび》きが主流《しゅりゅう》でした。またの名を台切《だいき》りともいい、実例《じつれい》が『日本山海名物図会《にほんさんかいめいぶつずえ》』に出《で》ています（❶）。絵《え》のように大木《たいぼく》を切《き》り倒《たお》した場所《ばしょ》ですぐに切《き》り分《わ》けているのは、あらかじめ製材《せいざい》しておいたほうが、のちのち運《はこ》びやすいからでした。

そのような二人挽《ふたりび》きを改良《かいりょう》し、ひとりで使《つか》えるようにしたのが前挽大鋸《まえびきおが》（❷）。『人倫訓蒙図彙《じんりんきんもうずい》』の「木挽《こびき》」（❸）は、やや小型《こがた》ながら前挽《まえびき》タイプを使《つか》っています。ひとり分《ぶん》の力《ちから》でも切《き》ることができるように、鋸刃自体《のこばじたい》の重《おも》さも活用《かつよう》するのがポイント。絵《え》のように柄《え》の部分《ぶぶん》を下《した》にカーブさせてあれば押《お》し引《ひ》きしやすく、こういったタイプもよく見《み》かけます。

大《おお》きな丸太《まるた》や角材《かくざい》だと、中心部《ちゅうしんぶ》まで切《き》り進《すす》むうちに摩擦《まさつ》で鋸刃《のこば》が引《ひ》っかかり、押《お》し引《ひ》きできなくなりそうな気《き》もしますね。でも実際《じっさい》には、そうならないためのひと工夫《くふう》がありました。鋸刃《のこば》が交互《こうご》に振《ふ》れている、あさり（歯振）と呼《よ》ばれる構造《こうぞう》になっているので（図解《ずかい》）、鋸《のこぎり》の身幅《みはば》よりも挽《ひ》き溝《みぞ》の幅《はば》が広《ひろ》く、材木《ざいもく》との摩擦《まさつ》が減《へ》って挽《ひ》きやすさ抜群《ばつぐん》。古《ふる》くから作業《さぎょう》の現場《げんば》でさまざまな不便《ふべん》や不都合《ふつごう》に行《ゆ》き当《あ》たり、そのつど改良《かいりょう》が重《かさ》ねられて現在《げんざい》の鋸《のこぎり》に至《いた》っているのです。

❶

❸

❷
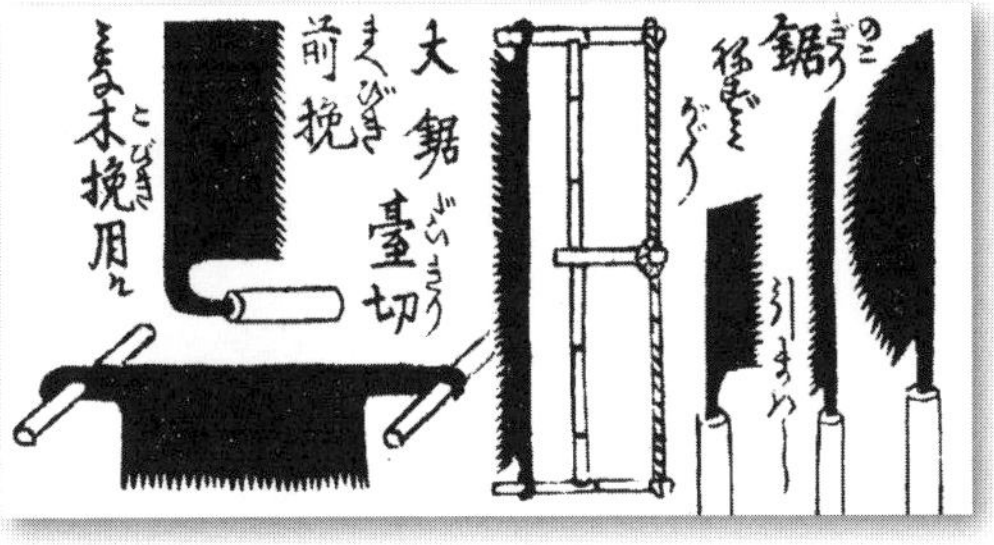

❶タイトル「杣人《そまびと》」の杣《そま》とは、木《き》こりのこと。❷木《き》こりや大工《だいく》らが使《つか》う、プロ仕様《しよう》の工具《こうぐ》一覧《いちらん》。❸大型《おおがた》の板《いた》や角材《かくざい》を量産《りょうさん》できる大鋸《おが》は、人手《ひとで》がかかる寺社《じしゃ》の造営《ぞうえい》や築城《ちくじょう》にうってつけ。

【図解《ずかい》】あさりの仕組《しく》み

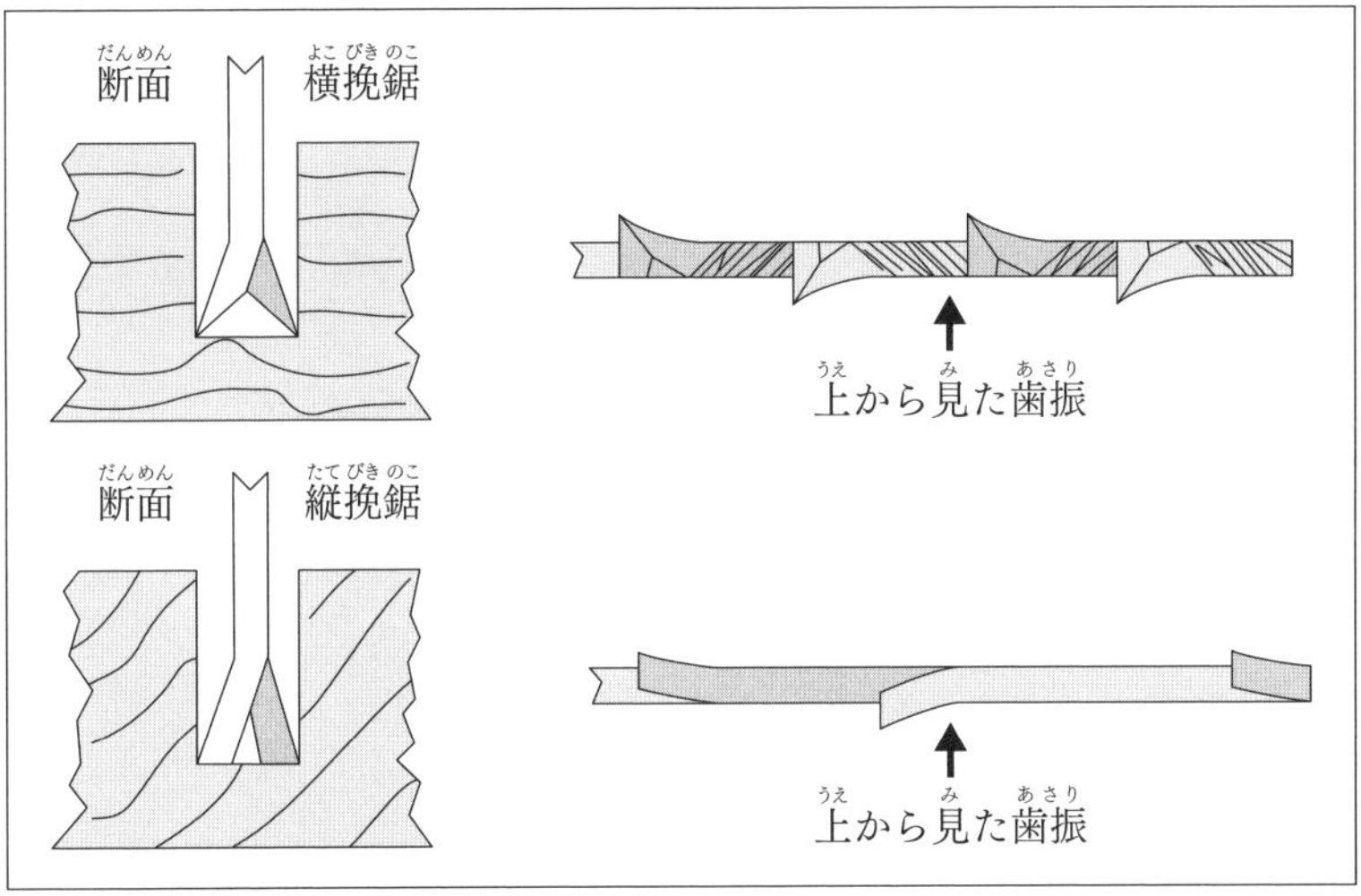

15 和《わ》鋏《ばさみ》ってどんな鋏《はさみ》?

世界史的《せかいしてき》に見《み》た場合《ばあい》、もともと鋏《はさみ》は今《いま》のようなX型《がた》（中間支点《ちゅうかんしてん》タイプ）でなく、U型《がた》（元支点《もとしてん》タイプ）が主流《しゅりゅう》でした。人間《にんげん》が金属《きんぞく》を使《つか》って生活《せいかつ》の道具《どうぐ》を加工《かこう》し始《はじ》めたとき、U型《がた》のほうがX型《がた》よりも素朴《そぼく》なのでつくりやすく、誕生《たんじょう》も早《はや》かったのは当然《とうぜん》のこと。しかし今《いま》や、後発《こうはつ》のX型《がた》が世界《せかい》のスタンダードになっています。『人倫訓蒙図彙《じんりんきんもうずい》』にある庭師《にわし》（❶）が手《て》にしている剪定鋏《せんていばさみ》も、そのまま現在《げんざい》に受《う》け継《つ》がれています。

しかし、日本《にほん》ではU型《がた》の握《にぎ》り鋏《ばさみ》がまだ現役《げんえき》で、年間《ねんかん》の生産量《せいさんりょう》も多《おお》く、そのため和鋏《わばさみ》ともいいます。U型《がた》は細《こま》かい作業《さぎょう》に最適《さいてき》で、職人図鑑《しょくにんずかん》に描《えが》かれた筆結《ふでゆ》いの机《つくえ》の上《うえ》にも和鋏《わばさみ》が置《お》かれています。竹《たけ》の軸《じく》にはめ込《こ》んだ筆《ふで》の毛先《けさき》を切《き》りそろえるのは、かなり丹念《たんねん》な仕事《しごと》。このほか爪切《つめき》り鋏《ばさみ》（❷）や、「毛抜師《けぬきし》」がつくっている毛抜《けぬ》きも構造《こうぞう》は同《おな》じで、トゲ抜《ぬ》きも含《ふく》めて、使用中《しようちゅう》は誰《だれ》でも神経《しんけい》を集中《しゅうちゅう》させています。

鋏《はさみ》の力学《りきがく》は簡単《かんたん》な梃子《てこ》の原理《げんり》で、X型《がた》は力点《りきてん》と作用点《さようてん》が支点《してん》の両側《りょうがわ》に分《わ》かれ、U型《がた》は片側《かたがわ》に寄《よ》っています（図解《ずかい》）。どちらも力点《りきてん》から支点《してん》までのあいだが、力点《りきてん》から作用点《さようてん》までのあいだにくらべて長《なが》いほど、弱《よわ》い力《ちから》で切《き》ることができます。でも和鋏《わばさみ》は、あえて繊細《せんさい》さを優先《ゆうせん》していたのです。

❶

【図解《ずかい》】X型《がた》とU型《がた》の仕組《しく》み

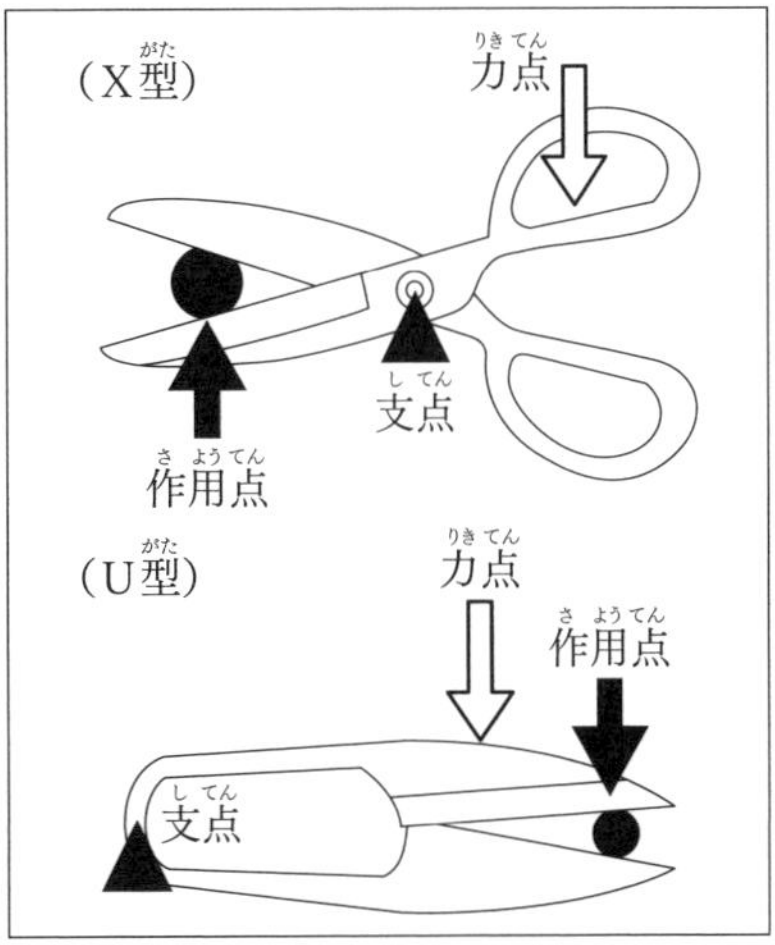

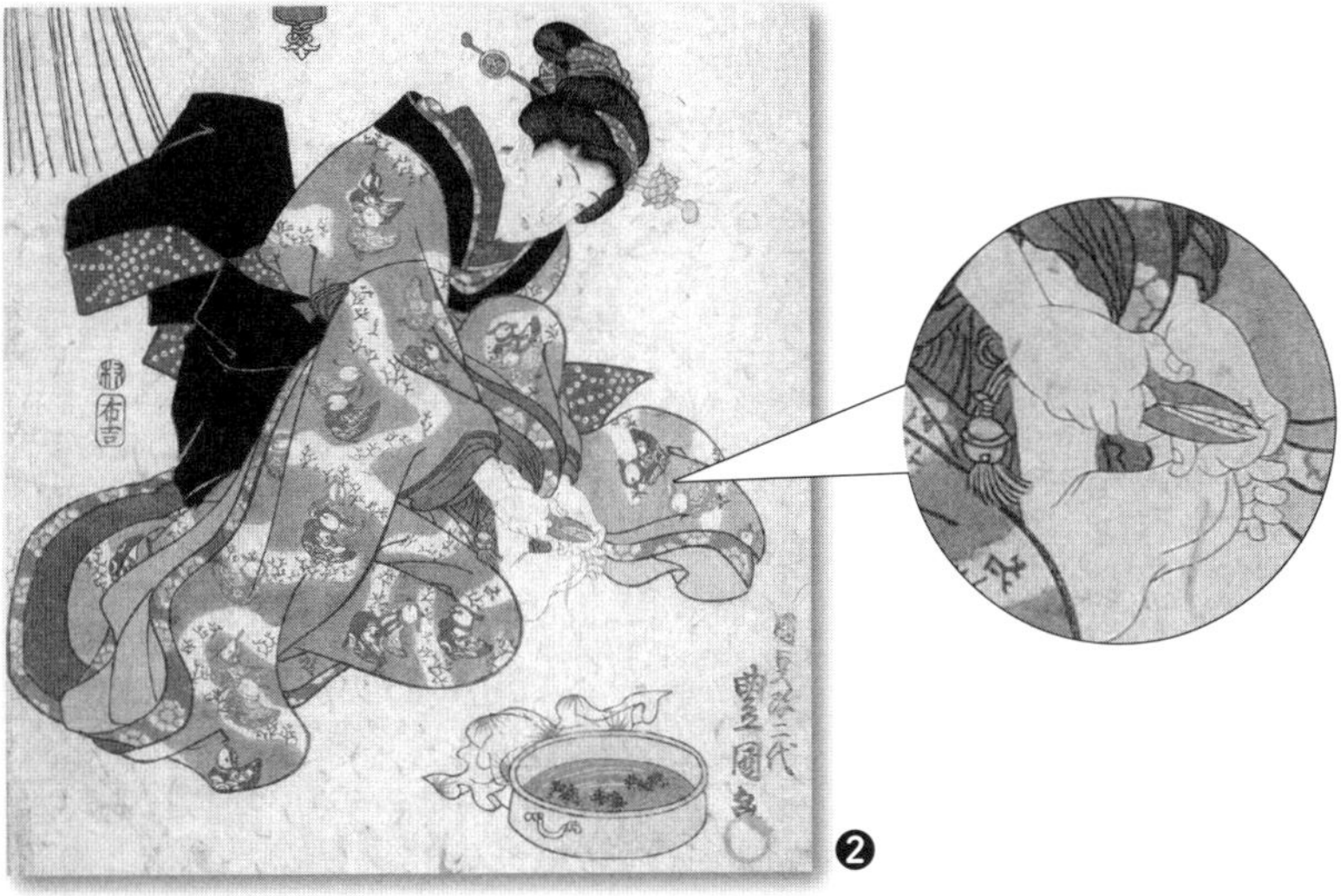

❷

❶枝《えだ》を切《き》るには力《ちから》がいるため、U型《がた》では作業《さぎょう》が困難《こんなん》。❷和鋏《わばさみ》で爪《つめ》を切《き》る女性《じょせい》。当時《とうじ》の履《は》き物《もの》は足指《あしゆび》が見《み》えるので、オシャレと衛生《えいせい》の両面《りょうめん》で爪《つめ》の手《て》入《い》れは大切《たいせつ》でした。

16 銀《ぎん》を吹《ふ》くってどういうこと？

金《きん》や銀《ぎん》を含《ふく》む鉱石《こうせき》を、いったん鉛《なまり》に溶《と》け込《こ》ませて合金《ごうきん》にしてから、純度《じゅんど》の高《たか》い金《きん》や銀《ぎん》を改《あらた》めて抽出《ちゅうしゅつ》する精錬法《せいれんほう》を灰吹法《はいふきほう》といいます。溶《と》けた合金《ごうきん》になっているところへ、鞴《ふいご》（☞172ページ）によって空気《くうき》を送《おく》ると鉛《なまり》は空気中《くうきちゅう》の酸素《さんそ》と反応《はんのう》して酸化鉛《さんかなまり》になり、下《した》に敷《し》かれた灰《はい》に吸収《きゅうしゅう》されて分《ぶん》離《り》されます。このとき酸化《さんか》されずに残《のこ》った銀《ぎん》が、灰吹銀《はいふきぎん》。一連《いちれん》の作業《さぎょう》を進《すす》めるとき、空気《くうき》を送《おく》ることを「吹《ふ》く」といいました。

『日本山海名物図会《にほんさんかいめいぶつずえ》』では「灰吹《はいふき》」に先立《さきだ》って「南蛮吹《なんばんぶき》」（❶）の項目《こうもく》が置《お》かれています。これは和泉国《いずみのくに》の堺《さかい》でポルトガル人《じん》から伝授《でんじゅ》されたともいう精錬法《せいれんほう》で、銀《ぎん》を含《ふく》む粗銅《そどう》に鉛《なまり》を加《くわ》えて溶《と》かし合《あ》わせ、徐々《じょじょ》に冷却《れいきゃく》させます。銅《どう》は固《かた》まってきても、鉛《なまり》がまだ融解《ゆうかい》している温度《おんど》に保《たも》つと、銅《どう》は次第《しだい》に結晶化《けっしょうか》して浮《う》かび上《あ》がり、銀《ぎん》を溶《と》かし込《こ》んだ鉛《なまり》は沈《しず》んで分離《ぶんり》されます。

このあと『日本山海名物図会《にほんさんかいめいぶつずえ》』が「灰吹《はいふき》」（❷）について解説《かいせつ》しているのは、「南蛮吹《なんばんぶき》」の次《つぎ》のステップが銀《ぎん》と鉛《なまり》の分離《ぶんり》だから。この方法《ほうほう》で得《え》られる灰吹銀《はいふきぎん》も材料《ざいりょう》にして成型《せいけい》した丁銀《ちょうぎん》（❸）は重《おも》さで取引《とりひき》され、秤量貨幣《ひょうりょうかへい》とも呼《よ》ばれています。純度《じゅんど》が高《たか》ければ、値打《ねう》ちは重《おも》さで決《き》まるわけですね。

❶

❷

❸

❶銀《ぎん》が含《ふく》まれていた日本《にほん》の銅鉱石《どうこうせき》。当初《とうしょ》は、銅《どう》から銀《ぎん》を取《と》り除《のぞ》く技術《ぎじゅつ》がありませんでした。❷戦国時代《せんごくじだい》に灰吹法《はいふきほう》が伝《つた》わると銀《ぎん》の生産量《せいさんりょう》が増《ふ》え、東《ひがし》アジア方面《ほうめん》に輸出《ゆしゅつ》されて流通《りゅうつう》しました。❸丁銀《ちょうぎん》は、こんな形《かたち》のお金《かね》。

17 曇《くも》った鏡《かがみ》はどうやって磨《みが》いたの？

銅《どう》に錫《すず》（☞116ページ）や鉛《なまり》を加《くわ》えてつくられる青銅《せいどう》という合金《ごうきん》は、鉄《てつ》とともに大陸《たいりく》から伝来《でんらい》し、その使用《しよう》が弥生時代《やよいじだい》の特色《とくしょく》のひとつとされています。当時《とうじ》の祭祀《さいし》に使《つか》われた銅鏡《どうきょう》も、銅製《どうせい》というより青銅製《せいどうせい》。はるか後世《こうせい》の江戸時代《えどじだい》には実用的《じつようてき》な手鏡《てかがみ》が量産《りょうさん》され、しかも鏡面《きょうめん》が次第《しだい》に大型化《おおがたか》して重《おも》たくなったため、手鏡《てかがみ》を掛《か》けておける鏡架《きょうか》も発達《はったつ》しました。

現在《げんざい》の鏡《かがみ》は、ガラスの片面《かためん》にアルミや銀《ぎん》をメッキした上《うえ》に保護膜《ほごまく》を塗《ぬ》ってあり、それをガラス側《がわ》から見《み》ています（裏面鏡《りめんきょう》）。反射面《はんしゃめん》がガラスや保護塗装《ほごとそう》に守《まも》られているため、磨《みが》き直《なお》す必要《ひつよう》はありません。対《たい》する江戸時代《えどじだい》の鏡《かがみ》は金属《きんぞく》の表面反射《ひょうめんはんしゃ》を利用《りよう》していたので、よく磨《みが》いた表面《ひょうめん》に水銀《すいぎん》とミョウバン（明礬）、砥《と》の粉《こ》（砥石《といし》の粉末《ふんまつ》）の混合物《こんごうぶつ》を擦《す》りつけて磨《みが》き上《あ》げました。水銀《すいぎん》の混合物《こんごうぶつ》がよく付着《ふちゃく》するよう、先《さき》に梅酢《うめず》を塗《ぬ》りました。

しかし使《つか》っているうちに水銀《すいぎん》が剥《は》がれたり、酸化《さんか》して映《うつ》りが悪《わる》くなるため、鏡研《かがみと》ぎという職人《しょくにん》に右《みぎ》の工程《こうてい》を繰《く》り返《かえ》してもらいました（❶、❷）。左《ひだり》の女性《じょせい》は手鏡《てかがみ》を持《も》ち、そのすぐ右《みぎ》に見《み》える黒《くろ》い家具《かぐ》が鏡架《きょうか》。男《おとこ》も負《ま》けず劣《おと》らずオシャレで、❸に描《えが》かれた人《ひと》は合《あ》わせ鏡《かがみ》で髷《まげ》の後《うし》ろ側《がわ》をチェックしています。今《いま》の髪型《かみがた》よりも後《うし》ろ姿《すがた》に特徴《とくちょう》があるので、鏡《かがみ》もこうやって使《つか》っていたのです。

❶

❷

❸

❶職人《しょくにん》の真後《まうし》ろにあるのは、背中《せなか》に担《かつ》ぐ商売道具《しょうばいどうぐ》セット。❷鏡《かがみ》を磨《みが》く作《さ》業《ぎょう》に必要《ひつよう》な道具《どうぐ》が周囲《しゅうい》に並《なら》んでいます。❸手鏡《てかがみ》を2つ組《く》み合《あ》わせて、後頭《こうとう》部《ぶ》を確認《かくにん》。手慣《てな》れたものですね。

18 誰《だれ》が眼鏡《めがね》をかけていたの？

ガラスの製造《せいぞう》は室町時代《むろまちじだい》にいったん途絶《とだ》え、江戸時代《えどじだい》に復活《ふっかつ》しました。鉛《なまり》を含《ふく》まないカリ石灰《せっかい》ガラスではなく、鉛《なまり》ガラスが長崎《ながさき》に伝《つた》わり、国内《こくない》で製造《せいぞう》が再開《さいかい》されたのです。『和漢三才図会《わかんさんさいずえ》』の「硝子《びいどろ》」には、鉛《なまり》ガラスの製法《せいほう》について記《き》されています。製造風景《せいぞうふうけい》が描《えが》かれている『彩画職人部類《いろえしょくにんぶるい》』（明和《めいわ》7年《ねん》、１７７０刊《かん》）の解説《かいせつ》によると、当時《とうじ》すでに江戸《えど》でガラスがつくられていて、製品《せいひん》の種類《しゅるい》も多《おお》くなっていました。

ガラス製《せい》の実用品《じつようひん》といえば、まずは眼鏡《めがね》（❶）。凸《とつ》レンズの老眼鏡《ろうがんきょう》が流通《りゅうつう》し始《はじ》めた頃《ころ》は、耳《みみ》に引《ひ》っかけるツルの部分《ぶぶん》がまだついていないものが多《おお》く、レンズを固定《こてい》する二《ふた》つの輪《わ》をつなげたブリッジを鼻《はな》の上《うえ》に載《の》せるスタイルが主流《しゅりゅう》でした。『都名所図会《みやこめいしょずえ》』（天明《てんめい》7年《ねん》、１７８７刊《かん》）の扉絵《とびらえ》では、ご老人《ろうじん》が眼鏡《めがね》を手《て》に持《も》ってピントを調節《ちょうせつ》しながら、書物《しょもつ》の字《じ》を読《よ》もうとしています（❷）。ツルの箇所《かしょ》は紐状《ひもじょう》の輪《わ》で、耳《みみ》から外《はず》した状態《じょうたい》だと垂《た》れ下《さ》がっています。

メガネが日用品《にちようひん》になったのは、江戸時代中期《えどじだいちゅうき》あたりから。後期《こうき》になると行商《ぎょうしょう》の眼鏡《めがね》売《う》りが出回《でまわ》り（❸）、そのうち店舗《てんぽ》もできました。黄表紙《きびょうし》にある眼鏡屋《めがねや》の店先《みせさき》のイメージ（❹）では、真《ま》ん中《なか》に座《すわ》っている客《きゃく》が小型《こがた》の望遠鏡《ぼうえんきょう》を覗《のぞ》いています。徐々《じょじょ》にハイテク化《か》が進《すす》んだのですね。

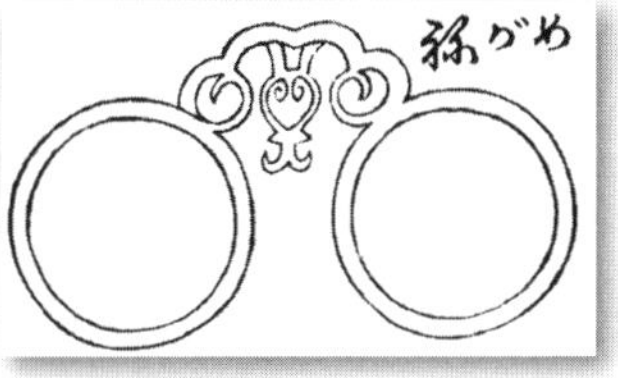

❶

❸

❷

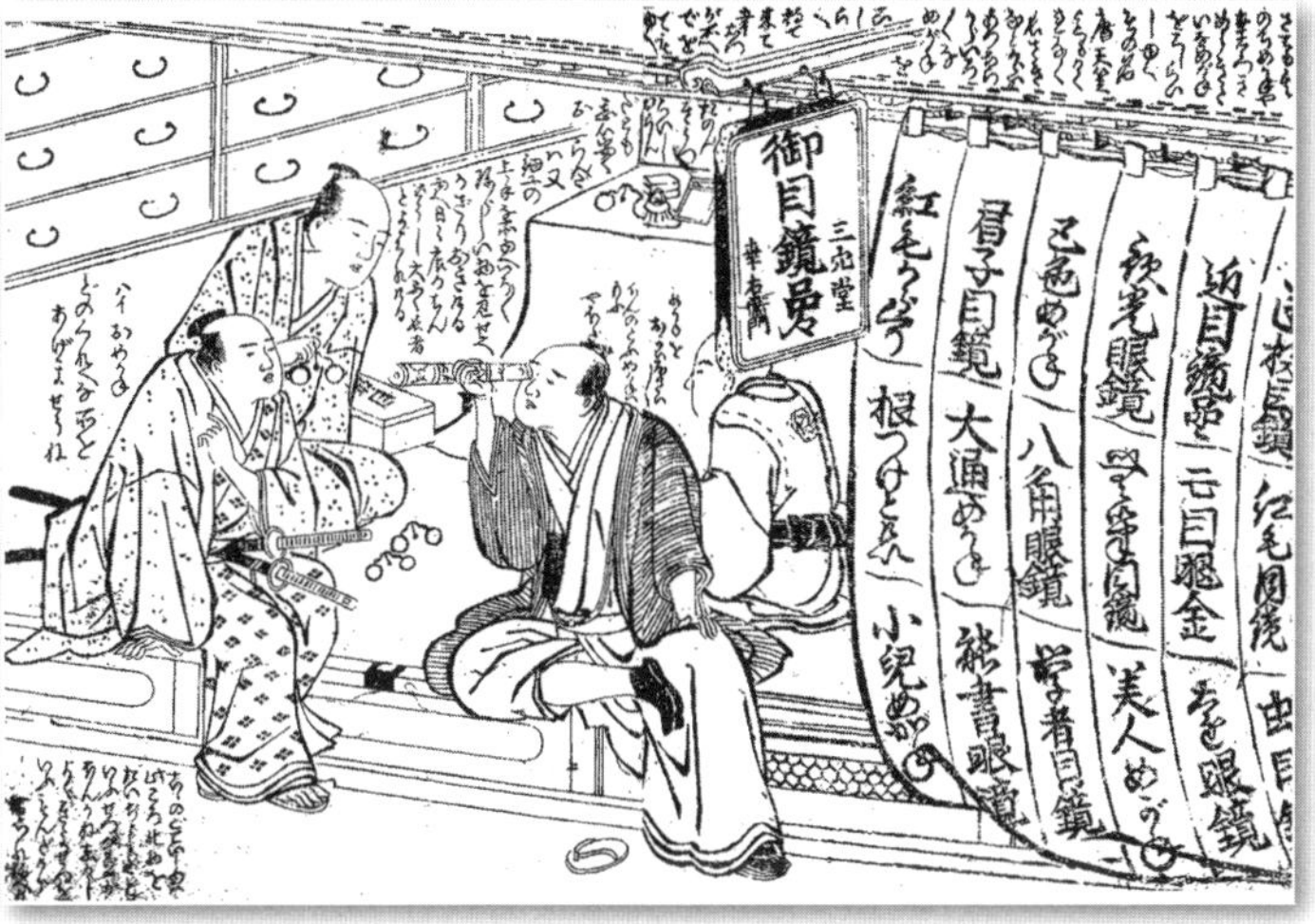

❹

❶これこそが江戸時代《えどじだい》の眼鏡《めがね》。❷道中《どうちゅう》で行先《いきさき》を教《おそ》わっているご老人《ろうじん》が、示《しめ》された書物《しょもつ》を眼鏡越《めがねご》しに確認中《かくにんちゅう》。❸新品《しんぴん》の販売《はんばい》だけでなく、修理《しゅうり》もしました。❹恋川行町《こいかわゆきまち》の『栄増眼鏡徳《さかえますめがねのとく》』は、貧《まず》しい男《おとこ》が眼鏡《めがね》の製造販売《せいぞうはんばい》で成功《せいこう》し、近未来《きんみらい》のレンズ機器《きき》を開発《かいはつ》する話《はなし》。

19 望遠鏡《ぼうえんきょう》で見《み》たものは何《なに》？

オランダで１６０８年《ねん》に発明《はつめい》されたとされる望遠鏡《ぼうえんきょう》は、早《はや》くも慶長《けいちょう》18年《ねん》（１６１３）には日《に》本《ほん》に持《も》ち込《こ》まれ、徳川家康《とくがわいえやす》らの手《て》に渡《わた》りました。のちに国産化《こくさんか》も進《すす》み、江戸時代中期《えどじだいちゅうき》には市中《しちゅう》に出回《でまわ》っています。『和漢三才図会《わかんさんさいずえ》』の「遠眼鏡《とおめがね》（望遠鏡《ぼうえんきょう》）」には凸《とつ》レンズと凹《おう》レンズの組《く》み合《あ》わせとあり、ガリレオ式《しき》だったことがわかります。のちに普及《ふきゅう》したケプラー式《しき》は、凸《とつ》レンズ同士《どうし》の組《く》み合《あ》わせ。倒立像《とうりつぞう》になりますが、倍率《ばいりつ》を上《あ》げてもガリレオ式《しき》ほど視野《しや》が狭《せま》くなりません。

名所図会《めいしょずえ》にある一例《いちれい》が『摂津名所図会《せっつめいしょずえ》』の「金竜寺山松茸狩《こんりゅうじやままつたけがり》」（❶）で、高台《たかだい》にいる二人《ふたり》の男《おとこ》が望遠鏡《ぼうえんきょう》で周囲《しゅうい》を眺《なが》めています。ガイドブックとしても活用《かつよう》されていた名所図会《めいしょずえ》を見《み》ると、さまざまな名所《めいしょ》に据《す》えつけの望遠鏡《ぼうえんきょう》があり、貸《か》し望遠鏡屋《ぼうえんきょうや》が繁盛《はんじょう》していたことがわかります。

もちろん観光《かんこう》や娯楽専用《ごらくせんよう》だったわけではなく、実用的《じつようてき》な用途《ようと》もありました。『日本山海名物図会《にほんさんかいめいぶつずえ》』では、沖合《おきあい》の鯨《くじら》を見《み》るのに望遠鏡《ぼうえんきょう》を使《つか》っています（❷）。解説《かいせつ》によると「漁師《りょうし》は山手《やまて》の高《たか》いところに小屋《こや》を建《た》てて、望遠鏡《ぼうえんきょう》で鯨《くじら》の潮吹《しおふ》きを確認《かくにん》する。そうして合図係《あいずがかり》が采配《さいはい》を振《ふ》り、海上《かいじょう》にいる船《ふね》に知《し》らせる」とあります。描《えが》かれた掘《ほ》っ立《た》て小屋《ごや》の中《なか》に望遠鏡《ぼうえんきょう》で覗《のぞ》いている人《ひと》がいて、その左《ひだり》には手《て》にした大型《おおがた》の采配《さいはい》を振《ふ》る人《ひと》の姿《すがた》が見《み》えます。

❶

❸

❷

❶望遠鏡《ぼうえんきょう》を持《も》ち出《だ》して見《み》ているのは松茸《まつたけ》でなく、松茸狩《まつたけが》りに訪《おとず》れた行楽客《こうらくきゃく》のようです。❷揺《ゆ》れる船上《せんじょう》で望遠鏡《ぼうえんきょう》を操作《そうさ》するより、地上《ちじょう》から見《み》て指示《しじ》を出《だ》したほうが正確《せいかく》に把握《はあく》できるのかも。❸彼女《かのじょ》たちが眺《なが》めているのは海《うみ》。どうやら貸《か》し望遠鏡《ぼうえんきょう》のようです。

20 どんな花火《はなび》があったの？

鉄砲《てっぽう》が伝来《でんらい》し、合戦《かっせん》に使用《しよう》されるようになると、火薬《かやく》も量産《りょうさん》されました。しかし江戸時代《えどじだい》になると、火器《かき》から離《はな》れた玩具《がんぐ》としての花火《はなび》が考《かんが》え出《だ》され（❶）、鉄砲職人《てっぽうしょくにん》から花火師《はなびし》（❷）に転身《てんしん》した人《ひと》もいました。江戸時代前期《えどじだいぜんき》のおもちゃ花火《はなび》は、葦《あし》の管《くだ》の中《なか》に火薬《かやく》を練《ね》って入《い》れたもので、これがたちまち大《だい》ヒット。『増補訓蒙図彙《ぞうほきんもうずい》』には、花火《はなび》の種類《しゅるい》として「地鼠《ちそ》」「花児《かじ》」「流星《りゅうせい》」「走線《そうせん》」などがあると述《の》べられています。「地鼠《ちそ》」とは、いわゆるネズミ花火《はなび》のこと。

江戸《えど》の打《う》ち上《あ》げ花火《はなび》といえば、名高《なだか》いのが両国《りょうごく》の花火大会《はなびたいかい》。改良《かいりょう》が重《かさ》ねられて、より高《たか》く打《う》ち上《あ》がる花火《はなび》が開発《かいはつ》され、8代将軍徳川吉宗《だいしょうぐんとくがわよしむね》が活躍《かつやく》した享保期《きょうほうき》にお目見《めみ》えしました。火薬《かやく》の成分《せいぶん》は可燃物《かねんぶつ》となる木炭《もくたん》と硫黄《いおう》に、酸化剤《さんかざい》（酸素《さんそ》を含《ふく》む成分《せいぶん》）となる硝酸《しょうさん》カリウム（硝石《しょうせき》）を混《ま》ぜた黒色火薬《こくしょくかやく》がベース。樟脳《しょうのう》（☞72ページ）や鉄粉《てっぷん》なども加《くわ》えられていました。

両国《りょうごく》の花火大会《はなびたいかい》は、旧暦《きゅうれき》の7月《がつ》・8月《がつ》がシーズンで、イベントの舞台《ぶたい》は両国橋《りょうごくばし》のほとり。定番《ていばん》の花火《はなび》には「柳《やなぎ》」「紅葉《もみじ》」「糸桜《いとざくら》」「手毬《てまり》」などがあり、あとから「牡丹《ぼたん》」「菊《きく》」「車火《くるまび》」「流星《りゅうせい》」などの凝《こ》った花火《はなび》が出《だ》され、橋《はし》の上《うえ》にいる数百人規模《すうひゃくにんきぼ》の見物客《けんぶつきゃく》を飽《あ》きさせませんでした（❸）。どのような打《う》ち上《あ》がり方《かた》や光《ひか》り方《かた》なのか、花火《はなび》の名前《なまえ》から想像《そうぞう》してみたくなりますね。

❶

❷

❸

❶図鑑《ずかん》に載《の》せられた花火《はなび》。吹《ふ》き上《あ》がった火花《ひばな》が、まるで花《はな》のよう。❷談笑《だんしょう》しながら筒《つつ》に火薬《かやく》を詰《つ》める花火師《はなびし》たち。❸隅田川《すみだがわ》には屋形船《やかたぶね》が無数《むすう》に浮《う》かび、夜《よる》の一大《いちだい》イベントになっています。

コラム 3

茶臼《ちゃうす》を回《まわ》す力《ちから》の求《もと》め方《かた》

江戸時代中期《えどじだいちゅうき》の『算法童子問《さんぽうどうじもん》』という和算書《わさんしょ》には、茶臼《ちゃうす》を挽《ひ》くときにどれだけの力《ちから》（重《おも》さ）で挽《ひ》き手《て》を動《うご》かしたら臼《うす》が回転《かいてん》し始《はじ》めるか、弓《ゆみ》を使《つか》って知《し》る方法《ほうほう》が紹介《しょうかい》されています。まず用意《ようい》した弓《ゆみ》の弓弝《ゆづか》（握《にぎ》りと弦《つる》のあいだ）の長《なが》さを、あらかじめ計測《けいそく》しておきます。

次《つぎ》に、弓《ゆみ》の弦《つる》を茶臼《ちゃうす》の挽《ひ》き手《て》に引《ひ》っかけたまま引《ひ》っ張《ぱ》ります。その次《つぎ》に臼《うす》が動《うご》き出《だ》す直前《ちょくぜん》で止《と》めて、そのときに伸《の》びた弓弝《ゆづか》の長《なが》さを物差《ものさ》しで測《はか》っておきます。これが仮《かり》に10センチだったとします。

次《つぎ》に、伸《の》びた弓弝《ゆづか》にかかっていた重《おも》さを調《しら》べるため、弓《ゆみ》の弦《つる》の中央《ちゅうおう》に重《おも》りを吊《つ》り下《さ》げ、10センチの長《なが》さになるまで重《おも》りを加《くわ》えます。図《ず》では人物《じんぶつ》が指《さ》さすあたりに弓《ゆみ》が吊《つ》り下《さ》げられ、その下《した》に紐《ひも》で縛《しば》った石《いし》が見《み》えます。その吊《つ》り下《さ》げた重《おも》さが、茶臼《ちゃうす》が動《うご》き出《だ》す重《おも》さに相当《そうとう》するというわけ。臼《うす》を弓《ゆみ》に、重《おも》さを長《なが》さに置《お》き換《か》えたのですね。

▲茶臼《ちゃうす》の重《おも》さの量《はか》り方《かた》。

第《だい》4章《しょう》● 人間《にんげん》のいとなみ

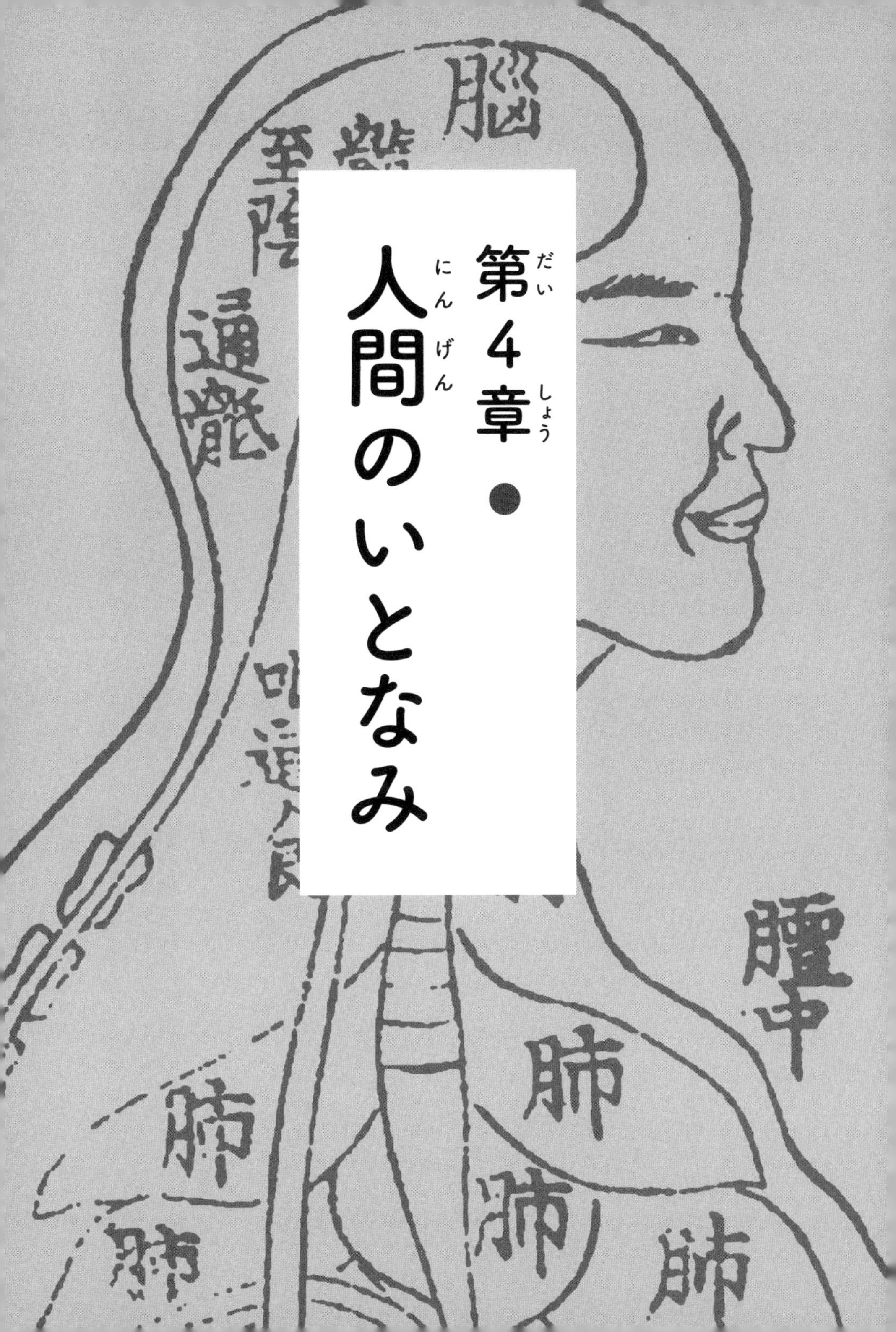

1 体《からだ》のどこでモノを考《かんが》えると思《おも》っていたの？

私《わたし》たちが物事《ものごと》を考《かんが》えたり、何《なに》かを思《おも》ったりするときには頭《あたま》がフル回転《かいてん》します。知恵《ちえ》や感情《かんじょう》の源《みなもと》が頭《あたま》にあることは、誰《だれ》でも知《し》っています。そういう認識《にんしき》が主流《しゅりゅう》になったのは西洋《せいよう》の医学知識《いがくちしき》が広《ひろ》まった明治時代《めいじじだい》のことで、それ以前《いぜん》は心臓《しんぞう》をはじめとする胸《むね》や腹《はら》のほうに精神中枢《せいしんちゅうすう》があると思《おも》われていました。「心臓《しんぞう》」とはまさに、心《こころ》の臓器《ぞうき》でした。

このほか「胸《むね》の内《うち》」とか「腹黒《はらぐろ》い」といった表現《ひょうげん》は、心《こころ》の中心《ちゅうしん》が胸《むね》や腹《はら》にあると考《かんが》えられていた時代《じだい》のなごり。他方《たほう》、『増補訓蒙図彙《ぞうほきんもうずい》』の「身体《しんたい》」部《ぶ》の最初《さいしょ》に置《お》かれた「頭《あたま》」には頭部《とうぶ》の部位《ぶい》ごとの名称《めいしょう》が紹介《しょうかい》されているのみで、脳《のう》のはたらきは説明《せつめい》されていません（❶）。「心《こころ》」つまり心《しん》臓《ぞう》については「五臓《ごぞう》」のひとつで「一身《いっしん》の主《しゅ》」すなわち体《からだ》の中枢《ちゅうすう》と述《の》べられています。

江戸時代《えどじだい》のイラストでは、何《なに》かを考《かんが》えている場面《ばめん》の吹《ふ》き出《だ》しが頭《あたま》からではなく、胸元《むなもと》とか着物《きもの》の襟《えり》のあいだからわき出《で》ています。当時流行《とうじりゅうこう》した心学《しんがく》を趣向《しゅこう》にした山東京伝《さんとうきょうでん》の黄表紙《きびょうし》は、主《しゅ》人公《じんこう》の体内《たいない》に悪玉《あくだま》が入《はい》って性格《せいかく》が変《か》わり、道理先生《どうりせんせい》の教《おし》えによって悪玉《あくだま》も善玉《ぜんだま》に滅《ほろ》ぼされるというストーリー。絵《え》では左《ひだり》の女性《じょせい》の襟元《えりもと》から「善《ぜん》」なる心《こころ》が発《はっ》しています（❷）。❸は十返舎一九《じっぺんしゃいっく》の戯作《げさく》で、男《おとこ》が景気《けいき》のいい初夢《はつゆめ》を見《み》ているところ。夢《ゆめ》の出《で》どころも、頭脳《ずのう》ではなかったのですね。

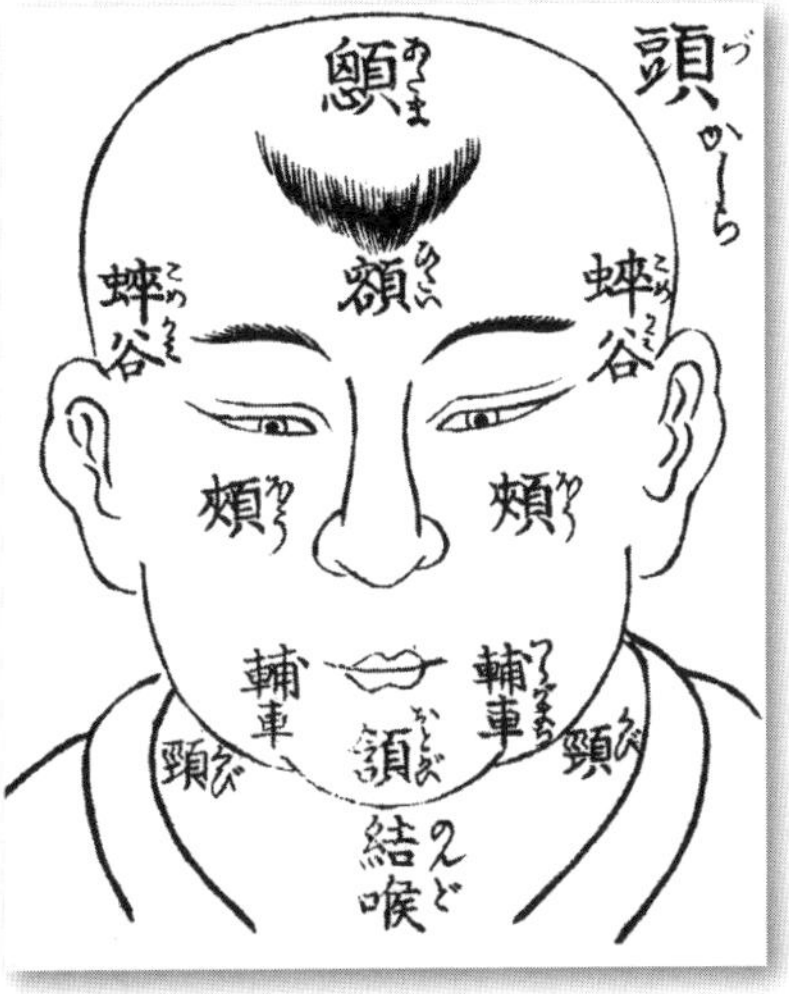

❶

❷

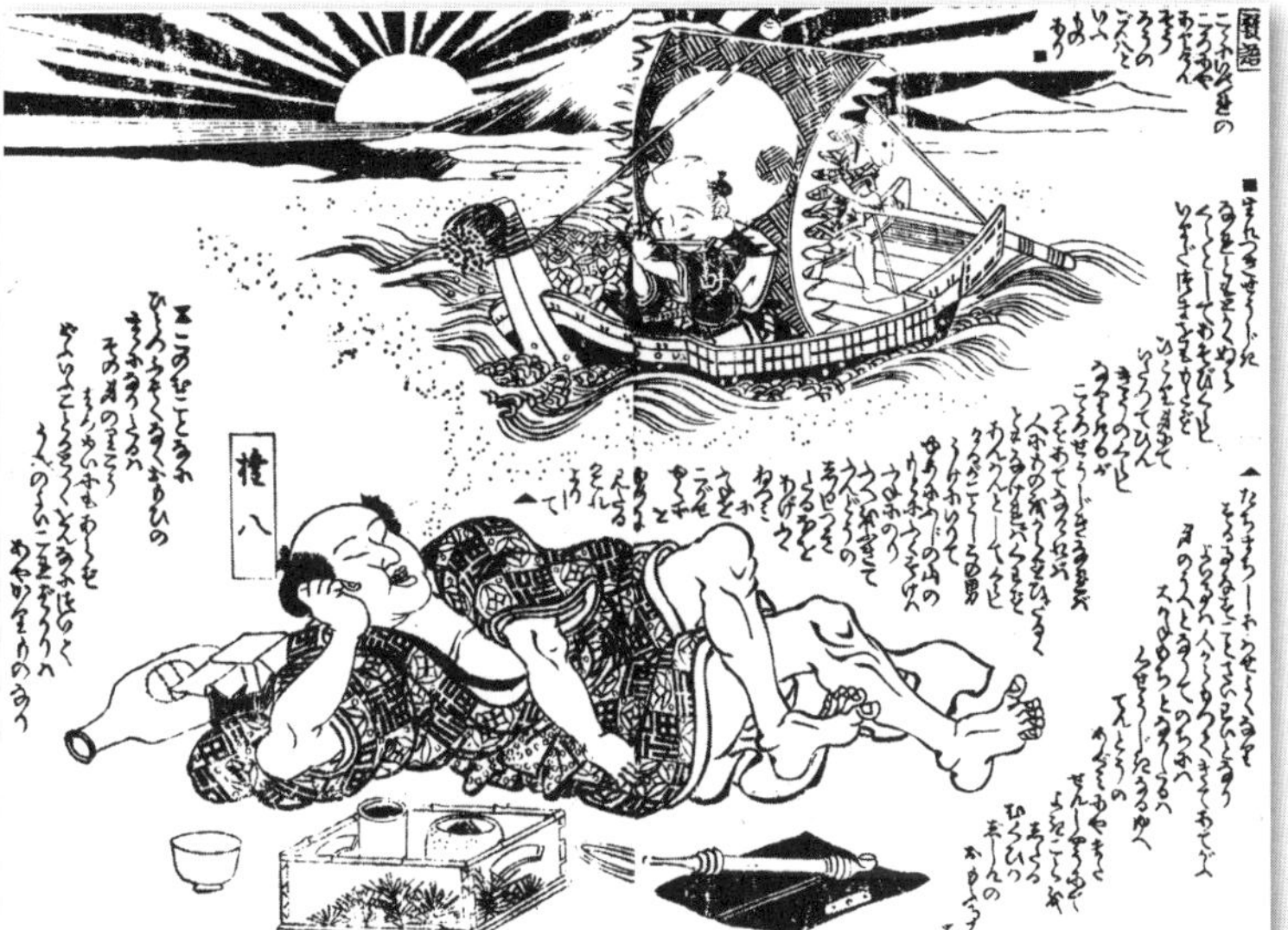

❸

❶頭《あたま》の中身《なかみ》よりも、表面《ひょうめん》にある顔《かお》のパーツの解説《かいせつ》が中心《ちゅうしん》。❷人物《じんぶつ》のセリフは本文中《ほんぶんちゅう》に書《か》かれ、心《こころ》がけや思惑《おもわく》を映像化《えいぞうか》したものを吹《ふ》き出《だ》しで表現《ひょうげん》。❸正直《しょうじき》な怠《なま》け者《もの》の見《み》た景気《けいき》のいい夢《ゆめ》が実現《じつげん》していきます。

2 体内《たいない》の仕組《しく》みはわかっていたの？

中国渡来《ちゅうごくとらい》の「五臓六腑《ごぞうろっぷ》」説《せつ》とは、体《からだ》のはたらきから臓器《ぞうき》を分類《ぶんるい》するという考《かんが》え方《かた》で、「五臓《ごぞう》」は「心《しん》」「肝《かん》」「脾《ひ》」「肺《はい》」「腎《じん》」の5つ。江戸時代前期《えどじだいぜんき》の元祖《がんそ》『訓蒙図彙《きんもうずい》』（寛文《かんぶん》6年《ねん》、１６６６刊《かん》）でも「心《しん》（臓《ぞう》）」の絵《え》から伸《の》びた4本《ほん》の管《くだ》にそれぞれ「肺系《はいけい》」「脾系《ひけい》」「肝系《かんけい》」「腎系《じんけい》」と書《か》かれ、この図解《ずかい》も含《ふく》めた人体図《じんたいず》は増補版《ぞうほばん》のほうにも引《ひ》き継《つ》がれています（❶❷）。

人体解剖《じんたいかいぼう》については、倫理道徳《りんりどうとく》やタブー（禁忌《きんき》）に触《ふ》れるものとして、太古《たいこ》の昔《むかし》から忌《い》み嫌《きら》われてきました。それでも江戸時代中期《えどじだいちゅうき》に『解体新書《かいたいしんしょ》』（安永《あんえい》3年《ねん》、１７７４刊《かん》）が刊行《かんこう》されると、体内《たいない》に関《かん》する知識《ちしき》は大《おお》きく更新《こうしん》されました。それ以降《いこう》も翻訳《ほんやく》と研究《けんきゅう》が進《すす》み、従来《じゅうらい》は何《なん》となく「脾《ひ》」に含《ふく》めていた膵臓《すいぞう》についても明《あき》らかになってきました。

杉田玄白《すぎたげんぱく》が晩年《ばんねん》にまとめた回顧録《かいころく》の『蘭学事始《らんがくことはじめ》』には、オランダ語《ご》の『ターヘル・アナトミア』を和訳《わやく》するときの苦労話《くろうばなし》が書《か》かれ、その過程《かてい》で「神経《しんけい》」という新《あら》たな訳語《やくご》を生《う》み出《だ》したのは有名《ゆうめい》な話《はなし》。でも脳神経《のうしんけい》の仕組《しく》みは解剖《かいぼう》しただけではわからず、本場《ほんば》のヨーロッパでも解明《かいめい》が遅《おく》れ、画期的《かっきてき》だった『解体新書《かいたいしんしょ》』でさえ明確《めいかく》な記載《きさい》はありません（❸）。そのため心《こころ》の本体《ほんたい》については、胸《むね》や腹《はら》にあるという昔《むかし》ながらの考《かんが》え方《かた》も、そのまま受《う》け継《つ》がれていたのです。

❶
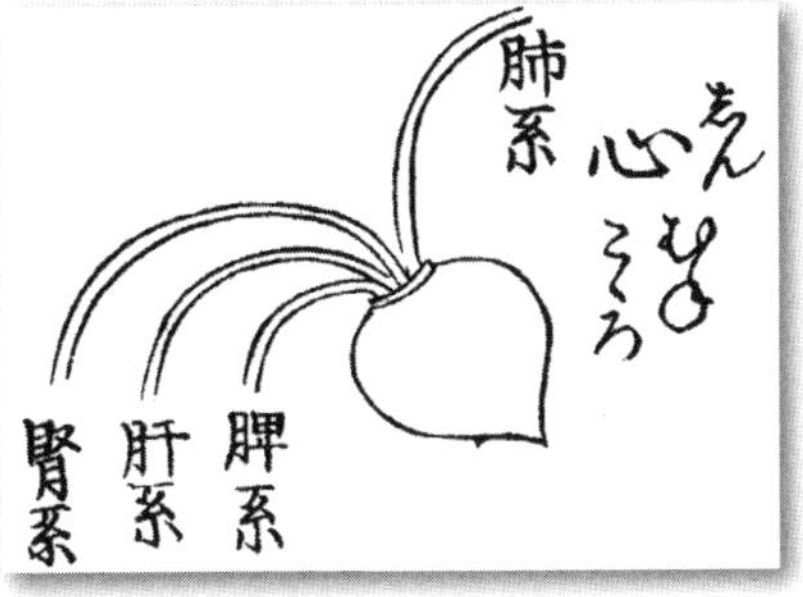

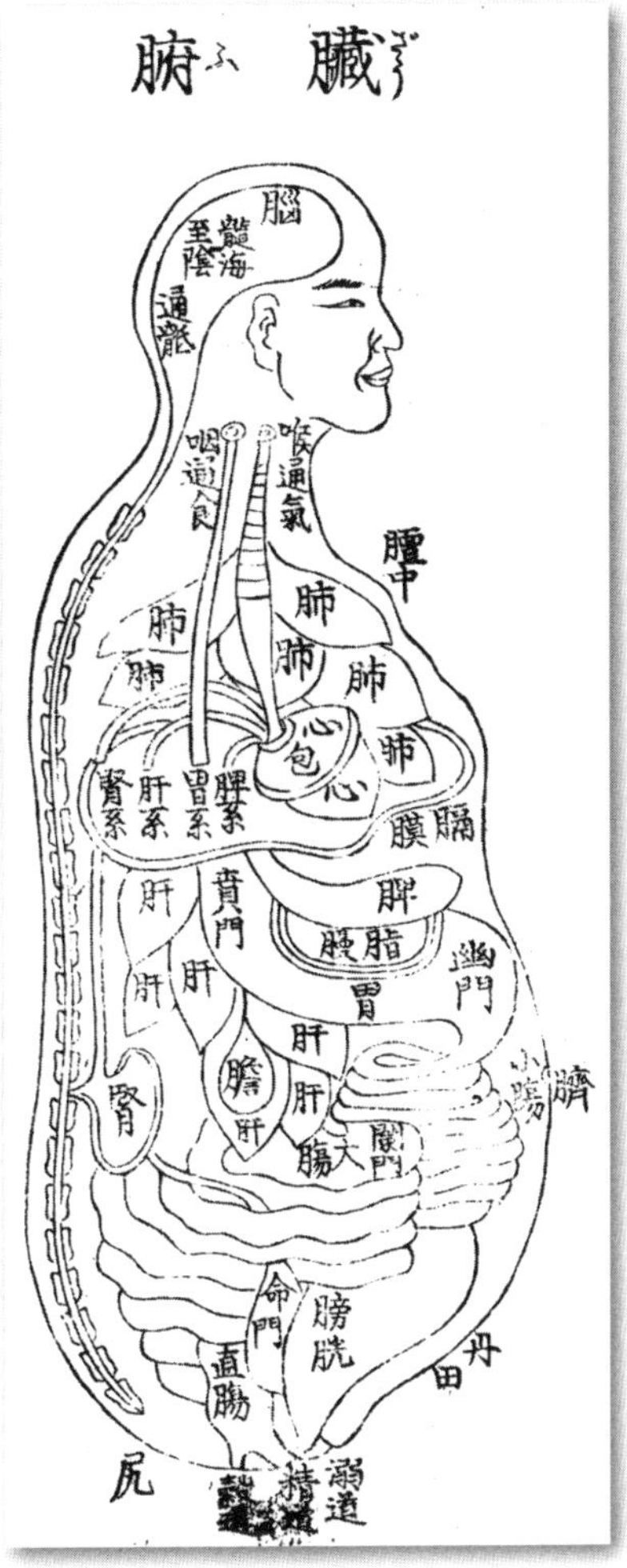

❷

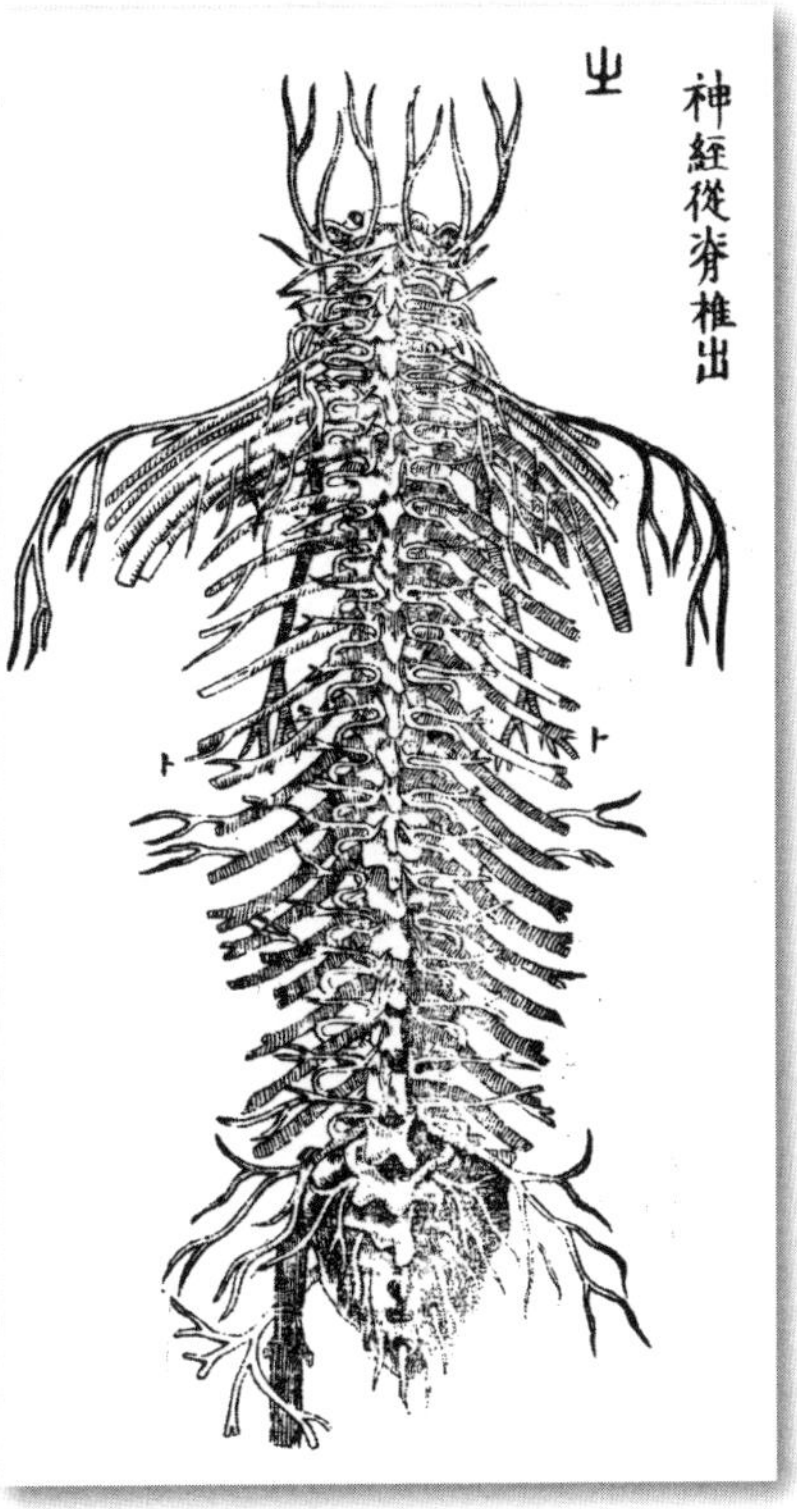

❸

❶「心《しん》」は、ほかの臓器《ぞうき》の源《みなもと》。❷正面《しょうめん》ではなく、横向《よこむ》きの断面図《だんめんず》なのも特徴的《ちょうてき》。❸神経《しんけい》は液体《えきたい》のようなものという見方《みかた》が西洋医学《せいよういがく》に広《ひろ》がり、日本《にほん》にも伝《つた》わりました。

3 お医者《いしゃ》さんはどんな診断《しんだん》をしたの？

江戸時代《えどじだい》は患者《かんじゃ》が病院《びょういん》に通《かよ》うのではなく、家族《かぞく》などの連絡《れんらく》を受《う》けた医者《いしゃ》が駕籠《かご》に乗《の》って患者宅《かんじゃたく》に向《む》かう往診《おうしん》が一般的《いっぱんてき》でした。あらかじめ様子《ようす》や経緯《けいい》などを聞《き》き、調合《ちょうごう》した薬《くすり》を持参《じさん》していたのです。患者《かんじゃ》と相対《あいたい》した医者《いしゃ》は、ひとまず手首《てくび》を取《と》って脈診《みゃくしん》をしました。『人倫訓蒙図彙《じんりんきんもうずい》』の「医師《し》」の項目《こうもく》（❶）では右《みぎ》の人《ひと》が薬《くすり》の調合中《ちょうごうちゅう》で、左《ひだり》の人《ひと》は患者《かんじゃ》の脈診《みゃくしん》をしています。

このほか舌診《ぜっしん》といって、舌《した》の状態《じょうたい》から健康状態《けんこうじょうたい》を見《み》る方法《ほうほう》もよく用《もち》いられていました（❷）。舌先《したさき》や両脇《りょうわき》、奥《おく》のほうといった部位《ぶい》が、体内《たいない》の「五臓六腑《ごぞうろっぷ》」とつながっているとも考《かんが》えられていました。そうして医師《いし》は、体《からだ》の外側《そとがわ》にあらわれた兆候《ちょうこう》を読《よ》み取《と》り、薬《くすり》を与《あた》えたりお灸《きゅう》や針《はり》を使《つか》ったりという、いわゆる漢方《かんぽう》の治療《ちりょう》に進《すす》みました。

『増補訓蒙図彙《ぞうほきんもうずい》』にある「医《い》」の解説《かいせつ》では旧字《きゅうじ》の「醫《い》」が取《と》り上《あ》げられ、下《した》の「酉《ゆう》」は酒《さけ》をあらわし、調薬《ちょうやく》には酒《さけ》を使《つか》うと述《の》べられています。現《げん》に「酉《ゆう》」は酒壺《さけつぼ》や、薬用植物《やくようしょくぶつ》をアルコール漬《づ》けにした壺《つぼ》のことでした。同《おな》じく『増補訓蒙図彙《ぞうほきんもうずい》』では、医師《いし》の隣《となり》が易者《えきしゃ》（❸）。病状《びょうじょう》の回復見《かいふくみ》込《こ》み診断《しんだん》のように、易術《えきじゅつ》も医術《いじゅつ》と関連《かんれん》づけられていました。「医《い》」の別《べつ》の旧字《きゅうじ》「毉《い》」の「巫《ふ》」が巫女《みこ》の意《い》だったように、超自然的《ちょうしぜんてき》な力《ちから》に頼《たよ》りたくなる気持《きも》ちは、いつの時代《じだい》も変《か》わらないようです。

❶

❷

❸

❶当時《とうじ》は医師国家試験《いしこっかしけん》も、医師資格制度《いししかくせいど》もありませんでした。❷喉《のど》の奥《おく》を診《み》ているわけではありません。❸右奥《みぎおく》の医師《いし》は薬匙《やくさじ》で薬《くすり》を調合《ちょうごう》し、手前《てまえ》の易者《えきしゃ》は占《うらな》い用《よう》の算木《さんぎ》を並《なら》べています。

4 怪我《けが》の治療《ちりょう》はどうしていたの？

軽《かる》い切《き》り傷《きず》なら、蓬《よもぎ》（☞86ページ）の葉《は》で押《お》さえるといった民間療法《みんかんりょうほう》が古《ふる》くからありました。戦国時代《せんごくじだい》の刀傷《かたなきず》や鉄砲《てっぽう》による銃創《じゅうそう》については、「金創《きんそう》」という治療《ちりょう》の専門家《せんもんか》がいました。『人倫訓《じんりんきん》蒙図彙《もうずい》』では、皮膚《ひふ》の「腫物《はれもの》」を治《なお》す「外科《げか》」（❶）と、刀傷《かたなきず》をはじめとする傷全般《きずぜんぱん》を請《う》け負《お》う「金瘡《きんそう》（創）」（❷）に分《わ》かれ、現代語《げんだいご》の「外科医《げかい》」とは担当《たんとう》する範囲《はんい》が少《すこ》し異《こと》なるようです。

江戸時代《えどじだい》になると長崎《ながさき》の出島経由《でじまけいゆ》で西洋《せいよう》の外科《げか》が少《すこ》しずつ導入《どうにゅう》され、とりわけ傷口《きずぐち》の縫合《ほうごう》は従《じゅう》来《らい》の日本《にほん》にない新技術《しんぎじゅつ》でした。『人倫訓蒙図彙《じんりんきんもうずい》』の刊行《かんこう》から10年《ねん》ほどあとにあたる元禄《げんろく》14年《ねん》（1701）に、江戸城松《えどじょうまつ》の廊下《ろうか》で額《ひたい》に傷《きず》を負《お》った吉良上野介《きらこうずけのすけ》も、幕府《ばくふ》の医師《いし》だった栗崎道有《くりさきどうう》によって西洋流《せいようりゅう》の縫合治療《ほうごうちりょう》を受《う》けています。まさに、当時《とうじ》の最先端医療《さいせんたんいりょう》でした。

江戸時代後期《えどじだいこうき》の家庭医学《かていいがく》の本《ほん》『病家須知《びょうかすち》』は、まず傷口《きずぐち》を「火酒《せうちう》」つまり焼酎《しょうちゅう》で洗《あら》うよう指示《しじ》しています。通常《つうじょう》の清酒《せいしゅ》よりもアルコール度数《どすう》の高《たか》い焼酎《しょうちゅう》は、今《いま》でいうアルコール消毒《しょうどく》の代用《だいよう》になりました。ただし時代劇《じだいげき》のように口《くち》に含《ふく》んで吹《ふ》きかけるという記述《きじゅつ》はなく、口《くち》の中《なか》には雑菌《ざっきん》が多《おお》いため、現代医学《げんだいいがく》でも吹《ふ》きかけは危険《きけん》としています。『病家須知《びょうかすち》』は消毒《しょうどく》したあとの包帯《ほうたい》の結《むす》び方《かた》について説明《せつめい》し、布《ぬの》を切《き》り裂《さ》いて包帯《ほうたい》にする方法《ほうほう》まで丁寧《ていねい》に図解《ずかい》しています（❸❹❺）。

❶

❷

❸

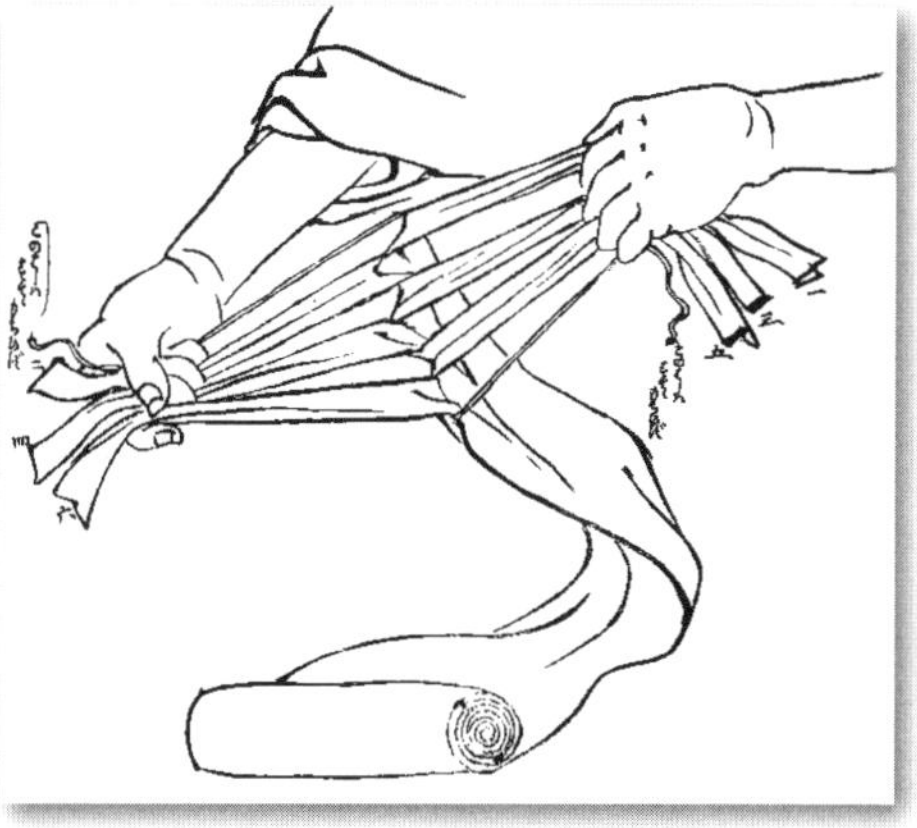

❺

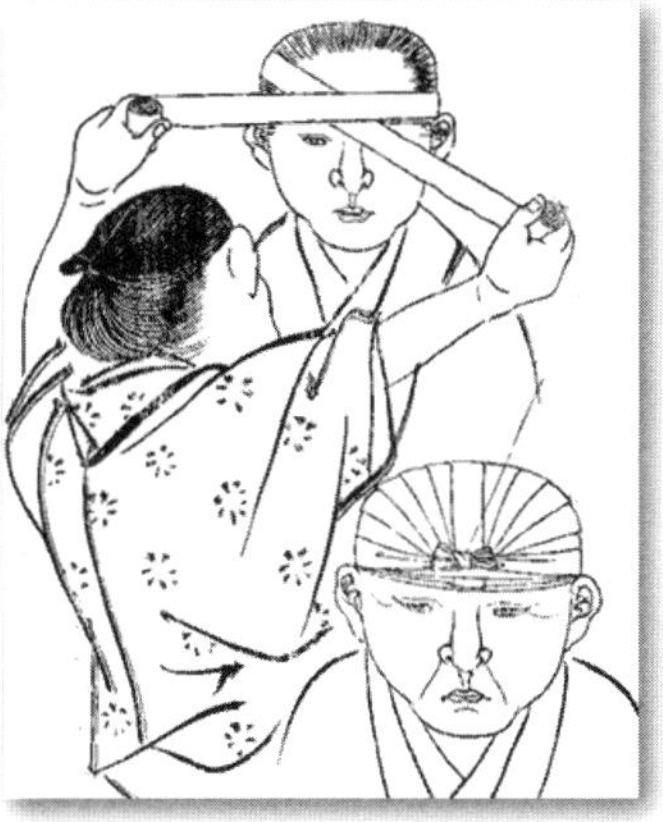

❹

❶❷医者《いしゃ》に頼《たよ》らない伝統的《でんとうてき》な治療《ちりょう》には、温泉《おんせん》での湯治《とうじ》もありました。❸❹❺包帯《ほうたい》という製品《せいひん》が一般《いっぱん》に普及《ふきゅう》したのは、明治《めいじ》時代以降《じだいいこう》です。

5 蕎麦《そば》は健康食《けんこうしょく》と思《おも》われていたの？

江戸《えど》っ子《こ》が好《す》きだったご飯《はん》といえば、玄米《げんまい》を精米《せいまい》して胚芽《はいが》や糠《ぬか》などを取《と》り除《のぞ》いた白米《はくまい》。『守貞謾稿《もりさだまんこう》』の「飯《めし》」の項目《こうもく》によると、農村部《のうそんぶ》では麦《むぎ》を混《ま》ぜる人《ひと》も多《おお》いけれども三都《さんと》（江戸《えど》・京都《きょうと》・大坂《おおさか》）ではまれだとあります。でも精米《せいまい》すると胚芽《はいが》に含《ふく》まれているビタミンB_1が失《うしな》われ、白米《はくまい》ばかりの食生活《しょくせいかつ》が続《つづ》くと脚気《かっけ》（心臓《しんぞう》や神経《しんけい》の疾患《しっかん》による足《あし》のむくみやしびれ）が心配《しんぱい》。それまでは田舎《いなか》で雑穀《ざっこく》も食《た》べていた人《ひと》が、江戸《えど》ではたらくようになって白米《はくまい》に慣《な》れるとかかりやすく、そのため脚気《かっけ》は「江戸患《えどわずら》い」でもありました。

その江戸《えど》で蕎麦《そば》がよく食《た》べられたのは（❶）、脚気《かっけ》を改善《かいぜん》・予防《よぼう》するビタミンB_1を多《おお》く含《ふく》むからという説《せつ》があります。ビタミンB_1は水《みず》に溶《と》けやすく、蕎麦《そば》を茹《ゆ》でると茹《ゆ》で汁《じる》に溶《と》け出《だ》してしまいますが、蕎麦湯《そばゆ》を飲《の》めばカバーされます。江戸時代《えどじだい》の人《ひと》たちにとっても健康食《けんこうしょく》のイメージがあり、江戸時代後期《えどじだいこうき》の『病家須知《びょうかすち》』は病人《びょうにん》や胃腸《いちょう》が弱《よわ》った人《ひと》に勧《すす》めています。

職人図鑑《しょくにんずかん》の『宝船桂帆柱《たからぶねかつらのほばしら》』にある看板《かんばん》は、大坂《おおさか》から江戸《えど》に出《で》てヒットした老舗蕎麦屋《しにせそばや》の「すなば（砂場）」（❷）。上《うえ》の文章《ぶんしょう》にある「深代寺《じんだいじ》」は、名高《なだか》い深大寺蕎麦《じんだいじそば》を指《さ》しています。『江戸名所図会《えどめいしょずえ》』（❸）にも「深大寺蕎麦《じんだいじそば》」の項目《こうもく》があり、見晴《みは》らしのよい場所《ばしょ》で風流《ふうりゅう》に賞味《しょうみ》しています。

❶

❷

❸

❶雪《ゆき》の中《なか》、夜食代《やしょくが》わりに屋台《やたい》の蕎麦《そば》を食《た》べて暖《だん》をとる女性《じょせい》たち。これは温《あたた》かい汁蕎麦《しるそば》。❷店員《てんいん》が出前《でまえ》を届《とど》けるところでしょうか？　❸深大寺蕎麦《じんだいじそば》は、現在《げんざい》の東京都調布市《とうきょうとちょうふし》にあたる深大寺村《じんだいじむら》を含む武蔵野地方一帯《むさしのちほういったい》の名産《めいさん》。

6 お粥《かゆ》好《ず》きだった地域《ちいき》はどこ？

東西《とうざい》の食習慣《しょくしゅうかん》の違《ちが》いは、ご飯《はん》を炊《た》く時間《じかん》の違《ちが》いでもありました。『守貞謾稿《もりさだまんこう》』によると、「江《え》戸《ど》では朝《あさ》にご飯《はん》を炊《た》いて昼《ひる》は冷《ひ》や飯《めし》、夕飯《ゆうめし》は茶漬《ちゃづ》けにすることが多《おお》く、上方《かみがた》では昼《ひる》にご飯《はん》を炊《た》いて夕飯《ゆうめし》と翌朝《よくあさ》の朝飯《あさめし》は茶粥《ちゃがゆ》や白粥《しらがゆ》をつくる」とあり、上方《かみがた》はお粥《かゆ》を好《この》む傾向《けいこう》がありました。

米《こめ》を節約《せつやく》するために朝《あさ》の茶粥《ちゃがゆ》が普及《ふきゅう》した上方《かみがた》に対《たい》して、江戸《えど》ではお粥《かゆ》があまり好《この》まれず、病人《びょうにん》や老人《ろうじん》、妊産婦《にんさんぷ》向《む》けの食事《しょくじ》というイメージでした。大蔵永常《おおくらながつね》の『竈《かまど》の賑《にぎわ》ひ』には「関東《かんとう》では白粥《しらがゆ》は味《あじ》のないもと見《み》なされ、食《た》べる人《ひと》は滅多《めった》にいない」と記《き》されています。この本《ほん》にある挿絵《さしえ》の家《か》庭《てい》はどうやら芋粥《いもがゆ》続《つづ》きだったらしく、冷《さ》めたから食《た》べなさいと勧《すす》める左端《ひだりはし》の母親《ははおや》に対《たい》して、子《こ》どもが「いもばかりだよ」と不満《ふまん》を口《くち》にしています（❶）。

東西《とうざい》の好《この》みの差《さ》を超《こ》えて食《た》べられていたのは、人日《じんじつ》の節句《せっく》（旧暦《きゅうれき》1月《がつ》7日《にち》）に7種《しゅ》の野草《やそう》や野《や》菜《さい》が入《はい》ったお粥《かゆ》を食《た》べる七草粥《ななくさがゆ》。❷は百科事典《ひゃっかじてん》にある七草《ななくさ》の解説《かいせつ》に添《そ》えられた挿絵《さしえ》で、解説《かいせつ》によると「六日《むいか》の夜《よる》に俎板《まないた》の上《うえ》に調理用具《ちょうりようぐ》や菜《な》などを並《なら》べ、囃子詞《はやしことば》を唱《とな》えてから白粥《しらがゆ》に入《い》れて餅《もち》を加《くわ》える」とあります。江戸幕府《えどばくふ》が公式行事《こうしきぎょうじ》に定《さだ》め、将軍以下《しょうぐんいか》すべての武士《ぶし》たちが儀礼《ぎれい》としてこの粥《かゆ》を食《た》べていました。武家《ぶけ》や町方《まちかた》にも定着《ていちゃく》し、まさに国民食《こくみんしょく》になったのです。

❶

❷

❸

❶芋粥《いもがゆ》とは薩摩芋《さつまいも》のお粥《かゆ》のこと。育《そだ》ち盛《ざか》りの子《こ》には物足《ものた》りないかも。❷俎板《まないた》の上《うえ》で、包丁《ほうちょう》の背《せ》などを使《つか》って食材《しょくざい》をトントン叩《たた》きながら、七草囃子《ななくさばやし》が歌《うた》われていました。❸『東海道中膝栗毛《とうかいどうちゅうひざくりげ》』にも出《で》てくる、河崎《かわさき》（川崎《かわさき》）万年《まんねん》屋《や》の奈良茶飯《ならちゃめし》。上方《かみがた》の茶粥《ちゃがゆ》の水分《すいぶん》を減《へ》らし、関東《かんとう》の好《この》みに合《あ》わせました。

7 お肉《にく》を食《た》べることがあったの？

仏教思想《ぶっきょうしそう》に由来《ゆらい》する殺生《せっしょう》という建《た》て前《まえ》がありながらも、江戸時代《えどじだい》の人《ひと》たちは肉《にく》も食《た》べていました。たいていは健康回復《けんこうかいふく》のため、あるいは厳《きび》しい生活環境《せいかつかんきょう》の中《なか》で体力《たいりょく》を蓄《たくわ》えておくために摂取《せっしゅ》していたのです。江戸《えど》の市中《しちゅう》には「獣肉屋《じゅうにくや》」「ももんじい屋《や》」といった獣肉《じゅうにく》の専門店《せんもんてん》があり、いろいろな肉《にく》が売《う》り買《か》いされていました。当時《とうじ》の絵《え》に描《えが》かれている看板《かんばん》は、たいてい堂々《どうどう》と掲《かか》げられていて、後《うし》ろめたさは微塵《みじん》も感《かん》じられません（❶）。

猪《いのしし》の肉《にく》は「牡丹《ぼたん》」とか「山《やま》くじら（鯨）」と呼《よ》ばれ（❷）、北国《きたぐに》では冬《ふゆ》の寒《さむ》さをしのぐ栄養源《えいようげん》とされていました。煮《に》るほどに柔《やわ》らかさを増《ま》し、牛肉《ぎゅうにく》とくらべてもビタミンB群《ぐん》が多《おお》く、カルシウムも豊富《ほうふ》。『増補訓蒙図彙《ぞうほきんもうずい》』にも、その薬効《やっこう》が謳《うた》われていました。

なお、これまで士農工商《しのうこうしょう》よりも下位《かい》と見《み》なされてきた「えた」については、研究《けんきゅう》が進《すす》み、彼《かれ》らが次第《しだい》に経済的《けいざいてき》に豊《ゆた》かになって、職業人口《しょくぎょうじんこう》も増加《ぞうか》したことが知《し》られています。牛馬《ぎゅうば》の処理《しょり》や皮《ひ》革製造《かくせいぞう》は天候《てんこう》に左右《さゆう》されず暮《く》らしが安定《あんてい》しているため、農家《のうか》からの転職組《てんしょくぐみ》も増《ふ》えたと考《かんが》えられ、『増補訓蒙図彙《ぞうほきんもうずい》』にも「屠者《えた》」がほかの職業《しょくぎょう》と同《おな》じように紹介《しょうかい》されています（❸）。全国的《ぜんこくてき》に肉《にく》食《しょく》が増加《ぞうか》し、彼《かれ》らの仕事《しごと》が増《ふ》えたという側面《そくめん》があるのかもしれません。

❶

❷

❸

❶イモリの黒焼《くろや》きで有名《ゆうめい》な大坂高津《おおさかこうづ》の黒焼屋《くろやきや》。軒先《のきさき》に、さまざまな動物《どうぶつ》が吊《つ》り下《さ》げられています。❷皿《さら》に盛《も》った猪肉《ししにく》の形《かたち》を、牡丹《ぼたん》の花《はな》に見立《みた》てたのが「ぼたん」の由来《ゆらい》。❸日本《にほん》の革製品《かわせいひん》は、もともと鹿革《しかがわ》が中心《ちゅうしん》。牛馬《ぎゅうば》の革《かわ》は、主《おも》に江戸時代《えどじだい》から。

8 人《ひと》のウンチが商品《しょうひん》になったの？

古《ふる》くは刈敷《かりしき》（山野《さんや》で刈《か》った草葉《くさば》）や草木灰《そうもくばい》など自然《しぜん》の肥料《ひりょう》が使《つか》われ、江戸時代《えどじだい》になると人糞《じんぷん》尿《にょう》を肥料《ひりょう》とした下肥《しもごえ》が利用《りよう》されるようになりました。『江戸名所図会《えどめいしょずえ》』の「四谷大木戸《よつやおおきど》」は、江《え》戸《ど》への出入《でい》りを取《と》り締《し》まる木戸《きど》があった場所《ばしょ》で、左手《ひだりて》の江戸市中《えどしちゅう》から右手《みぎて》の内藤新宿《ないとうしんじゅく》（甲州街《こうしゅうかい》道上《どうじょう》にあった宿場《しゅくば》）に向《む》かう3頭《とう》の馬《うま》が積《つ》んでいる桶《おけ》には下肥《しもごえ》が入《はい》っています（❶）。食料事《しょくりょうじ》情《じょう》のよい武家《ぶけ》などの下肥《しもごえ》は、肥料《ひりょう》としての効《き》き具合《ぐあい》が高《たか》く評価《ひょうか》されていました。

相手《あいて》が下町《したまち》の長屋《ながや》の場合《ばあい》は、大家《おおや》と契約《けいやく》を結《むす》んでおくこともあり、近隣《きんりん》の農村《のうそん》からやって来《き》て定期的《ていきてき》に受《う》け取《と》るなどしていました。❷の人物《じんぶつ》は地元《じもと》の畑《はたけ》で採《と》れた大根《だいこん》などの野菜《やさい》を持参《じさん》し、下《しも》肥《ごえ》と取《と》り換《か》えに向《む》かうところ。

高《たか》い消化機能《しょうかきのう》を持《も》つ動物《どうぶつ》と違《ちが》って、人間《にんげん》は食《た》べたものの数割程度《すうわりていど》しか消化吸収《しょうかきゅうしゅう》できず、排《はい》せつ物《ぶつ》には栄養分《えいようぶん》が多《おお》く含《ふく》まれています。それが作物《さくもつ》の育成《いくせい》に役立《やくだ》つのですが、病原菌《びょうげんきん》や寄生虫《きせいちゅう》の卵《たまご》が混入《こんにゅう》している可能性《かのうせい》もあって非衛生的《ひえいせいてき》。そこで農家《のうか》では、数週間《すうしゅうかん》ほど寝《ね》かせて腐熟《ふじゅく》（発《はっ》酵《こう》）させてから用《もち》いました。発酵《はっこう》させると温度《おんど》が60度《ど》から70度近《どちか》くまで上昇《じょうしょう》し、回虫《かいちゅう》の卵《たまご》などを死滅《しめつ》させます。ただしご想像《そうぞう》の通《とお》り、あたりに放《はな》つ臭《にお》いは強烈《きょうれつ》でした（❸）。

❶

❷

❸

❶江戸《えど》の町中《まちなか》を、背中《せなか》に下肥《しもごえ》を積《つ》んだ馬《うま》が普通《ふつう》に歩《ある》いていたなんて驚《おどろ》きですね。❷町人《ちょうにん》の住宅地《じゅうたくち》から回収《かいしゅう》した糞尿《ふんにょう》のお値段《ねだん》は、樽《たる》1杯《ぱい》あたりで25文《もん》（600円《えん》ほど）。❸下肥《しもごえ》の入《はい》った桶《おけ》が揺《ゆ》れて中身《なかみ》が跳《は》ね飛《と》び、後方《こうほう》の二人《ふたり》は露骨《ろこつ》に嫌《いや》な顔《かお》をしています。

9 足《あし》ツボの三里《さんり》ってどこ?

天下泰平《てんかたいへい》の江戸時代《えどじだい》になると旅行《りょこう》ブームが起《お》こり、老若男女《ろうにゃくなんにょ》を問《と》わず物見遊山《ものみゆさん》の旅《たび》に出《で》かけていました。旅先《たびさき》の宿屋《やどや》で最初《さいしょ》に盥《たらい》の足湯《あしゆ》（❶）が出《だ》されていたのは、汚《よご》れた足《あし》を洗《あら》うだけでなく、血行《けっこう》をうながして長旅《ながたび》で疲《つか》れた足《あし》をリラックスさせる効果《こうか》もありました。

江戸時代後期《えどじだいこうき》の『旅行用心集《りょこうようじんしゅう》』にある「道中用心六十一ヶ条《どうちゅうようじんろくじゅういっかじょう》」の第一条《だいいちじょう》には、こまめに休《やす》んで足《あし》をいたわるよう指示《しじ》され、以下《いか》の条《じょう》では足《あし》ツボの三里《さんり》や承山《しょうざん》について解説《かいせつ》しています。三里《さんり》は膝《ひざ》の皿《さら》の少《すこ》し下《した》、外側《そとがわ》のくぼみのところ。承山《しょうざん》はふくらはぎの中心部《ちゅうしんぶ》にあり（図解《ずかい》）、つま先《さき》立《だ》ちすると筋肉《きんにく》が盛《も》り上《あ》がるところの下《した》あたり。通称《つうしょう》「駕籠《かご》かき三里《さんり》」とあります（❷）。草鞋《わらじ》や脚絆《きゃはん》（☞154ページ）で皮膚《ひふ》が擦《す》り剝《む》けているところは、お灸《きゅう》を避《さ》けるよう言《い》い添《そ》えています。

三里《さんり》のツボは足《あし》の疲《つか》れやむくみ、さらには胃腸《いちょう》を整《ととの》えることで知《し》られていました。元禄《げんろく》2年《ねん》（1689）、俳人《はいじん》の松尾芭蕉《まつおばしょう》は奥州《おうしゅう》に旅立《たびだ》つにあたって「月日《つきひ》は百代《はくたい》の過客《かかく》にして、行《ゆ》きかふ年《とし》もまた旅人《たびびと》なり。……笠《かさ》の緒《お》付《つ》けかえて、三里《さんり》に灸《きゅう》すゆるより、松島《まつしま》の月《つき》まづ心《こころ》にかかりて……」と語《かた》っています（『おくのほそ道《みち》』序章《じょしょう》）。三里《さんり》に灸《きゅう》をすえるそばから、松島《まつしま》（宮城県《みやぎけん》。日本三景《にほんさんけい》のひとつ）の月《つき》が気《き》にかかったとあり、芭蕉《ばしょう》ならではの感性《かんせい》ですね。

❶

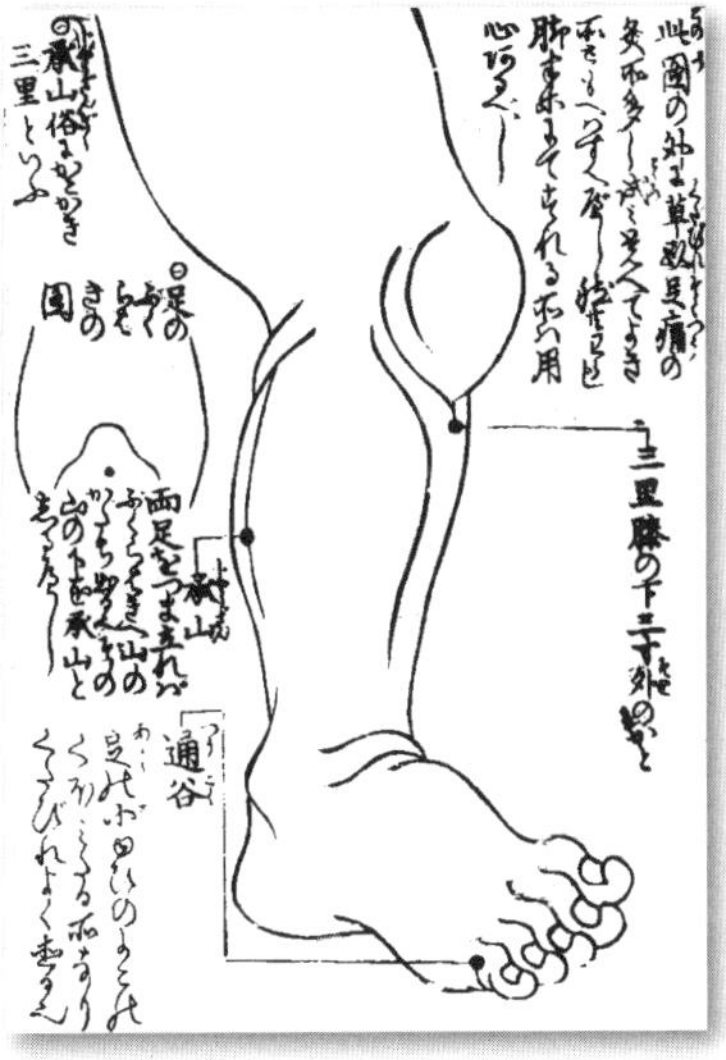

❷

【図解《ずかい》】

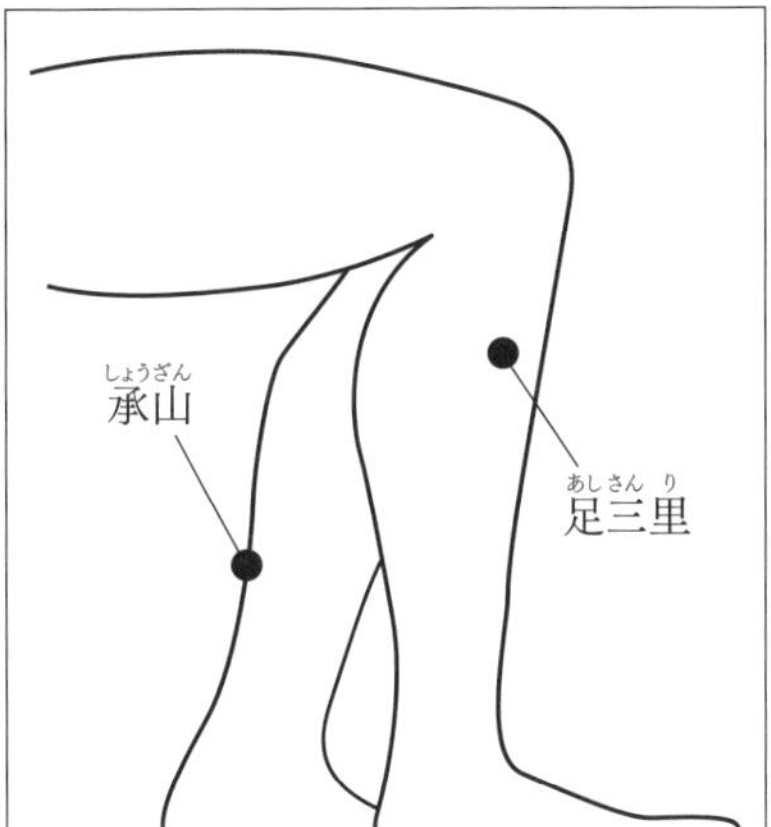

❶宿屋《やどや》に到着《とうちゃく》した旅人《たびびと》へのおもてなしは、お茶《ちゃ》や煙草盆《たばこぼん》よりも足湯《あしゆ》が先《さき》。
❷小指《こゆび》の横《よこ》のくぼんでいる箇所《かしょ》にあるツボの通谷《つうこく》については、疲《つか》れがよくとれるとあります。

10 脚絆《きゃはん》ってどんなアイテム？

心臓《しんぞう》から送《おく》り出《だ》された血液《けつえき》は、動脈《どうみゃく》を通《とお》って全身《ぜんしん》の細胞《さいぼう》へ酸素《さんそ》や栄養分《えいようぶん》を届《とど》け、老廃物《ろうはいぶつ》は静《じょう》脈《みゃく》経由《けいゆ》で心臓《しんぞう》に送《おく》り返《かえ》されます。このサイクルの中《なか》で、足《あし》を流《なが》れる血液《けつえき》は重力《じゅうりょく》に逆《さか》らって心臓《しんぞう》に戻《もど》らなくてはなりません。そのためにポンプの役割《やくわり》を果《は》たすのが、第二《だいに》の心臓《しんぞう》と呼《よ》ばれるふくらはぎの筋肉《きんにく》。それを守《まも》るために装着《そうちゃく》したのが、脚絆《きゃはん》でした（❶）。❷は『増補訓蒙図彙《ぞうほきんもうずい》』にある4人担《にんかつ》ぎの駕籠《かご》舁《か》きで、前方《ぜんぽう》を担当《たんとう》する二人《ふたり》は紺木綿《こんもめん》の脚絆《きゃはん》をつけています。

草津宿《くさつしゅく》は近江国《おうみのくに》（滋賀県《しがけん》）の栗太郡《くりたぐん》にあった東海道五十三次《とうかいどうごじゅうさんつぎ》の52番目《ばんめ》の宿場《しゅくば》で、中山道《なかせんどう》との分岐点《ぶんきてん》でもありました。その分《わ》かれ道《みち》を描《えが》いた『東海道名所図会《とうかいどうめいしょずえ》』の絵《え》では、道標《どうひょう》の上《うえ》に猿《さる》がいて、その紐《ひも》をくわえている下《した》の男《おとこ》が脚絆姿《きゃはんすがた》（❸）。横《よこ》には猪《いのしし》を入《い》れた檻《おり》があり、子《こ》どもたちが興《きょう》味津々《みしんしん》の面持《おもも》ちで覗《のぞ》き込《こ》んでいます。右側《みぎがわ》にいる男《おとこ》は檻《おり》の担《かつ》ぎ手《て》の相棒《あいぼう》らしく、やはり脚絆《きゃはん》を装《そう》着《ちゃく》し、履《は》き替《か》えの草鞋《わらじ》を両手《りょうて》に持《も》っています。

『旅行用心集《りょこうようじんしゅう》』は、時節《じせつ》や地域《ちいき》によって遭遇《そうぐう》する害虫《がいちゅう》や毒草《どくそう》のほか、蛇《へび》のようなハ虫類《ちゅうるい》をリストアップしています。道《みち》なき道《みち》を行《い》き来《き》する猟師《りょうし》や修験者《しゅげんじゃ》のような人《ひと》たちにとって、脚絆《きゃはん》は足元《あしもと》を保護《ほご》してくれるプロテクターであり、頼《たよ》れるサポーターでもありました。

❶

❷

❸

❶脚絆姿《きゃはんすがた》の女性《じょせい》が木陰《こかげ》でひと休《やす》み。脚絆《きゃはん》は男女《だんじょ》ともに身《み》につけました。❷駕籠舁《かごか》きは普通《ふつう》、前後二人《ぜんごふたり》。四人《よにん》で担《かつ》ぐ四枚肩《しまいがた》は、格式《かくしき》も駕籠《かご》の重量《じゅうりょう》もある高級《こうきゅう》タイプ。❸猪《いのしし》は人気食材《にんきしょくざい》として、都市部《としぶ》に運《はこ》ばれていました。

11 下駄《げた》を履《は》いていたのは誰《だれ》？

下駄《げた》というと今《いま》では男《おとこ》っぽい履《は》き物《もの》のイメージですが、本来《ほんらい》は雨《あめ》の日《ひ》の履《は》き物《もの》で、ぬかるんだ道《みち》を歩《ある》くときには男女《だんじょ》を問《と》わず下駄履《げたば》きで外出《がいしゅつ》しました（❶）。炊事場《すいじば》や井戸《いど》周《まわ》りの作業《さぎょう》も、さらには厠《かわや》（トイレ）に入《はい》るときも下駄《げた》が一般的《いっぱんてき》。雨天《うてん》に履《は》く足駄《あしだ》という高下駄《たかげた》もあり、足駄師《あしだし》と呼《よ》ばれる専門《せんもん》の職人《しょくにん》もいました（❷）。

この考《かんが》え方《かた》を推《お》し広《ひろ》げれば、下駄《げた》に向《む》いた行《い》き先《さき》が予想《よそう》できます。外出先《がいしゅつさき》では、湯屋《ゆや》つまり銭湯《せんとう》。汚《よご》れた足《あし》で湯舟《ゆぶね》を汚《よご》すわけにはいかないので、入《い》り口付近《ぐちふきん》で店《みせ》の人《ひと》から足元《あしもと》にお湯《ゆ》をかけてもらいました。山東京伝《さんとうきょうでん》の黄表紙《きびょうし》『賢愚湊銭湯新話《けんぐいりごみせんとうしんわ》』（享和《きょうわ》２年《ねん》、１８０２刊《かん》）は、正月《しょうがつ》の江戸《えど》の銭湯《せんとう》を描《えが》いた作品《さくひん》で、大《おお》きな鏡餅《かがみもち》が置《お》かれた番台《ばんだい》の絵《え》から始《はじ》まります。右奥《みぎおく》に見《み》える下駄《げた》箱《ばこ》は、塗下駄《ぬりげた》（漆塗《うるしぬ》りの下駄《げた》）。主《おも》に女性用《じょせいよう》の下駄入《げたい》れになっています（❸）。

このような幅広《はばひろ》い用途《ようと》があれば、行商《ぎょうしょう》の下駄売《げたう》りも登場《とうじょう》して当然《とうぜん》。❹は歳時記《さいじき》に描《えが》かれた下駄《げた》売《う》りで、旧暦《きゅうれき》の5月《がつ》（現在《げんざい》の5月下旬《がつげじゅん》から7月上旬頃《がつじょうじゅんごろ》）の項目《こうもく》に入《い》れてあるのは、梅雨《つゆ》の前後《ぜんご》が書《か》き入《い》れどきだったから。もちろん下駄《げた》の歯《は》の擦《す》り減《へ》りや破損《はそん》は季節《きせつ》を問《と》わず生《しょう》じ、擦《す》り減《へ》った歯《は》だけ交換《こうかん》できるリサイクル業《ぎょう》もありました。当時《とうじ》の都会《とかい》暮《ぐ》らしは便利《べんり》だったのです。

❶

❷

❸

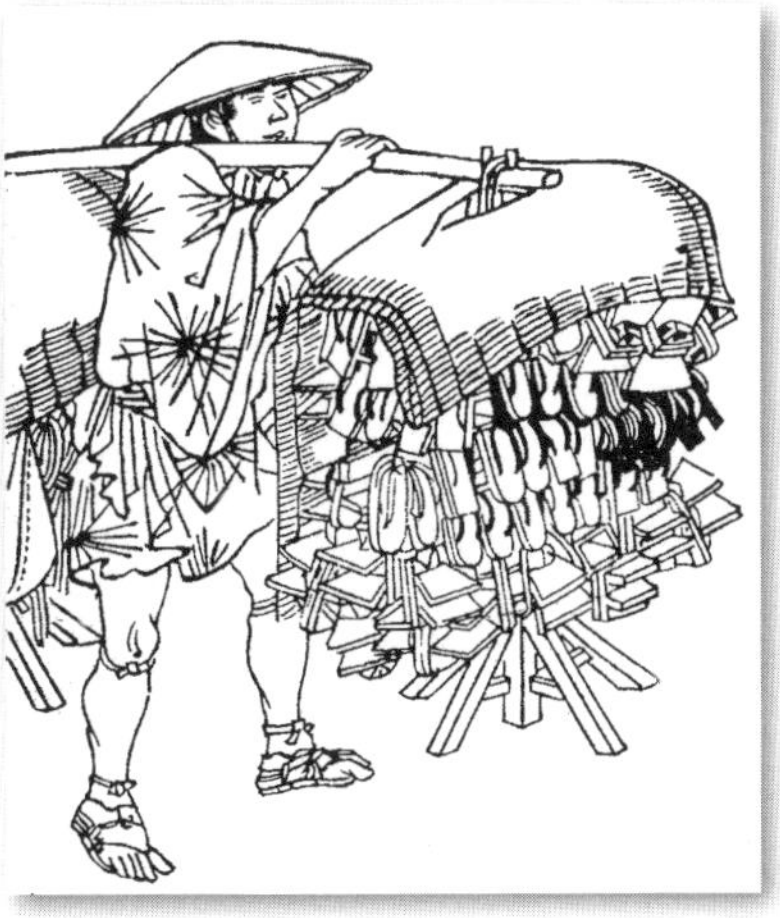

❹

❶高下駄《たかげた》を履《は》くと背《せ》が伸《の》びます。❷足駄師《あしだし》がつくっているのが高下駄《たかげた》。❸色《いろ》も形《かたち》も多様《たよう》な塗下駄《ぬりげた》なら、他人《たにん》のものと取《と》り違《ちが》える心配《しんぱい》なし。❹大量《たいりょう》に抱《かか》えて持《も》ち歩《ある》くのは大変《たいへん》そう。

12 どんな歯《は》磨《みが》きグッズを使《つか》っていたの？

歯磨《はみが》き粉《こ》といえば、古《ふる》くからの定番《ていばん》は塩《しお》や砂《すな》。砂《すな》を精製《せいせい》した磨《みが》き砂《すな》については、房総地方《ぼうそうちほう》（千《ち》葉県《ばけん》）で採取《さいしゅ》された房州砂《ぼうしゅうすな》が江戸時代《えどじだい》のブランド品《ひん》で、香料《こうりょう》を加《くわ》えたタイプもありました。歯《は》ブラシの定番《ていばん》になった房楊枝《ふさようじ》（❶）は、柳《やなぎ》やクロモジ（黒文字）などの木《き》を細《ほそ》く削《けず》り、煮《に》て柔《やわ》らかくした先端《せんたん》を木槌《きづち》で叩《たた》いてブラシ状《じょう》にしたもの。ブラシの反対側《はんたいがわ》は先《さき》が尖《とが》っている爪楊枝《つまようじ》で、ややカーブしている柄《え》の部分《ぶぶん》は舌苔《ぜったい》をこすり取《と》るのに使《つか》われました。

『人倫訓蒙図彙《じんりんきんもうずい》』の「楊枝師《ようじし》」（❷）の解説《かいせつ》によると「日本《にほん》の猿《さる》は歯《は》が白《しろ》いから、楊枝屋《ようじや》の看板《かんばん》になる」とあります。その猿《さる》をマスコットキャラクターに仕立《した》てて大坂《おおさか》に開店《かいてん》されたのが、道頓《どうとん》堀《ぼり》の猿屋楊枝店《さるやようじてん》。ここがヒットして各地《かくち》で真似《まね》され、楊枝店《ようじてん》の屋号《やごう》は「さるや」で決《き》まりになるくらい、猫《ねこ》も杓子《しゃくし》もこの動物《どうぶつ》を看板《かんばん》に掲《かか》げていたのです。

江戸《えど》では浅草寺《せんそうじ》の境内《けいだい》にある柳屋《やなぎや》が有名《ゆうめい》でした。『江戸名所図会《えどめいしょずえ》』ではイチョウの巨木《きょぼく》のそばに楊枝屋《ようじや》が建《た》ち並《なら》び、左下《ひだりした》の看板《かんばん》には「御やうじ（楊枝《ようじ》）所《どころ》 本《ほん》やなぎ屋《や》」と書《か》かれています（❸）。解説《かいせつ》には「境内《けいだい》で楊枝《ようじ》を販売《はんばい》する店《みせ》が非常《ひじょう》に多《おお》く、柳屋《やなぎや》が本家《ほんけ》だけれども今《いま》ではその屋号《やごう》を名乗《なの》る業者《ぎょうしゃ》が増《ふ》えて、ご当地《とうち》の名産《めいさん》になった」とあります。共存共栄《きょうぞんきょうえい》ならハッピーエンド？

❶

❷

❸

❶房楊枝《ふさようじ》で歯磨《はみが》きをする女性《じょせい》。❷木彫《きぼ》りの猿《さる》が商品《しょうひん》で歯磨《はみが》きをしていてユーモラス。❸これだけ品数《しなかず》があったら、選《えら》ぶのに迷《まよ》いそう。

13 洗髪《せんぱつ》に灰汁《あく》が使《つか》われていたの？

江戸《えど》時代《じだい》後期《こうき》の美容《びよう》専門書《せんもんしょ》『都風俗化粧伝《みやこふうぞくけわいでん》』の「髪《かみ》を洗《あら》ふ伝《でん》」（❶）には「布海苔《ふのり》（海藻《かいそう》の一種《いっしゅ》）を裂《さ》いて熱《あつ》い湯《ゆ》に浸《つ》けてよく溶《と》かし、饂飩粉《うどんこ》（小麦粉《こむぎこ》）も入《い》れてよく混《ま》ぜ合《あ》わせ、熱《あつ》いうちに髪《かみ》にすり付《つ》けたり手《て》にすくい取《と》ったりして髪《かみ》をよく揉《も》む。すると髪《かみ》についた油《あぶら》がみな取《と》れるので、熱《あつ》いお湯《ゆ》で流《なが》す」とあります。室町時代《むろまちじだい》の頃《ころ》から菜種油《なたねあぶら》や胡麻油《ごまあぶら》、椿油《つばきあぶら》などを髪油《かみあぶら》に用《もち》いていたので、アルカリ性《せい》の布海苔《ふのり》や饂飩粉《うどんこ》で洗髪時《せんぱつじ》に油分《ゆぶん》を落《お》としていたのです。

❷は、同じ『都風俗化粧伝《みやこふうぞくけわいでん》』の「恰好《かっこう》（格好《かっこう》）の部《ぶ》」に載《の》せられた総合《そうごう》メイクの実例《じつれい》。都心部《としんぶ》を中心《ちゅうしん》にして髪型《かみがた》のオシャレ度《ど》が徐々《じょじょ》に増《ま》し、髷《まげ》を固《かた》めて輝《かがや》きを出《だ》すために伽羅《きゃら》の油《あぶら》が大量《たいりょう》に使《つか》われるようになりました。これは髪付《かみづ》け油《あぶら》の一種《いっしゅ》で、ハゼ蠟《ろう》（蠟燭《ろうそく》が溶《と》けたもの。☞166ページ）に松脂《まつやに》を混《ま》ぜて練《ね》ったもの。香木《こうぼく》の伽羅《きゃら》とは関係《かんけい》なく、現在《げんざい》の鬢付《びんづ》け油《あぶら》のもとになりました。

いわば脂《あぶら》ぎった頭《あたま》を洗髪《せんぱつ》するときには、灰汁《あく》を使《つか》うようになりました。灰汁《あく》とは灰《はい》を水《みず》に浸《ひた》して上澄《うわず》みをすくったアルカリ液《えき》のことで、それを使《つか》って食材《しょくざい》のクセを処理《しょり》したことから、食材《しょくざい》の嫌《いや》な味《あじ》も「あく」と呼《よ》ぶようになりました。油脂《ゆし》の多《おお》い髪油《かみあぶら》が出回《でまわ》るようになって、洗髪《せんぱつ》にもアルカリ成分《せいぶん》の液体《えきたい》を大量《たいりょう》に使《つか》うようになったのです。

❶

❸

❷

❶自宅《じたく》で髪《かみ》を洗《あら》うなら、縁側《えんがわ》や土間《どま》あたりが定番《ていばん》。❷まさに江戸時代版《えどじだいばん》のヘアーカタログ。❸灰買《はいが》いは仕事柄《しごとがら》、自分《じぶん》の髪《かみ》が灰《はい》にまみれて白《しろ》くなりやすく、手《て》ぬぐいを被《かぶ》る人《ひと》もいました。

14 煙草《たばこ》はヘルシーと思《おも》われていたの？

南蛮文化《なんばんぶんか》のひとつとして国内《こくない》に入《はい》った煙草《たばこ》は、またたく間《ま》に全国《ぜんこく》へと広《ひろ》まりました。お客《きゃく》さんが家《いえ》にやって来ると、お茶《ちゃ》のお盆《ぼん》よりも煙草盆《たばこぼん》（❶）のほうが先《さき》に出《だ》されるとまでいわれたほど、煙草《たばこ》は好《この》まれていました。日用品《にちようひん》だった煙草盆《たばこぼん》は一般的《いっぱんてき》に長方形《ちょうほうけい》で、吸殻入《すいがらい》れと小《ちい》さな炭火《すみび》が入《はい》っている火種鉢《ひだねばち》の火入《ひいれ》がセットになっていました。

煙草《たばこ》の葉《は》が新《あら》たな作物《さくもつ》として各地《かくち》で栽培《さいばい》されるようになると、刻《きざ》んだ葉煙草《はたばこ》を量《はか》り売《う》りする専《せん》門店《もんてん》もできました。煙草屋《たばこや》の様子《ようす》を描《えが》いた絵《え》（❷）では、鉢巻《はちま》きをした男《おとこ》が手《て》にしている白菜《はくさい》のような葉《は》っぱが葉煙草《はたばこ》。近《ちか》くで職人《しょくにん》が、その葉《は》っぱを細《こま》かく刻《きざ》んで刻《きざ》み煙草《たばこ》をつくっています。右《みぎ》の看板《かんばん》に「御呑《おのみ》（飲）料《りょう》」とあるように、当時《とうじ》は「吸《す》う」ではなく「飲《の》む」のほうが一般的《いっぱんてき》。「一服《いっぷく》（火《ひ》を）点《つ》ける」とか「煙草《たばこ》にする」ともいいました。

今《いま》では健康《けんこう》の面《めん》から、どんどん隅《すみ》っこに追《お》いやられていますが、江戸時代《えどじだい》には健康《けんこう》にもよいひと品《しな》として受《う》けとめられていました。当時《とうじ》の絵《え》には、少年少女《しょうねんしょうじょ》による喫煙《きつえん》シーンも珍《めずら》しくありません（❸）。もっと小《ちい》さな子《こ》どもが吸《す》っている絵《え》はほとんど見《み》られないのですが、きっと火《ひ》の取《と》り扱《あつか》いに問題《もんだい》があったからなのでしょう。

❶

❸

❷

❶江戸時代《えどじだい》の一般的《いっぱんてき》な煙草盆《たばこぼん》の形《かたち》。❷煙草《たばこ》の葉《は》は、じつはかなり大《おお》きめ。
❸喫煙《きつえん》する子《こ》は、仕事《しごと》の手《て》を休《やす》めたがる怠《なま》け者《もの》と見《み》られがち。

15 行灯《あんどん》に使《つか》った油《あぶら》は何油《なにあぶら》？

行灯《あんどん》（❶）は「行《あん》」の字《じ》が示《しめ》すように、もともとは外出《がいしゅつ》するときに使《つか》う照明器具《しょうめいきぐ》でした。骨組《ほねぐ》みとなる木枠《きわく》の内側《うちがわ》に梁《はり》（横木《よこぎ》）があり、その上《うえ》に火皿《ひざら》を置《お》けるようになっています。火皿《ひざら》に油《あぶら》を入《い》れ、灯芯《とうしん》（綿《めん》の糸《いと》や藺草《いぐさ》）を浸《ひた》して油《あぶら》を染《し》み込《こ》ませてから点火《てんか》します（図解《ずかい》）。筒《つつ》のような行灯《あんどん》の下《した》に見《み》えるのは、油《あぶら》を注《つ》ぎ足《た》すための油差《あぶらさ》し（❷）。皿《さら》の油《あぶら》が切《き》れたら補給《ほきゅう》し、買《か》い置《お》きがなくなったら油売《あぶらう》りの行商人《ぎょうしょうにん》から量《はか》り売《う》りしてもらいました。

和紙《わし》でできたカバーの中《なか》で燃《も》やす油《あぶら》のことを、灯油《ともしあぶら》といいます。使《つか》っていた油《あぶら》は、主《おも》に菜種《なたね》油《あぶら》や魚油《ぎょゆ》。菜種油《なたねあぶら》は食用《しょくよう》でもあり、蠟燭《ろうそく》ほどではないにしても高級品《こうきゅうひん》でした。対《たい》する魚油《ぎょゆ》は主《おも》に鰯《いわし》の油《あぶら》を原料《げんりょう》としたもので、なるべく光熱費《こうねつひ》を切《き》りつめたい人《ひと》の強《つよ》い味方《みかた》。ただし燃《も》えるときには煙《けむり》と臭《にお》いがかなり出《で》るので、そこは安《やす》かろう悪《わる》かろうでした。

関東《かんとう》や灘《なだ》、大坂《おおさか》の菜種搾油《なたねさくゆ》の実情《じつじょう》を記《き》した大蔵永常《おおくらながつね》の『製油録《せいゆろく》』は、菜種《なたね》を乾燥《かんそう》させるところから油《あぶら》を搾《しぼ》るまでの工程《こうてい》、それに必要《ひつよう》な設備《せつび》や道具《どうぐ》などに至《いた》るまで解説《かいせつ》されています。❸は大型《おおがた》の圧搾機《あっさくき》で、油《あぶら》を搾《しぼ》る道具《どうぐ》は主《おも》に大坂《おおさか》で製作《せいさく》され、諸国《しょこく》に売《う》られていると書《か》かれています。江戸《えど》時代《じだい》も後期《こうき》になるほど夜型《よるがた》の暮《く》らしが増《ふ》え、菜種油《なたねあぶら》の需要《じゅよう》が高《たか》まったのかもしれません。

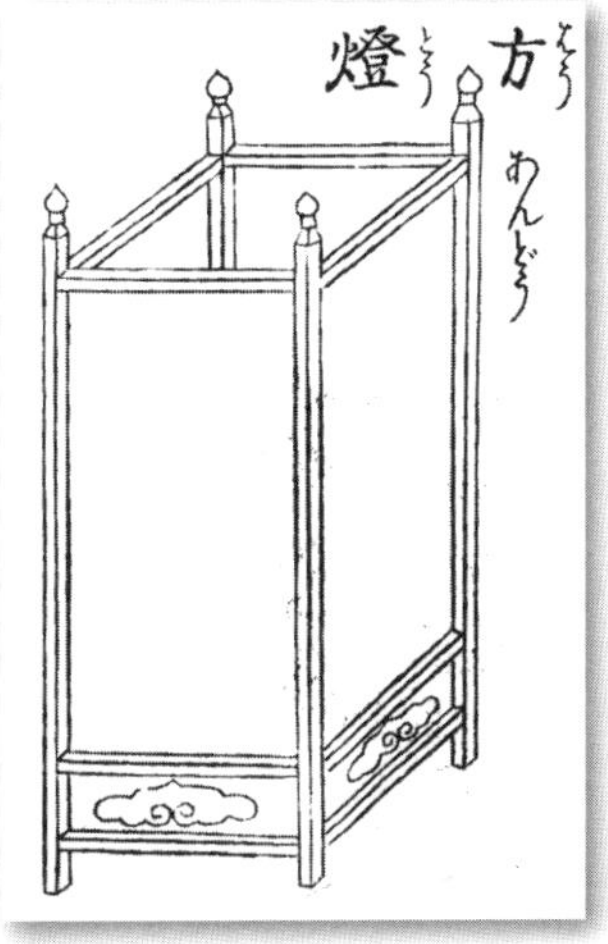

❶

❷

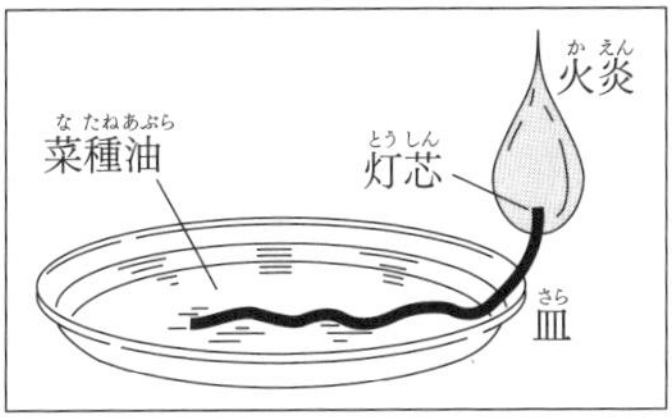

【図解《ずかい》】行灯《あんどん》の仕組《しく》み。油《あぶら》に浸《ひた》した灯芯《とうしん》の先《さき》が灯《とも》ります。

❸

❶図鑑《ずかん》に出《で》ている典型的《てんけいてき》な行灯《あんどん》。❷外側《そとがわ》のカバーで明《あ》かりを調節《ちょうせつ》しました。
❸近畿地方《きんきちほう》では一気《いっき》に押《お》し下《さ》げて搾《しぼ》り、関東《かんとう》では数回《すうかい》に分《わ》けて搾《しぼ》りました。

16 蠟燭《ろうそく》はどうやってつくるの？

石油《せきゆ》を精製《せいせい》してつくるパラフィンを原料《げんりょう》にした現在《げんざい》の洋蠟燭《ようろうそく》に対《たい》して、植物素材《しょくぶつそざい》の国産品《こくさんひん》を和《わ》蠟燭《ろうそく》といいます。芯《しん》の先《さき》に火《ひ》をともすと、その炎《ほのお》で周囲《しゅうい》の蠟《ろう》が溶《と》けて芯《しん》に染《し》み込《こ》み、絶《た》えず燃《も》え続《つづ》けます。イギリスの科学者《かがくしゃ》ファラデーの『ロウソクの科学《かがく》』（1861年刊《ねんかん》）には、自身《じしん》の講《こう》演会《えんかい》に訪《おとず》れたある婦人《ふじん》からもらった和蠟燭《わろうそく》の話《はなし》があります。ファラデーは炎《ほのお》の中心部《ちゅうしんぶ》に空気《くうき》の通《つう》路《ろ》となる穴《あな》があるのに気《き》づき、特有《とくゆう》の炎《ほのお》の揺《ゆ》れもそこに由来《ゆらい》すると指摘《してき》しています。

国内《こくない》で本格的《ほんかくてき》な生産《せいさん》が始《はじ》まったのは江戸時代《えどじだい》からのことで、原料《げんりょう》はハゼ（櫨《はぜ》）の木《き》の実《み》を搾《しぼ》り取《と》った貴重《きちょう》な木蠟《もくろう》。それを火《ひ》で溶《と》かしたり天日《てんぴ》に干《ほ》したりするのは、大変《たいへん》な手間《てま》でした（❶）。和紙《わし》や藺草《いぐさ》（灯心草《とうしんそう》。図解《ずかい》）の茎《くき》の中心部《ちゅうしんぶ》などでつくった芯《しん》を軸《じく》にして、空気穴《くうきあな》を確保《かくほ》しつつ溶《と》けた蠟《ろう》を塗《ぬ》り重《かさ》ねて太《ふと》くしていくのも、根気《こんき》のいる作業《さぎょう》でした（❷）。

大蔵永常《おおくらながつね》の『広益国産考《こうえきこくさんこう》』に描《えが》かれた蠟燭屋《ろうそくや》の看板《かんばん》には、上部《じょうぶ》が広《ひろ》くなった碇型《いかりがた》で描《えが》かれています（❸）。同じく永常《ながつね》の『農家益《のうかえき》』には、ハゼの木《き》の栽培《さいばい》から製造《せいぞう》まで細《こま》かく記《き》されています。高級品《こうきゅうひん》なので使《つか》い捨《す》てにせず、溶《と》けて流《なが》れた蠟《ろう》を集《あつ》めてつくり直《なお》すために「蠟燭《ろうそく》の流《なが》れ買《が》い」という買《か》い取《と》り業《ぎょう》も成立《せいりつ》していました。再生品《さいせいひん》なら、多少《たしょう》は安《やす》かったかも。

❶

【図解《ずかい》】藺草《いぐさ》の断面《だんめん》

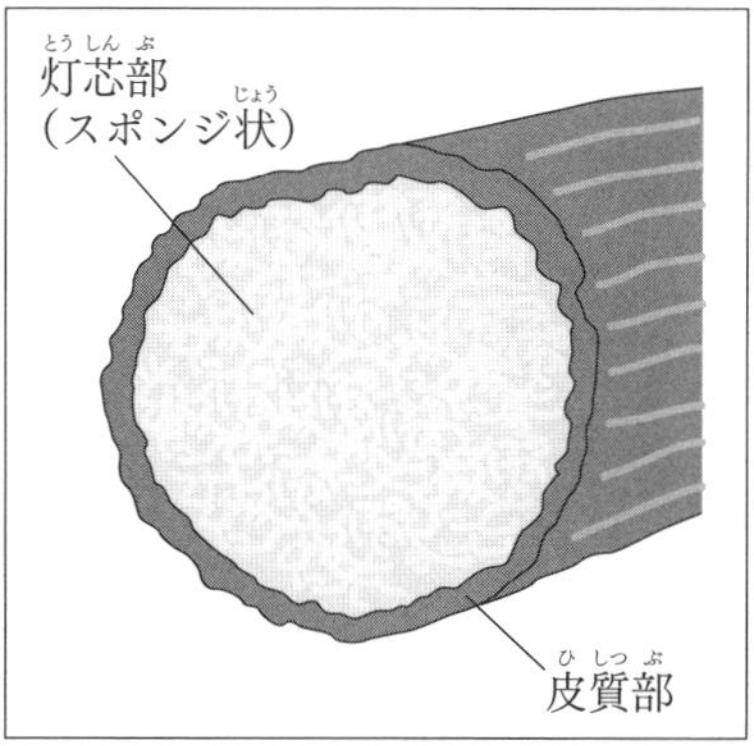

❷

❸

❶蒸籠《せいろ》で蒸《む》してから臼《うす》で搗《つ》きます。❷温《あたた》めて溶《と》かした蠟《ろう》に灯芯《とうしん》を浸《ひた》し続《つづ》け、太《ふと》くしていきます。❸看板《かんばん》の絵《え》のように灯芯《とうしん》が太《ふと》いのは、和紙《わし》の芯《しん》に藺草《いぐさ》を巻《ま》きつけてあるから。

17 囲炉裏《いろり》は暖房《だんぼう》だけじゃなかったの？

床《ゆか》を四角《しかく》く切《き》って開《あ》け、灰《はい》を敷《し》き詰《つ》めて薪《たきぎ》や炭火《すみび》などで火《ひ》を起《お》こしたのが囲炉裏《いろり》。暖房《だんぼう》のほか、煮炊《にた》きや夜間《やかん》の照明《しょうめい》にも使《つか》われました。❶の人《ひと》は、暖《だん》を取《と》りながら寝《ね》そべっています。このように薪《たきぎ》を燃《も》やしたり、その薪《たきぎ》を置《お》けるスペースのある農村《のうそん》で、主《おも》に使《つか》われました。❷のほうは、お茶《ちゃ》と煙草《たばこ》で談笑《だんしょう》するのにちょうどいい小型《こがた》サイズになっています。

囲炉裏《いろり》には炉縁《ろぶち》といわれる囲《かこ》いがあり、先端《せんたん》が鉤状《かぎじょう》になっている自在鉤《じざいかぎ》が天井《てんじょう》から吊《つ》るされました（図解《ずかい》）。自在鉤《じざいかぎ》は高《たか》さを変《か》えることができ、鍋《なべ》や鉄瓶《てつびん》などを吊《つ》るしたまま高《たか》さを変《か》えて火《か》力《りょく》を調整《ちょうせい》しました。天井《てんじょう》から吊《つ》るす火棚《ひだな》という格子状《こうしじょう》の板《いた》は、火《ひ》の粉《こ》が舞《ま》い上《あ》がるのを防《ふせ》いで煙《けむり》や熱《ねつ》を拡散《かくさん》させます。そのほか穀類《こくるい》を吊《つ》るして乾燥《かんそう》させたり、魚《さかな》などを燻《いぶ》して保存食《ほぞんしょく》をつくったり、衣類《いるい》の乾燥《かんそう》にも利用《りよう》できました。

しかも囲炉裏《いろり》は、家屋《かおく》の耐久性《たいきゅうせい》を向上《こうじょう》させていました。部屋中《へやじゅう》に暖《あたた》かい空気《くうき》を充満《じゅうまん》させて木《もく》材《ざい》を乾燥《かんそう》させ、腐食《ふしょく》しづらくしていたのです。また、薪《たきぎ》を燃《も》やすときの煙《けむり》に含《ふく》まれるタールが梁《はり》（柱《はしら》の上《うえ》に渡《わた》される横木《よこぎ》）や屋根《やね》の建材《けんざい》に浸透《しんとう》し、防虫性《ぼうちゅうせい》や防水性《ぼうすいせい》を高《たか》めていました。「人《ひと》が住《す》まなくなると家《いえ》は傷《いた》む」という言葉《ことば》は、こういう家《いえ》にこそ当《あ》てはまったのです。

❶

【図解《ずかい》】いろりと火棚《ひだな》

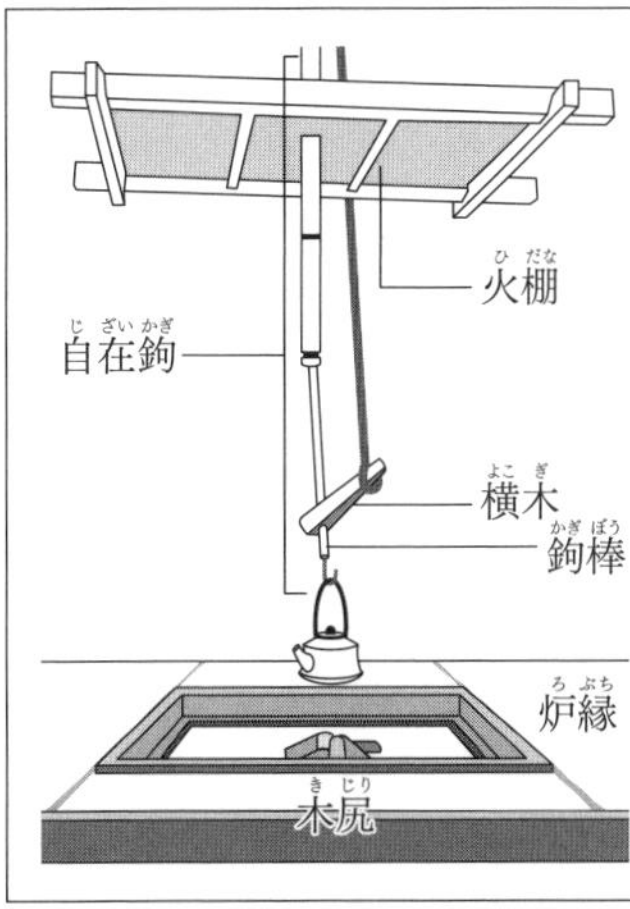

❷

❶藁《わら》葺《ぶ》き屋根《やね》から氷柱《つらら》が垂《た》れ下《さ》がっていて、外《そと》はかなり寒《さむ》そう。❷よく見《み》ると、猫《ねこ》が囲炉裏《いろり》にピッタリと張《は》りついています。

18 炭団《たどん》ってどんな燃料《ねんりょう》？

江戸《えど》をはじめとする都心部《としんぶ》で使《つか》われた暖房装置《だんぼうそうち》の代表格《だいひょうかく》が、火鉢《ひばち》でした。時代劇《じだいげき》によく登場《とうじょう》する長火鉢《ながひばち》は、下《した》に引《ひ》き出《だ》しが付《つ》いていたり、中《なか》に鉄瓶《てつびん》を置《お》いて湯《ゆ》を沸《わ》かす五徳《ごとく》が置《お》かれたりしています。小型《こがた》の火鉢《ひばち》の上《うえ》に櫓《やぐら》を載《の》せて布団《ふとん》をかぶせたのが、置《お》き炬燵《ごたつ》の始《はじ》まり。対《たい》する掘《ほ》り炬燵《ごたつ》は部屋《へや》の床《ゆか》に炉《ろ》を設《もう》け、その上《うえ》に櫓《やぐら》と布団《ふとん》をセットしました。後者《こうしゃ》を描《えが》いた『絵本和歌浦《えほんわかのうら》』の絵《え》では、めくった布団《ふとん》のあいだから中《なか》が見《み》えています（❶）。

これらの燃料《ねんりょう》によく使《つか》われていた炭団《たどん》は、木炭《もくたん》のリサイクル品《ひん》といったところ。木炭《もくたん》を製造《せいぞう》したり、運搬《うんぱん》したりするときに生《しょう》じる砕《くだ》けた炭《すみ》の粉《こな》を拾《ひろ》い集《あつ》め、布海苔《ふのり》や角叉《つのまた》（紅藻《こうそう》）などを糊代《のりが》わりに混《ま》ぜ、練《ね》って丸《まる》く固《かた》めました。混《ま》ぜ物入《ものい》りのため、火力《かりょく》はそれほど強《つよ》くなかった代《か》わりに種火《たねび》の状態《じょうたい》で1日中《にちじゅう》燃焼《ねんしょう》し続《つづ》け、最大《さいだい》の魅力《みりょく》は安《やす》く手《て》に入《はい》ることでした。

❷は路上《ろじょう》の炭団《たどん》売《う》り。杵《きね》で突《つ》き固《かた》めて丸《まる》めたものをその場《ば》に並《なら》べて販売《はんばい》し、サイズも各種《かくしゅ》取《と》り揃《そろ》えてあるようです。自宅《じたく》で余《あま》った炭《すみ》の粉《こな》を集《あつ》めて自家製《じかせい》の炭団《たどん》をつくることも、よくあったとか。ちなみに明治時代《めいじじだい》以降《いこう》は石炭《せきたん》が熱源《ねつげん》の主流《しゅりゅう》になったため、木炭《もくたん》でなく石炭《せきたん》の粉《こな》を固《かた》めた豆炭《まめたん》や練炭《れんたん》が燃料《ねんりょう》の主流《しゅりゅう》になりました。でもリサイクル精神《せいしん》は、受《う》け継《つ》がれたのですね。

❶

❷

❶温度《おんど》を上《あ》げるため、男《おとこ》が火吹《ひふ》き竹《たけ》を使《つか》って中《なか》に空気《くうき》を送《おく》っています。❷右奥《みぎおく》で搗《つ》き砕《くだ》いたものを手前《てまえ》で丸《まる》め、左側《ひだりがわ》に並《なら》べて天日《てんぴ》で乾燥《かんそう》させれば、そのまま商品《しょうひん》に。

19 鞴《ふいご》の弁《べん》はどんな仕組《しく》み？

鉄《てつ》は融点《ゆうてん》が高《たか》く、溶《と》かすには1400度《ど》以上《いじょう》の温度《おんど》が必要《ひつよう》になります。日本《にほん》には木炭《もくたん》という低《てい》温《おん》の燃料《ねんりょう》しかなく、酸素《さんそ》を送《おく》って加熱《かねつ》してもせいぜい1200度《ど》が限界《げんかい》。そこで、鉄《てつ》を赤《あか》く熱《ねっ》した段階《だんかい》で叩《たた》いて鍛《きた》えるという方法《ほうほう》が開発《かいはつ》され、日本刀《にほんとう》づくりの刀鍛冶《かたなかじ》はよく知《し》られています。空《くう》気《き》を送《おく》る装置《そうち》の鞴《ふいご》にも工夫《くふう》が凝《こ》らされ、吹差鞴《ふきさしふいご》が考案《こうあん》されました。

『人倫訓蒙図彙《じんりんきんもうずい》』の「鞴師《ふいごし》」（❶）の項目《こうもく》では、職人《しょくにん》が鞴《ふいご》を組《く》み立《た》てています。これ自体《じたい》は木製《もくせい》品《ひん》で、本体《ほんたい》の木箱《きばこ》は気密性《きみつせい》が高《たか》く、外側《そとがわ》に2ヶ所《かしょ》、内部《ないぶ》に2ヶ所《かしょ》、弁《べん》が取《と》りつけてあるのが一般《いっぱん》的《てき》。この弁《べん》のはたらきによって風《かぜ》の逆流《ぎゃくりゅう》を防《ふせ》ぐことができ、柄《え》を押《お》しても引《ひ》いても空気《くうき》が送《おく》り続《つづ》けられるように設計《せっけい》されています（図解《ずかい》）。

旧暦《きゅうれき》の11月《がつ》8日《にち》には各地《かくち》で鞴祭《ふいごまつ》りがあり、その様子《ようす》が『大和耕作絵抄《やまとこうさくえしょう》』に紹介《しょうかい》されています（❷）。鍛冶屋《かじや》や鋳物師《いものし》が屋根《やね》の上《うえ》などから蜜柑《みかん》を投《な》げ、地域《ちいき》の人《ひと》に振《ふ》る舞《ま》っていました。その祭《まつ》りについて、『増補江戸惣鹿子名所大全《ぞうほえどそうかのこめいしょたいぜん》』（寛延《かんえん》4年《ねん》、1751刊《かん》）にはトラブルが報告《ほうこく》されています。蜜柑投《みかんな》げのとき、拾《ひろ》っている幼児《ようじ》の中《なか》に年長《ねんちょう》の少年《しょうねん》らが紛《まぎ》れ込《こ》んで狼藉《ろうぜき》をはたらくことがたびたびあり、取《と》り締《し》まりを受《う》けたこともあったとか。こういう加熱は危険《きけん》ですね。

❶

【図《ず》解《かい》】鞴《ふいご》の構造《こうぞう》と空気《くうき》の流《なが》れ

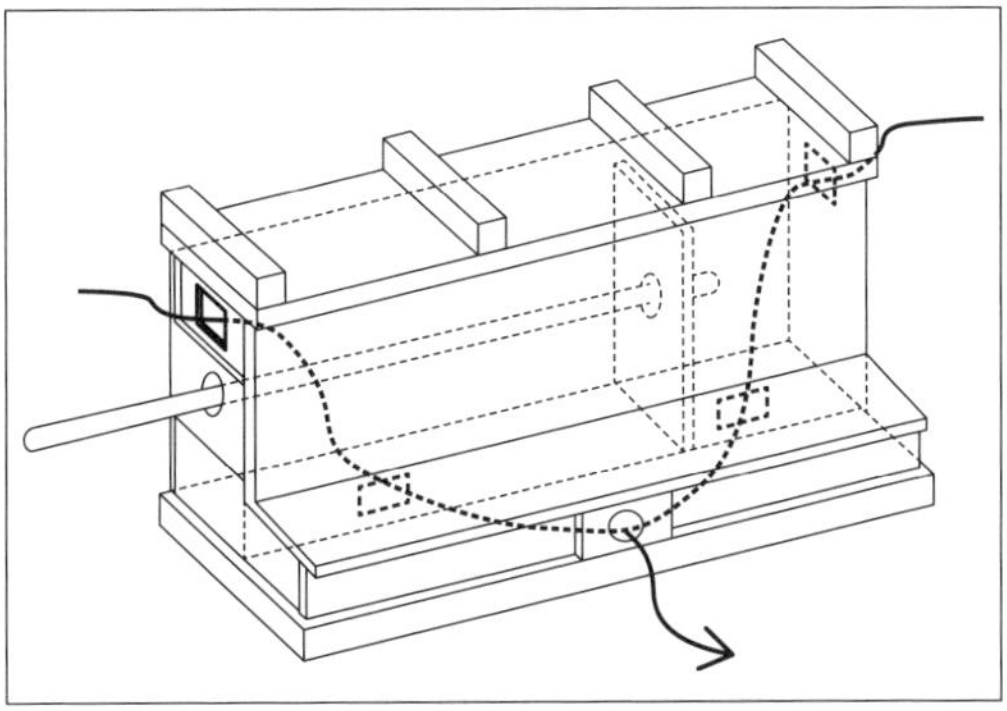

❷

❶組《く》み立《た》て前《まえ》なので、各《かく》パーツの形《かたち》がわかります。❷この絵《え》では、屋上《おくじょう》ではなく路上《ろじょう》から蜜柑《みかん》を投《な》げています。

20 煤《すす》を固《かた》めて墨《すみ》にする方《ほう》法《ほう》は？

今《いま》の大掃除《おおそうじ》にあたる煤払《すすはら》いの煤《すす》は、行灯《あんどん》（☞164ページ）から出《で》る黒《くろ》い煙《けむり》（油煙《ゆえん》）や、蚊遣《かや》りなどの熱源《ねつげん》として焚《た》いた松葉《まつば》から出《で》る松煙《しょうえん》などが室内《しつない》にこびりついたもの。その煤《すす》を発生《はっせい》させて採取《さいしゅ》し、水《みず》で溶《と》いた膠《にかわ》と香料《こうりょう》を混《ま》ぜ固《かた》めると、墨《すみ》ができあがります。膠《にかわ》の役割《やくわり》は煤《すす》の粒子《りゅうし》を膜《まく》で覆《おお》ってつなぎ止《と》め、墨《すみ》の形《かたち》を整《ととの》えること。暮《く》らしに欠《か》かせない大切《たいせつ》な仕事《しごと》なので、『人倫訓蒙図彙《じんりんきんもうずい》』には、墨師《すみし》（❶）も硯師《すずりし》（❷）も両方取《と》り上《あ》げられています。

微粉末《びふんまつ》の煤《すす》をつなぎ止《と》めている膠《にかわ》は「煮皮《にかわ》」つまり皮《かわ》を煮《に》ることに由来《ゆらい》するともいわれ、動物《どうぶつ》の皮《かわ》から採《と》ったコラーゲンに熱《ねつ》を加《くわ》え、抽出《ちゅうしゅつ》したもの（ゼラチン）。古《ふる》くから、主《おも》に接着剤《せっちゃくざい》として用《もち》いられてきました。硯《すずり》ですり下《お》ろして墨《すみ》の液《えき》になってからは、本来《ほんらい》なじまない煤《すす》と水《みず》をなじませ、適度《てきど》な粘《ねば》りを与《あた》えて伸《の》びをよくし、筆《ふで》で字《じ》を書《か》けば煤《すす》の粒子《りゅうし》を紙《かみ》に固着《こちゃく》させます。いったん乾《かわ》いたあとは、水《みず》に濡《ぬ》れても文字《もじ》がにじみません。

動物素材《どうぶつそざい》の膠《にかわ》は腐《くさ》りやすいので、墨《すみ》づくりは寒《さむ》い冬《ふゆ》の時期《じき》だけでした。寺子屋《てらこや》で習字《しゅうじ》の稽古《けいこ》をしたあと、硯《すずり》をよく拭《ふ》くよう師匠《ししょう》が指導《しどう》したのは、付着《ふちゃく》した膠《にかわ》の成分《せいぶん》が腐《くさ》るのを防《ふせ》ぐため。稽古《けいこ》を終《お》えた子《こ》どもは、吸水性《きゅうすいせい》の高《たか》い藁《わら》などを使《つか》って硯《すずり》を拭《ふ》いていたのです（❸）。

❶

❷

❸

❶墨師《すみし》は煤《すす》と膠《にかわ》を練《ね》り固《かた》めた墨玉《すみだま》を木型《きがた》に入《い》れて形《かたち》を整《ととの》え、木灰《きばい》の中《なか》でゆっくり乾燥《かんそう》させます。❷硯彫《すずりぼ》りは、石材加工《せきざいかこう》の中《なか》でも高難度《こうなんど》。❸井戸《いど》のそばにいる子《こ》が、洗《あら》った硯《すずり》を拭《ふ》いています。

コラム 4

お茶《ちゃ》を運《はこ》ぶロボット

機械仕掛《きかいじか》けの素朴《そぼく》なおもちゃは古《ふる》くからあり、江戸時代《えどじだい》になってから大《おお》いに発達《はったつ》しました。上方《かみがた》で人気《にんき》が高《たか》かった竹田《たけだ》からくりに代表《だいひょう》される「からくり」とは、糸《いと》を操《あやつ》って動《うご》かすことをいう「からくる」に由来《ゆらい》し、糸《いと》やゼンマイなどを利用《りよう》して人形《にんぎょう》や玩具《がんぐ》を動《うご》かす仕掛《しか》けのこと。

からくり人形《にんぎょう》の内部《ないぶ》の仕掛《しか》けを図解《ずかい》した『機巧図彙《からくりずい》』（寛政《かんせい》8年《ねん》、1796刊《かん》）は土佐《とさ》（高知県《こうちけん》）の細川頼直《ほそかわよりなお》がまとめ、「手遊《てあそ》び物《もの》」と称《しょう》してゼンマイ仕掛《じか》けの茶運《ちゃはこ》び人形《にんぎょう》（図《ず》）や魚釣《さかなつ》り人形《にんぎょう》、品玉《しなだま》（＝手品《てじな》）人形《にんぎょう》などを収録《しゅうろく》しています。人形《にんぎょう》などを動《うご》かすゼンマイの素材《そざい》には、弾力性《だんりょくせい》のある鯨《くじら》のヒゲを使用《しよう》すると書《か》かれています。

からくり芸《げい》は個人的《こじんてき》な趣味《しゅみ》や遊《あそ》び感覚《かんかく》で始《はじ》まり、日々《ひび》の暮《く》らしに直結《ちょっけつ》する実用性《じつようせい》は薄《うす》かったものの、長《なが》い目《め》で見《み》れば幕末以降《ばくまついこう》に本格化《ほんかくか》した精密機械産業《せいみつきかいさんぎょう》の下地《したじ》になりました。

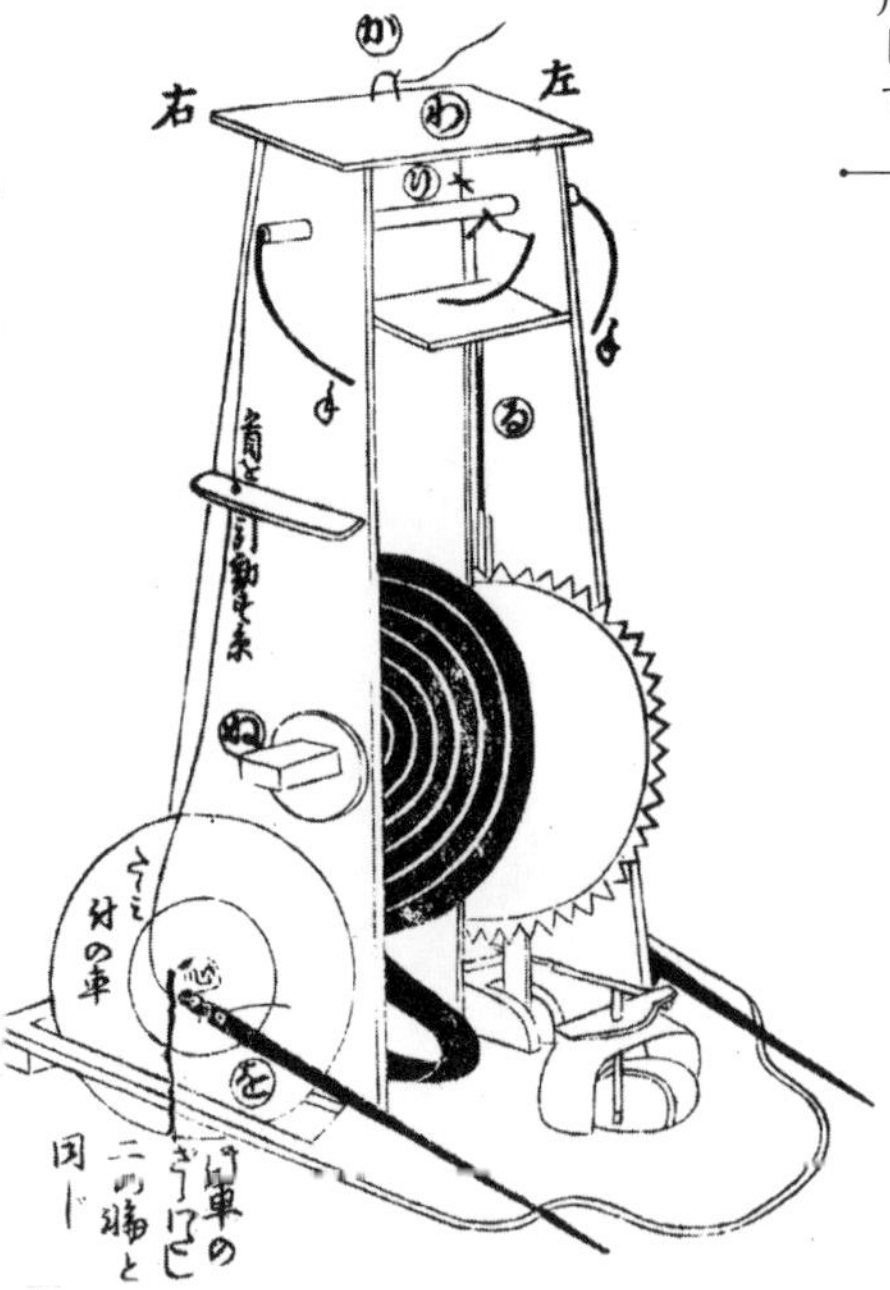

▲ゼンマイ仕掛《じか》けの茶運《ちゃはこ》び人形《にんぎょう》の内部《ないぶ》

第《だい》5章《しょう》 ● 天《てん》地《ち》のつながり

1 江戸《えど》の飲料水《いんりょうすい》ってどんな水《みず》？

江戸時代前期《えどじだいぜんき》の承応《じょうおう》2年《ねん》（1653）、幕府《ばくふ》は多摩川《たまがわ》の水《みず》を江戸《えど》に引《ひ》き入《い》れる大規模《だいきぼ》な工事《こうじ》を開始《かいし》し、短期間《たんきかん》で羽村《はむら》の取水口《しゅすいこう》から四谷大木戸《よつやおおきど》までの素掘《すぼ》り（補強工事《ほきょうこうじ》なしの掘削《くっさく》）による水路《すいろ》が完成《かんせい》しました。翌年《よくねん》には石樋《せきひ》、木樋《もくひ》による地下《ちか》の配水管《はいすいかん》を虎《とら》の門《もん》まで通《とお》し、これが玉川上水《たまがわじょうすい》と呼《よ》ばれています。もうひとつの上水道《じょうすいどう》が神田上水《かんだじょうすい》で、その水《みず》を江戸市中《えどしちゅう》に送《おく》る掛樋《かけひ》（❶）だった水道管《すいどうかん》の橋《はし》が、現在《げんざい》の「水道橋《すいどうばし》」という地名《ちめい》の由来《ゆらい》になっています。

多摩川《たまがわ》から江戸《えど》までの約《やく》43キロメートルに対《たい》して、高低差《こうていさ》はわずか約《やく》92メートル。緩《ゆる》い傾斜《けいしゃ》にもかかわらず上水道《じょうすいどう》を引《ひ》いたのは、江戸《えど》の水質《すいしつ》が飲《の》み水《みず》に不向《ふむ》きだったから。『守貞謾稿《もりさだまんこう》』によると「江戸《えど》は埋立地《うめたてち》が多《おお》いので浅井戸《あさいど》の水《みず》は塩気《しおけ》がある。地中《ちちゅう》の岩《いわ》を貫《つらぬ》いた掘《ほ》り抜《ぬ》き井戸《いど》からは冷《つめ》たい清水《しみず》が得《え》られるが、井戸《いど》を掘《ほ》るのに費用《ひよう》がかかる」とあります（❷）。

こうして江戸《えど》の町《まち》に設置《せっち》された上水井戸《じょうすいいど》は、いわば筒型《つつがた》のタンクのようなもの。地下水《ちかすい》が豊《ゆた》かな京都《きょうと》の掘《ほ》り抜《ぬ》き井戸《いど》と違《ちが》って、夏場《なつば》にはどうしても衛生状態《えいせいじょうたい》が悪《わる》くなりやすいため、旧暦《きゅうれき》7月《がつ》7日《にち》には日中《にっちゅう》に井戸替《いどが》えという大掃除《おおそうじ》をするのが慣例《かんれい》になっていました（❸）。7月《がつ》7日《にち》の行事《ぎょうじ》は、夜《よる》の七夕《たなばた》だけじゃなかったのですね。

❶

❷

❸

❶『江戸名所図会《えどめいしょずえ》』に載《の》せられた「御茶《おちゃ》の水《みず》 水道橋《すいどうばし》 神田上水懸樋《かんだじょうすいかけひ》」。❷『守貞謾稿《もりさだまんこう》』に描《えが》かれた江戸《えど》の井戸《いど》の図解《ずかい》。❸近所《きんじょ》の人《ひと》たちで井戸掃除《いどそうじ》。プロの井戸《いど》替《が》え業者《ぎょうしゃ》もいました。

2 竜《りゅう》みたいな水《みず》汲《く》み機《き》があったの？

田《た》んぼに水《みず》を引《ひ》いてくる灌漑《かんがい》技術《ぎじゅつ》にも長《なが》い歴史《れきし》があり、低《ひく》いところを流《なが》れる川《かわ》から高《たか》いところにある田《た》んぼに水《みず》を引《ひ》くための技術革新《ぎじゅつかくしん》は、江戸時代《えどじだい》のあいだにも徐々《じょじょ》に進《すす》んでいました。そのひとつが、中国《ちゅうごく》で発明《はつめい》されたとされる竜骨車《りゅうこつしゃ》。見《み》た目《め》が竜《りゅう》の骨格《こっかく》のようであるところから、名《な》づけられました。この絵《え》がある『大和耕作絵抄《やまとこうさくえしょう》』では「龍越《りゅうこし》」という名前《なまえ》になっています（❶）。使《つか》っている様子《ようす》を見《み》ると、ポンプというよりもエスカレーターみたいですね。

竜骨車《りゅうこつしゃ》は数多《かずおお》くの板《いた》を取《と》りつけた無限軌道《むげんきどう》を回転《かいてん》させ、四角《しかく》いパイプのような樋《とい》の水《みず》を掻《か》き上《あ》げます。キャタピラのような木製《もくせい》の輪《わ》を上下《じょうげ》2個《こ》の車輪《しゃりん》で回転《かいてん》させ、上《うえ》の車輪《しゃりん》を二人《ふたり》が踏《ふ》みながら回転《かいてん》させます。大蔵永常《おおくらながつね》の『農具便利論《のうぐべんりろん》』は「踏車《ふみぐるま》」という揚水機《ようすいき》を紹介《しょうかい》し（☞182ページ）、踏車《ふみぐるま》が普及《ふきゅう》する前《まえ》に広《ひろ》く使用《しよう》されていたと書《か》かれています。ただし構造上《こうぞうじょう》、使《つか》い勝手《がって》に難《なん》があって破損《はそん》しやすく、長《なが》く定着《ていちゃく》するには至《いた》らなかったとも付記《ふき》されています。

『人倫訓蒙図彙《じんりんきんもうずい》』には「竜骨車師《りゅうこつしゃし》」（❷）の項目《こうもく》があり、どのような部品《ぶひん》が使《つか》われているのかわかります。手前《てまえ》にある風車《ふうしゃ》のようなものが踏《ふ》み台《だい》で、竜骨車《りゅうこつしゃ》の上部《じょうぶ》に備《そな》えつけられ、これに人《ひと》が乗《の》って踏《ふ》み続《つづ》けながら回転《かいてん》させます。樋《とい》の長《なが》さは、オーダーメイドだったのでしょう。

❶

❷

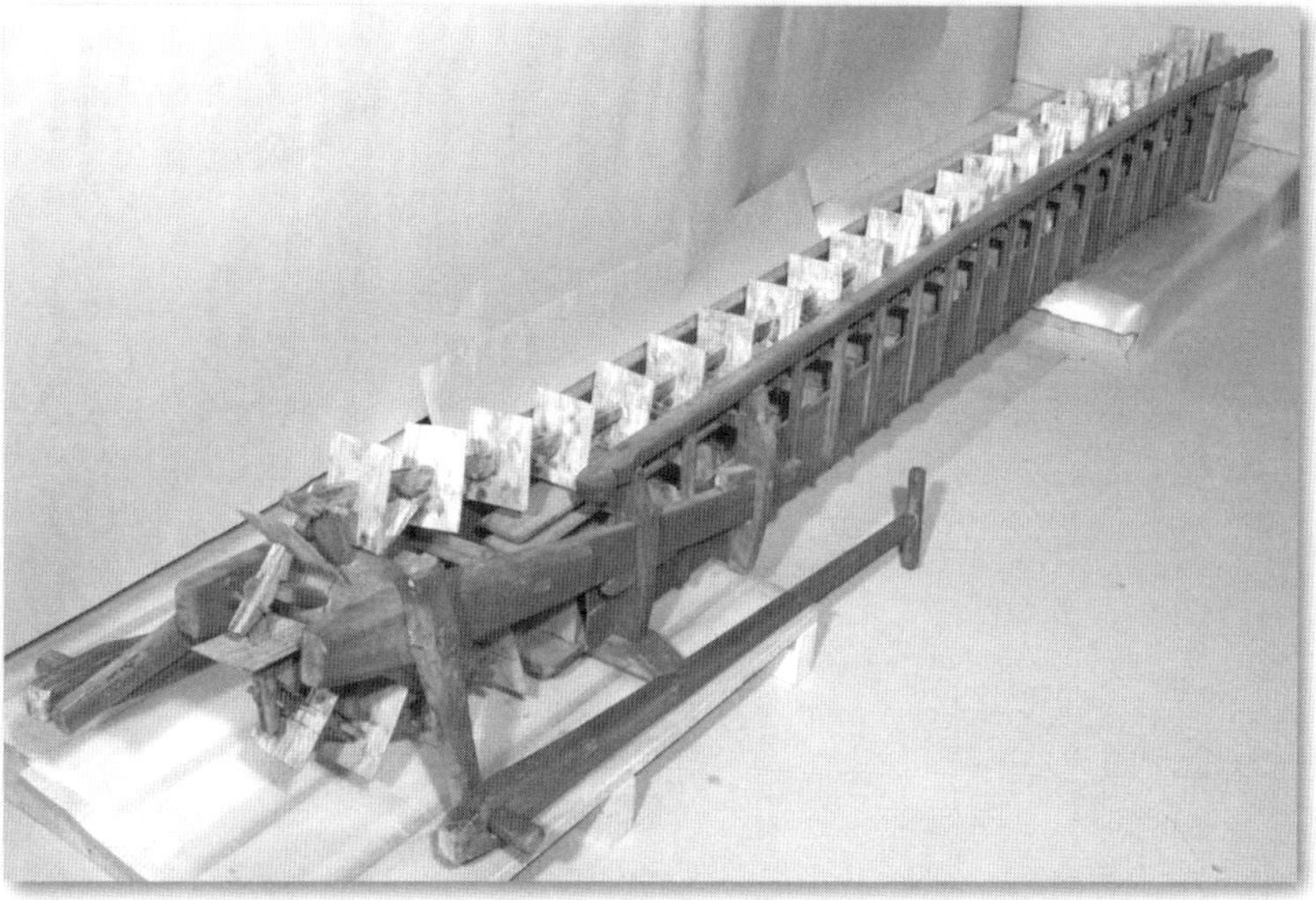

❸

❶二人《ふたり》で踏《ふ》み動《うご》かしているところ。脇《わき》で一服《いっぷく》している裸足《はだし》の人《ひと》は、交代要《こうたいよう》員《いん》。❷竜骨車《りゅうこつしゃ》は近畿地方《きんきちほう》を中心《ちゅうしん》に広《ひろ》がり、上方《かみがた》で刊行《かんこう》された『人倫訓蒙《じんりんきんもう》図彙《ずい》』にも採録《さいろく》されました。❸国立民族学博物館《こくりつみんぞくがくはくぶつかん》が所蔵《しょぞう》する竜骨車《りゅうこつしゃ》。

3 持《も》ち運《はこ》べる水車《すいしゃ》があったの？

竜骨車《りゅうこつしゃ》よりもあとになってから実用化《じつようか》された踏車《ふみぐるま》は、人《ひと》が足踏《あしぶ》みすることで羽根車《はねぐるま》を回転《かいてん》させて水《みず》を汲《く》み上《あ》げます。大蔵永常《おおくらながつね》の『農具便利論《のうぐべんりろん》』にある「踏車《ふみぐるま》」の項目《こうもく》には、江戸時代前期《えどじだいぜんき》の寛文年間《かんぶんねんかん》（1661〜73年《ねん》）に大坂《おおさか》で考案《こうあん》され、江戸時代中期《えどじだいちゅうき》の宝暦《ほうれき》から安永《あんえい》（1751〜81年《ねん》）の頃《ころ》には諸国《しょこく》に広《ひろ》まったと書《か》かれています。

『農具便利論《のうぐべんりろん》』には、完成品《かんせいひん》の使用例《しようれい》（❶）と分解《ぶんかい》された状態《じょうたい》（❷）という2種類《しゅるい》の図《ず》が載《の》せてあります。高《たか》い場所《ばしょ》に汲《く》み上《あ》げる場合《ばあい》は2、3機《き》の踏車《ふみぐるま》を連《つら》ねて使《つか》うことを勧《すす》めています。実際《じっさい》のところ、盛夏《せいか》や水不足《みずぶそく》の時期《じき》に堀《ほり》の水位《すいい》が下《さ》がって踏車《ふみぐるま》で汲《く》み上《あ》げる水量《すいりょう》が不足《ふそく》したりすれば、その度合《どあ》いに応《おう》じて複数《ふくすう》の踏車《ふみぐるま》を用意《ようい》して揚水《ようすい》することになりました。

1台《だい》だけ使用《しよう》する場合《ばあい》でも、田《た》んぼまで運《はこ》んでから組《く》み立《た》てたので、普段《ふだん》の保管場所《ほかんばしょ》から毎回《まいかい》運《はこ》ぶ必要《ひつよう》がありました。天秤棒《てんびんぼう》を使《つか》って二人《ふたり》で担《かつ》げばいいとはいえ、一人《ひとり》で運《はこ》べたらなお便利《べんり》。そのため設計《せっけい》するときには軽量化《けいりょうか》がポイントになり、使用《しよう》する木材《もくざい》もなるべく薄《うす》くしています。しかも水《みず》が漏《も》れては意味《いみ》がないので、外側《そとがわ》の鞘箱《さやばこ》には節《ふし》のない極上《ごくじょう》の檜《ひのき》を数年間乾燥《すうねんかんかんそう》させて使《つか》い、羽根車《はねぐるま》とのすき間《ま》を極力小《きょくりょくちい》さくするといった高度《こうど》な製造技術《せいぞうぎじゅつ》が求《もと》められていたのです。

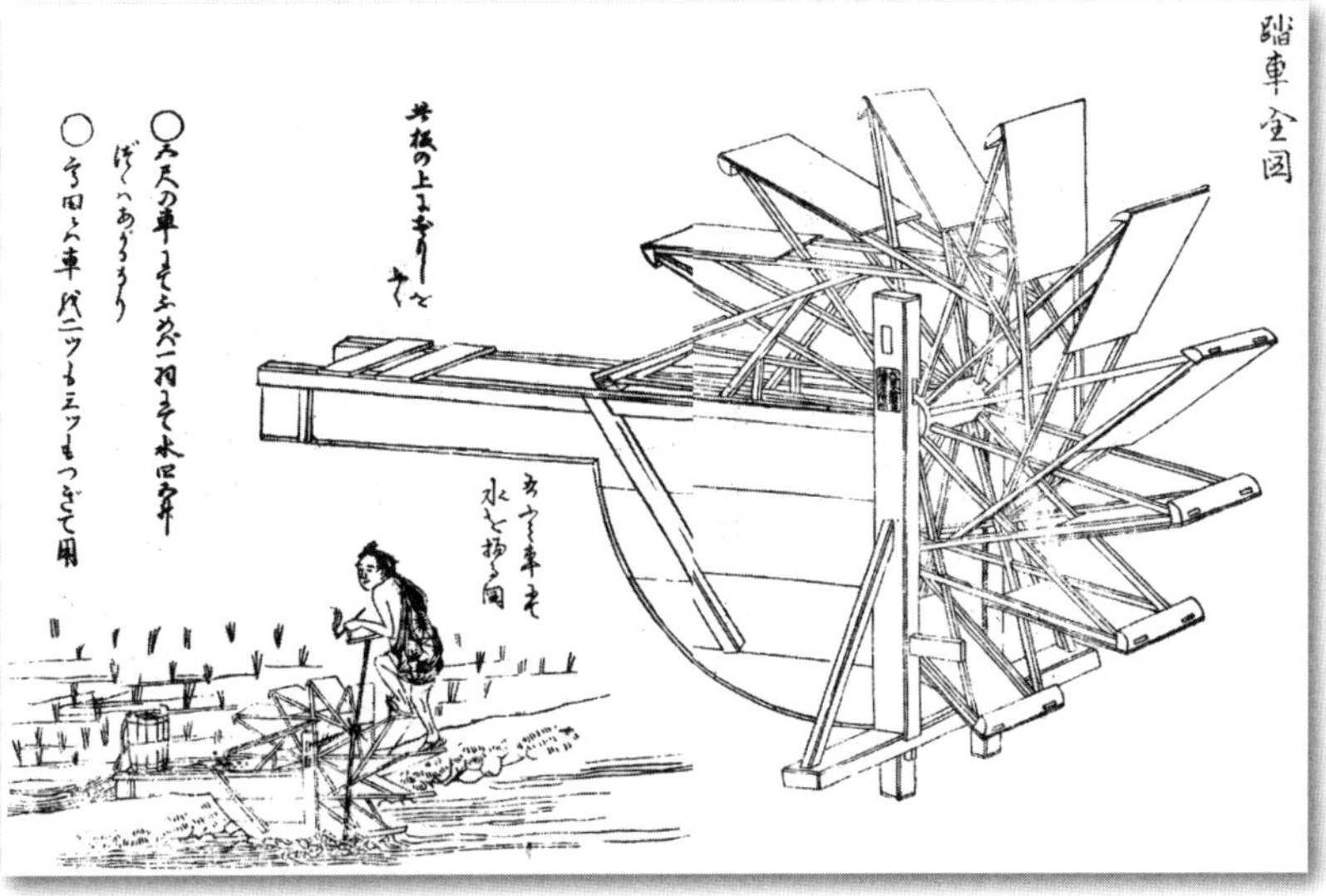

❶

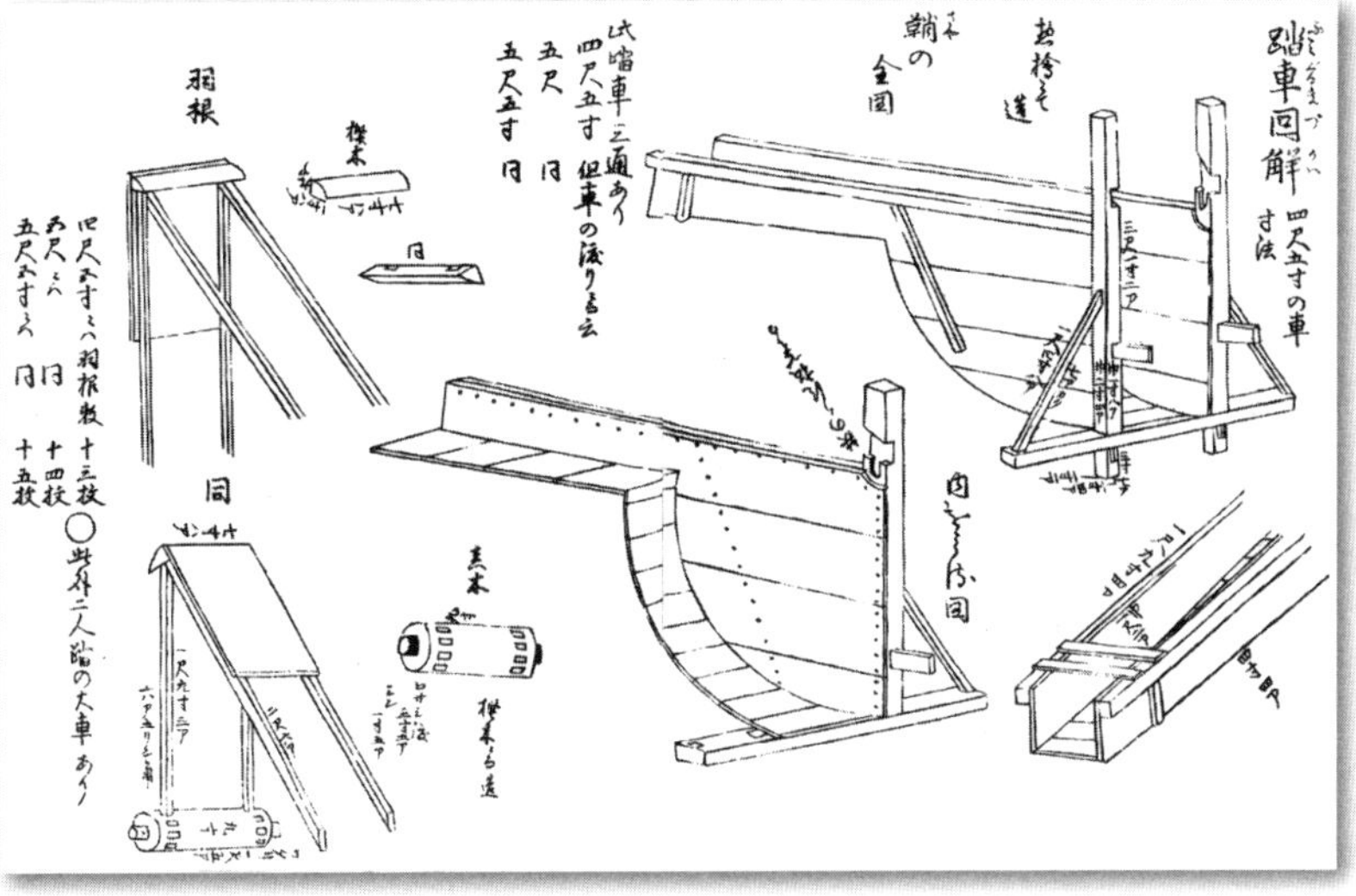

❷

❶同《おな》じ足《あし》踏《ふ》み方式《ほうしき》でも、水《みず》を汲《く》み上《あ》げる力《ちから》は竜骨車《りゅうこつしゃ》より数段上《すうだんうえ》。❷踏車《ふみぐるま》と同《おな》じ構造《こうぞう》で、羽根車《はねぐるま》を人《ひと》の手《て》で回《まわ》して少量《しょうりょう》の水《みず》を引《ひ》く小型《こがた》の踏車《ふみぐるま》もありました。

4 川舟《かわぶね》を上流《じょうりゅう》に戻《もど》す方法《ほうほう》は？

江戸《えど》時代《じだい》の川舟《かわぶね》といえば、代表的《だいひょうてき》なのが高瀬舟《たかせぶね》。川《かわ》の流《なが》れに沿《そ》って下《くだ》る小舟《こぶね》を上流《じょうりゅう》に戻《もど》すときには、船《ふね》に綱《つな》を結《むす》びつけて人力《じんりき》で引《ひ》き上《あ》げていきました（❶）。江戸《えど》時代《じだい》初期《しょき》に、豪商《ごうしょう》の角倉《すみのくら》了以《りょうい》が京都《きょうと》と伏見《ふしみ》を結《むす》ぶために開削《かいさく》した物流用《ぶつりゅうよう》の運河《うんが》は、高瀬舟《たかせぶね》にちなんで高瀬川《たかせがわ》と名《な》づけられました。大坂《おおさか》から届《とど》いた荷物《にもつ》を伏見《ふしみ》で積《つ》み替《か》えて京都《きょうと》に運《はこ》ぶときには、1艘《そう》あたり数人《すうにん》の曳《ひ》き子《こ》がついて引《ひ》っ張《ぱ》り、川沿《かわぞ》いには綱道《つなみち》が設《もう》けられていました。

しかし一般《いっぱん》の川《かわ》では、下流《かりゅう》に向《む》かうほど川沿《かわぞ》いに障害物《しょうがいぶつ》が増《ふ》え、綱《つな》で引《ひ》きにくくなりがち。浅《あさ》草《くさ》から川越《かわごえ》までさかのぼる川越夜船《かわごえよふね》の場合《ばあい》は、潮《しお》の干満《かんまん》と川風《かわかぜ》を利用《りよう》した帆走《はんそう》があり、櫂《かい》も用《もち》いていました。千住《せんじゅ》あたりまでは帆走《はんそう》し、上流《じょうりゅう》では人力《じんりき》で引《ひ》き上《あ》げていました。

千住《せんじゅ》は川越《かわごえ》と江戸《えど》を結《むす》ぶ舟運《せんうん》の発着《はっちゃく》中継地《ちゅうけいち》にあたり、高瀬舟《たかせぶね》の往来《おうらい》で賑《にぎ》わいました（❷）。城下町《じょうかまち》だった川越《かわごえ》の外港《がいこう》として機能《きのう》していたのが、川越五河岸《かわごえごかし》（舟《ふね》から人《ひと》や荷物《にもつ》を上《あ》げ下《お》ろしする川岸《かし》）。川越《かわごえ》からは薩摩芋《さつまいも》や柿《かき》などの農産物《のうさんぶつ》のほか、木材《もくざい》、酒《さけ》、醤油《しょうゆ》などを運《はこ》び、江戸《えど》からは油《あぶら》や砂糖《さとう》、小間物《こまもの》（生活雑貨《せいかつざっか》）などを運搬《うんぱん》していました（❸）。帰《かえ》りも荷物《にもつ》を積《つ》むため、川越《かわごえ》までかかった時間《じかん》は行《い》きの約《やく》2倍《ばい》。シャトル便《びん》の復路《ふくろ》は、ちょっと辛《つら》そうですね。

❶

❷

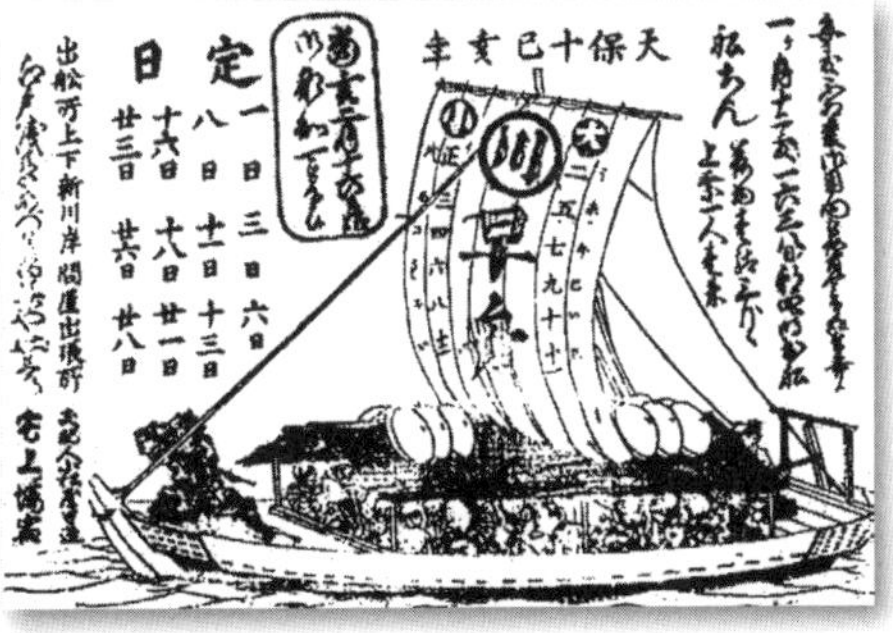

❸

❶曳《ひ》き子《こ》が岸《きし》から引《ひ》っ張《ば》る掛《か》け声《ごえ》「ホイホイ」から「ホイホイ舟《ぶね》」とも呼《よ》ばれました。❷上流《じょうりゅう》へ向《む》けて人《ひと》や荷物《にもつ》を載《の》せた小舟《こぶね》を陸路《りくろ》から牽引《けんいん》しています。❸浅草《あさくさ》から川越《かわごえ》に向《む》かう船《ふね》。風《かぜ》を受《う》けて帆走《はんそう》しています。

5 川《かわ》に杭《くい》を打《う》つ船《ふね》があったの？

さまざまな河川工事《かせんこうじ》をするとき、場合《ばあい》によっては川底《かわぞこ》に杭《くい》を打《う》たなければならないことがあります。決壊《けっかい》した堤《つつみ》を修復《しゅうふく》するときに杭《くい》を打《う》ってから柵《さく》をつくって水《みず》をせき止《と》めたり、沈《しず》めた蛇籠《じゃかご》（☞100ページ）が水流《すいりゅう》で流《なが》されないように固定《こてい》したりするとき、必要《ひつよう》になる作業《さぎょう》です。しかもその作業《さぎょう》は思《おも》いのほか条件《じょうけん》が悪《わる》く、容易《ようい》なことではありませんでした。

大蔵永常《おおくらながつね》の『農具便利論《のうぐべんりろん》』は、最後《さいご》のほうで河川工事《かせんこうじ》といった大規模《だいきぼ》な事業《じぎょう》の技術《ぎじゅつ》について解説《かいせつ》しています。「杭打船《くいうちぶね》」（❶）では、梃子《てこ》の力《ちから》を利用《りよう》して巨大《きょだい》な杵《きね》のようなものを勢《いきお》いよく上下《じょうげ》させながら、杭《くい》を川底《かわぞこ》に打《う》ち込《こ》みます。打《う》ち込《こ》む杭《くい》は下《した》にいる男《おとこ》が縄《なわ》で固定《こてい》し、途中《とちゅう》で斜《なな》めに傾《かたむ》かないよう調整《ちょうせい》しているのがわかります。

もうひとつの「杭抜船《くいぬきぶね》」（❷）は、不要《ふよう》な杭《くい》を引《ひ》き抜《ぬ》くための船《ふね》。杭《くい》を抜《ぬ》く竿《さお》の部分《ぶぶん》が絵《え》の上《うえ》に拡大《かくだい》して示《しめ》され、解説《かいせつ》によると堅《かた》い樫《かし》の木《き》を使《つか》って製作《せいさく》し、その先端《せんたん》には引《ひ》き抜《ぬ》く杭《くい》に噛《か》ませる鉄《てつ》の牙《きば》のような金属《きんぞく》がはめ込《こ》まれています。これで杭《くい》を固定《こてい》して梃子《てこ》の原理《げんり》で引《ひ》き抜《ぬ》く様子《ようす》は、まるで特大《とくだい》サイズの釘抜《くぎぬ》きのよう。反対側《はんたいがわ》では仲間《なかま》が竿《さお》を押《お》し下《さ》げていますが、その棒《ぼう》を船体《せんたい》の下《した》まで押《お》し込《こ》めるよう、船体《せんたい》そのものが縦半分《たてはんぶん》に割《わ》れたような構造《こうぞう》になっています。

❶

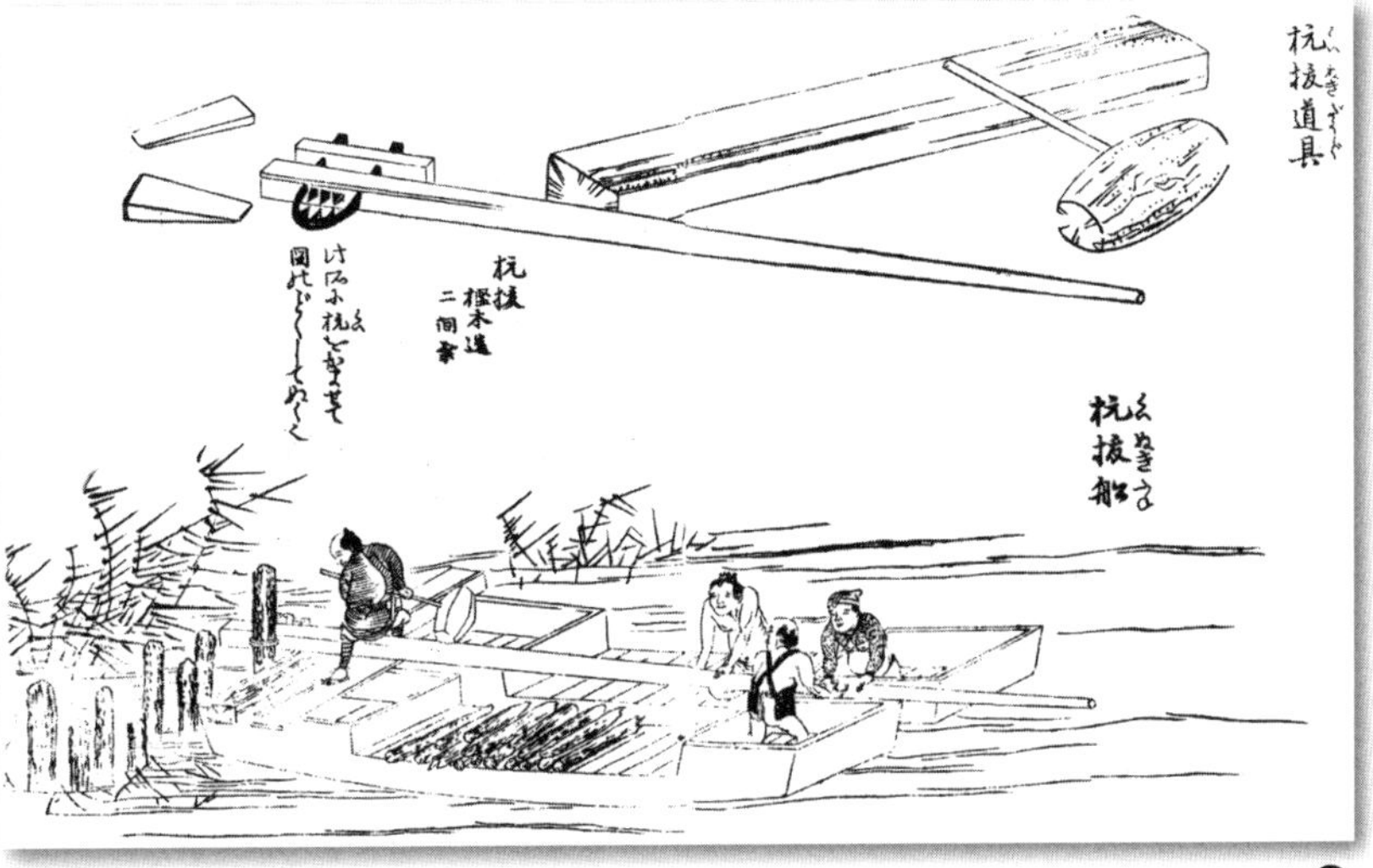

❷

❶河川工事《かせんこうじ》だけでなく、港《みなと》の建設《けんせつ》や海岸堤防《かいがんていぼう》の築造《ちくぞう》にも使用《しよう》されました。
❷これらの土木工事用《どぼくこうじよう》の船《ふね》は、帆布製造《はんぷせいぞう》の元祖《がんそ》として知《し》られる工楽松右衛門《くらくまつえもん》の考案《こうあん》と書《か》かれています。

6 橋《はし》の震《ゆ》り込《こ》みってどんなワザ？

浅《あさ》めの川《かわ》に杭《くい》を打《う》つだけなら杭打船《くいうちぶね》で間《ま》に合《あ》いますが、幅《はば》の広《ひろ》い川《かわ》に橋《はし》を建設《けんせつ》するために橋脚《きょうきゃく》を打《う》ち込《こ》むとなると、船《ふね》では対応《たいおう》できません。橋《はし》を支《ささ》える橋脚《きょうきゃく》は1本《ぽん》1本《ぽん》が巨大《きょだい》で、上《うえ》から打《う》ち込《こ》めないのです。そのような作業《さぎょう》のために「震込《ゆりこみ》」という技術《ぎじゅつ》が考案《こうあん》されました。水中《すいちゅう》に建《た》てた橋脚《きょうきゃく》のてっぺんに架台《かだい》を組《く》み、その上《うえ》に土俵《どひょう》を載《の》せて重《おも》みを加《くわ》え、さらに左右《さゆう》から橋脚《きょうきゃく》に結《むす》んだ綱《つな》を押《お》し引《ひ》きして揺《ゆ》らし、振動《しんどう》の力《ちから》で川底《かわぞこ》に埋《う》め込《こ》んでいくのです。

江戸時代《えどじだい》に日本最長《にほんさいちょう》の大橋《おおはし》として知《し》られた矢作橋《やはぎばし》は、愛知県岡崎市《あいちけんおかざきし》を流《なが》れる矢作川《やはぎがわ》に架《か》かり、当時《とうじ》の姿《すがた》を『東海道名所図会《とうかいどうめいしょずえ》』や歌川広重《うたがわひろしげ》の『東海道五拾三次《とうかいどうごじゅうさんつぎ》』で見《み》ることができます（❶）。この橋《はし》の工事《こうじ》については、浜松藩《はままつはん》（静岡県浜松市《しずおかけんはままつし》）の藩主《はんしゅ》だった水野家《みずのけ》に伝えられた『水野家文書《みずのけもんじょ》』に「矢作橋杭震込図《やはぎばしくいゆりこみず》」（❷）という記録《きろく》があり、工事《こうじ》の様子《ようす》が詳《くわ》しくわかります。橋脚《きょうきゃく》の上部《じょうぶ》につながれた綱《つな》を両側《りょうがわ》から大人数《おおにんずう》で引《ひ》き合《あ》って揺《ゆ》らし、振動《しんどう》を与《あた》えています。

『算法地方大成《さんぽうじかたたいせい》』にも、小規模《しょうきぼ》ながら杭《くい》の「震込《ゆりこみ》」が解説《かいせつ》されています。上流《じょうりゅう》から余計《よけい》なものが流《なが》れてくると作業《さぎょう》の邪魔《じゃま》になるので、架《か》ける橋《はし》の川上《かわかみ》にゴミ除《よ》けの「捨杭《すてぐい》」を打《う》つのに「震込《ゆりこみ》」を用《もち》いています。ゴミをせき止《と》める程度《ていど》の杭《くい》なら、深《ふか》く打《う》ち込《こ》まなくてもいいのかも。

❶

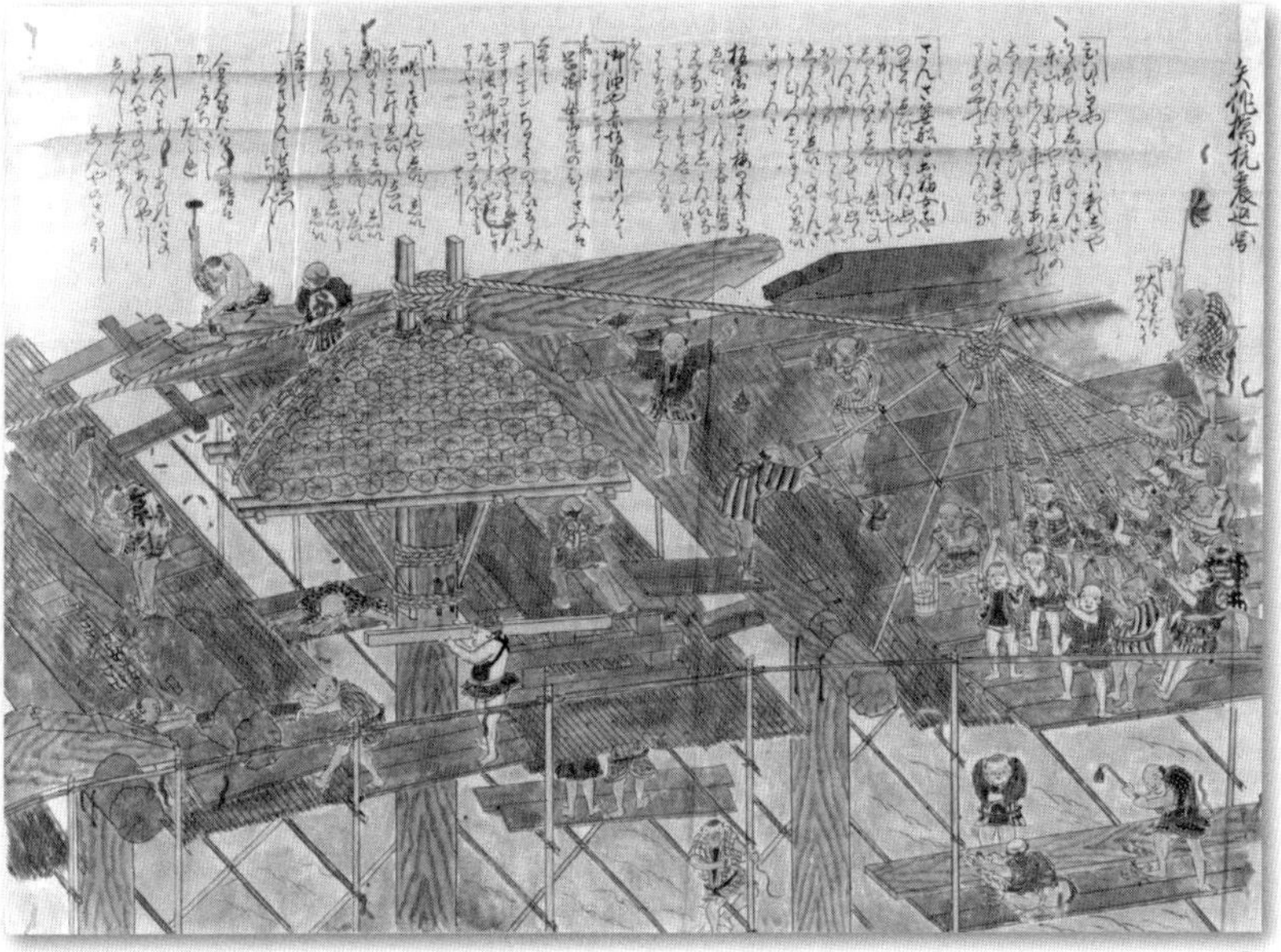

❷

❶大井川《おおいがわ》や富士川《ふじがわ》のような急流《きゅうりゅう》の多《おお》い東海道《とうかいどう》エリアにあって、矢作川《やはぎがわ》は緩《ゆる》やかに流《なが》れる川《かわ》でした。❷杭《くい》の上《うえ》に架台《かだい》を組《く》み、そこに土俵《どひょう》を積《つ》み増して荷重《かじゅう》を加《くわ》えながら震《ゆ》り込みます。

7 虹《にじ》で天気《てんき》がわかったの？

雨粒《あまつぶ》が太陽《たいよう》の光《ひかり》を反射《はんしゃ》したとき、大空《おおぞら》に見《み》えるのが虹《にじ》（❶）。雨《あめ》が上《あ》がった直後《ちょくご》のような、空気中《くうきちゅう》に水蒸気《すいじょうき》がたくさん残《のこ》っている状態《じょうたい》のところに日光《にっこう》が当《あ》たると、発生《はっせい》しやすくなります。手品《てじな》の本『続《ぞく》たはふ（戯《たわむ》）れ草《ぐさ》』にある「虹《にじ》をあらはす法《ほう》（人工虹《じんこうにじ》のつくり方《かた》）」では、太陽《たいよう》が西《にし》の山《やま》に傾《かたむ》く頃《ころ》、口《くち》に含《ふく》んだ水《みず》を霧状《きりじょう》に宙《ちゅう》に吐《は》く方法《ほうほう》を紹介《しょうかい》しています（❷）。

『増補訓蒙図彙《ぞうほきんもうずい》』には「虹《にじ》は日光《にっこう》と雨《あめ》が混《ま》じって形《かたち》をなすもので、日光《にっこう》が雨《あめ》に映《うつ》ることによって出現《しゅつげん》する。朝方《あさがた》は西《にし》の方角《ほうがく》に、夕暮《ゆうぐ》れどきなら東《ひがし》に出現《しゅつげん》する」と具体的《ぐたいてき》に書《か》かれています。さらにはその応用《おうよう》として、虹《にじ》は天気予報《てんきよほう》代《が》わりにも使《つか》われました。有名《ゆうめい》なのは「朝虹《あさにじ》は雨《あめ》、夕虹《ゆうにじ》は晴《は》れ」というもので、朝《あさ》に虹《にじ》が見《み》えたら天気《てんき》が次第《しだい》に下《くだ》り坂《ざか》になって雨《あめ》が降《ふ》り、夕方《ゆうがた》に見《み》えたら徐々《じょじょ》に晴《は》れてくることをいいます。

天気《てんき》は西《にし》から東《ひがし》に変《か》わっていくので、朝《あさ》の虹《にじ》を西側《にしがわ》につくり出《だ》した雨雲《あまぐも》はやがて、虹《にじ》を眺《なが》めている人《ひと》たちの真上《まうえ》に迫《せま》ってきます。逆《ぎゃく》に、夕暮《ゆうぐ》れどきに出《で》る東《ひがし》の空《そら》の虹《にじ》は、東《ひがし》に雨雲《あまぐも》があるということ。すると雨雲《あまぐも》はさらに東《ひがし》に遠《とお》ざかり、これからだんだん天気《てんき》が快方《かいほう》に向《む》かうということになります。「朝虹《あさにじ》は雨《あめ》、夕虹《ゆうにじ》は晴《は》れ」という言葉《ことば》は、理屈《りくつ》に見合《みあ》っていたのですね。

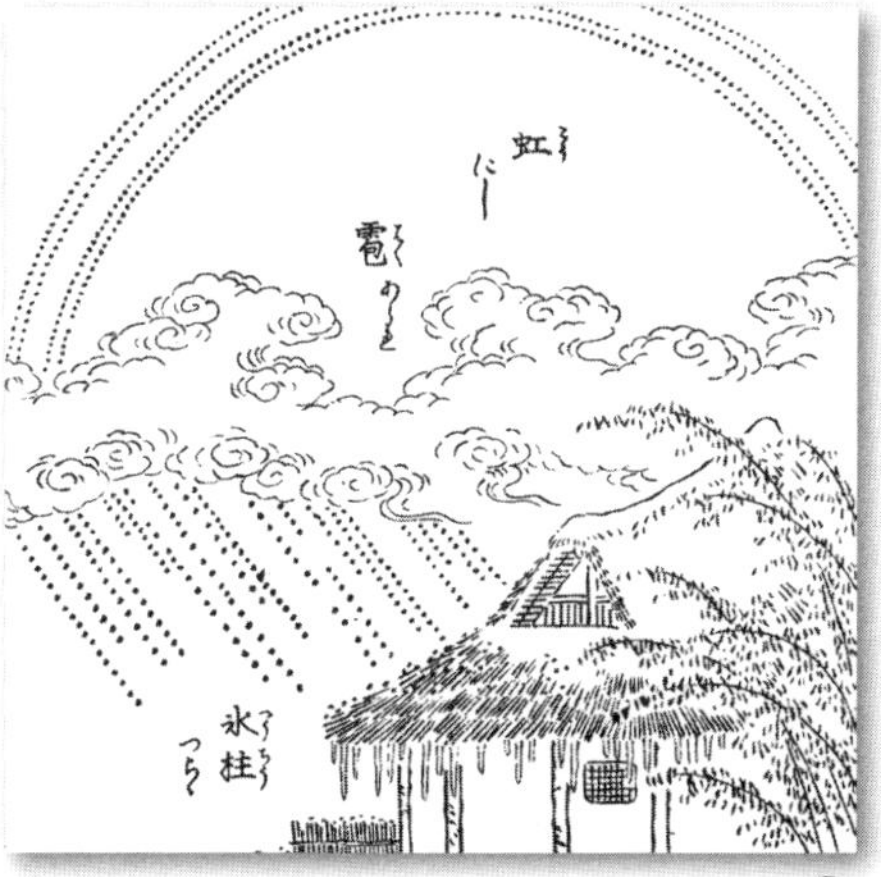

❶

❷

❸

❶『増補訓蒙図彙《ぞうほきんもうずい》』に描《えが》かれた虹《にじ》。さまざまな自然現象《しぜんげんしょう》も、図鑑《ずかん》のテーマのひとつでした。❷享保《きょうほう》（1716～36）の頃《ころ》から手品《てじな》のタネ本《ぼん》が何種類《なんしゅるい》も刊行《かんこう》され、人気《にんき》を博《はく》していました。❸駿河台《するがだい》（千代田区神田駿河台《ちよだくかんだするがだい》）から見《み》えた虹《にじ》。虹《にじ》がクリーム色《いろ》で描《えが》かれています。

8 雷様《かみなりさま》がおヘソを取《と》るわけは？

江戸時代《えどじだい》の雑書《ざっしょ》には、落雷《らくらい》に遭《あ》った人《ひと》たちの様子《ようす》が描《えが》かれていることがあります（❶）。雷様《かみなりさま》にヘソ（臍《へそ》）を取《と》られる話《はなし》については、一理《いちり》あるともいわれています。暖《あたた》かい空気《くうき》があるところに冷《つめ》たい空気《くうき》（寒冷前線《かんれいぜんせん》）がやって来《く》ると、冷《つめ》たい空気《くうき》は暖《あたた》かい空気《くうき》の下《した》に潜《もぐ》り込《こ》もうとして大気《たいき》が激《はげ》しく乱《みだ》れます。上昇気流《じょうしょうきりゅう》が激《はげ》しくなると雲《くも》ができて天気《てんき》が悪《わる》くなり、その激《はげ》しい上昇気流《じょうしょうきりゅう》で発生《はっせい》する雲《くも》のひとつが積乱雲《せきらんうん》。夏《なつ》なら、激《はげ》しい雷《かみなり》をともなう夕立《ゆうだち》が降《ふ》ります（❷）。

こうして寒冷前線《かんれいぜんせん》が通過《つうか》すると、地上《ちじょう》の気温《きおん》はすっかり下《さ》がるため、腹部《ふくぶ》を出《だ》しっぱなしにして寝《ね》ていたら、お腹《なか》を壊《こわ》してしまいます。そのことを経験的《けいけんてき》に知《し》っていたので、親《おや》は子《こ》に「雷様《かみなりさま》がおヘソを取《と》りに来《く》るから、ゴロゴロ鳴《な》ったら隠《かく》しなさい」と教《おし》えてきたのです。「雷《かみなり》を真似《まね》て腹掛《はらかけ》やっとさせ」（『誹風柳多留《はいふうやなぎだる》』序編《じょへん》）の意味《いみ》が、これでよくわかりますね。

「雷《かみなり》が鳴《な》ったら蚊帳《かや》に入《はい》れ」というのも、昭和《しょうわ》の頃《ころ》まではよく口《くち》にされたフレーズ。こちらについては、部屋《へや》の中央《ちゅうおう》に吊《つ》ってある蚊《か》よけの蚊帳《かや》に移動《いどう》し、落雷《らくらい》の影響《えいきょう》を受《う》けやすい家屋《かおく》の壁《かべ》や柱《はしら》から離《はな》れることをうながした言葉《ことば》とも解釈《かいしゃく》されています。❸の右側《みぎがわ》の女性《じょせい》は、頭《あたま》から蚊帳《かや》の中《なか》へ逃《に》げ込《こ》み、両耳《りょうみみ》を手《て》でふさいでいます。

❶

❷

❸

❶道中《どうちゅう》で雷《かみなり》に見舞《みま》われ、避難先《ひなんさき》を確認中《かくにんちゅう》。❷『増補訓蒙図彙《ぞうほきんもうずい》』に描《えが》かれた雷《かみなり》。こういう雷様《かみなりさま》（左上《ひだりうえ》）の存在《そんざい》を信《しん》じていたのは、たぶん小《ちい》さい子《こ》だけ。❸子《こ》どもが怯《おび》えているのは、母親《ははおや》におヘソの話《はなし》を聴《き》かされたから？

9 雪《ゆき》の結晶《けっしょう》が人気《にんき》だったの?

江戸時代《えどじだい》も中期《ちゅうき》になると、次第《しだい》に蘭学《らんがく》が盛《さか》んになってきました。民間《みんかん》でも西洋渡来《せいようとらい》の顕微鏡《けんびきょう》(❶)や、それを模造《もぞう》した国産品《こくさんひん》が手《て》に入《はい》るようになると、雪《ゆき》の結晶《けっしょう》を研究《けんきゅう》する人《ひと》もあらわれてきました。古河藩《こがはん》(茨城県古河市《いばらきけんこがし》)の藩主《はんしゅ》だった土井利位《どいとしつら》は大《だい》の蘭学好《らんがくず》きで、雪《ゆき》が降《ふ》るたびに外《そと》へ飛《と》び出《だ》し、雪《ゆき》がクッキリ見《み》える黒地《くろじ》の布《ぬの》で受《う》け止《と》め、ピンセットで黒《くろ》い漆器《しっき》に入《い》れてはオランダ製《せい》の顕微鏡《けんびきょう》で観察《かんさつ》し、その結晶《けっしょう》をスケッチしました。

利位《としつら》はみずから描《えが》いた絵《え》をまとめて『雪華図説《せっかずせつ》』『続雪華図説《ぞくせっかずせつ》』(❷)という本《ほん》を出版《しゅっぱん》しました。どちらも自費出版《じひしゅっぱん》で、印刷《いんさつ》された部数《ぶすう》も少《すく》なかったのですが、その本《ほん》に出《で》ている結晶《けっしょう》の図《ず》は世間《せけん》の注目《ちゅうもく》を集《あつ》めました。やがて着物《きもの》の柄《がら》に取《と》り入《い》れられ、さらには印籠《いんろう》などの小道具《こどうぐ》や器物《うつわもの》の飾《かざ》りなどにあしらわれて流行《りゅうこう》したのです。このデザインは雪華柄《せっかがら》と呼《よ》ばれ(❸)、利位《としつら》は人々《ひとびと》から「雪《ゆき》の殿様《とのさま》」の愛称《あいしょう》で親《した》しまれました。

この雪華柄《せっかがら》、冬《ふゆ》はもちろん夏物《なつもの》にも使用《しよう》されていました。そのほうがヒンヤリとした雰囲気《ふんいき》が伝《つた》わって、涼《すず》しさが引《ひ》き立《た》つというもの。寒々《さむざむ》しい冬景色《ふゆげしき》を描《えが》いたおなじみの千鳥柄《ちどりがら》(波《なみ》に千鳥《ちどり》)が、今《いま》でもかき氷屋《ごおりや》の暖簾《のれん》に描《えが》かれているのと同《おな》じ感覚《かんかく》ですね。

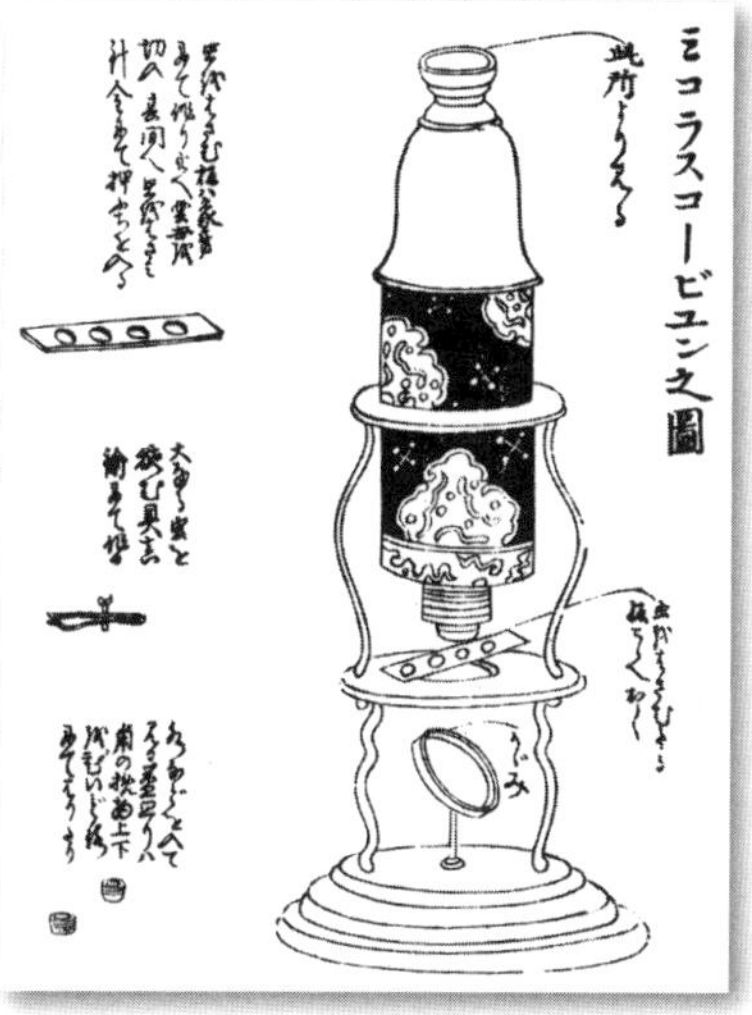

❶

❷

❸

❶ヨーロッパの学術《がくじゅつ》や風俗《ふうぞく》を紹介《しょうかい》した『紅毛雑話《こうもうざつわ》』の顕微鏡図《けんびきょうず》。❷正六《せいろっ》角形《かっけい》の作図《さくず》に欠《か》かせないコンパスの和名《わめい》は「ぶんまわし」。❸雪華柄《せっかがら》の着物《きもの》を着《き》た女性《じょせい》。藍色《あいいろ》の生地《きじ》に白《しろ》い結晶《けっしょう》というのが定番《ていばん》。

10 夏《なつ》の日《ひ》差《ざ》し対策《たいさく》はどうしていたの？

強《つよ》い日差《ひざ》しをさえぎるエコ・カーテンが江戸時代《えどじだい》にもありました。簾《すだれ》の原型《げんけい》だった「翠簾《みず》」はもともと宮廷《きゅうてい》や社寺《しゃじ》で用《もち》いられ、『人倫訓蒙図彙《じんりんきんもうずい》』には「翠簾師《みすし》」（❶）の仕事《しごと》ぶりが描《えが》かれています。京都《きょうと》の宮廷《きゅうてい》の簾文化《すだれぶんか》は江戸《えど》にも伝《つた》わってお城《しろ》や武家屋敷《ぶけやしき》、神社仏閣《じんじゃぶっかく》、商家《しょうか》などで使《つか》われるようになり、やがて日用品《にちようひん》の仲間入《なかまい》りを果《は》たしました。葦《よし》（あし）や細《こま》く切《き》った竹《たけ》などの軽《かる》い素材《ざい》が、好《この》んで使用《しよう》されています。

現在《げんざい》のカーテンも日光《にっこう》をさえぎるとはいえ、窓《まど》ガラスの内側《うちがわ》にあるため日光《にっこう》で布地《ぬのじ》が熱《ねっ》せられ、室内《しつない》の温度《おんど》を上《あ》げてしまいます。一方《いっぽう》の簾《すだれ》は壁《かべ》の外《そと》で日光《にっこう》をさえぎり、室内《しつない》は暑《あつ》くなりません。通気性《つきせい》もよく、蒸《む》し暑《あつ》い夏《なつ》を乗《の》り切《き》るのに重宝《ちょうほう》されていました（❷）。もちろん現在《げんざい》は防犯性《ぼうはんせい》や耐久性《たいきゅうせい》なども重視《じゅうし》されるため、涼《すず》しさだけを追求《ついきゅう》するわけにはいかないのですが。

軒先《のきさき》に吊《つ》るして使《つか》う簾《すだれ》に対《たい》して、大型《おおがた》の葦簀《よしず》は主《おも》に葦《よし》でつくられ、店先《みせさき》に立《た》てかけるなどして使用《しよう》しました（❸）。日除《ひよ》けや虫除《むしよ》け、通行人《つうこうにん》からの目隠《めかく》しにするなど、多様《たよう》な使《つか》い道《みち》がありました。今《いま》では立簾《たてすだれ》とも呼《よ》ばれ、ヘチマのようなツル植物《しょくぶつ》を絡《から》ませてグリーン・カーテンと称《しょう》するなど、私《わたし》たちの暮《く》らしの中《なか》でも応用《おうよう》されています。

❶

❷

❸

❶簾《すだれ》を編《あ》む道具《どうぐ》や編《あ》み方《かた》は、現在《げんざい》もほぼ同《おな》じ。❷日差《ひざ》しが傾《かたむ》いてきたので、簾《すだれ》を巻《ま》き上《あ》げて縁側《えんがわ》で夕涼《ゆうすず》み。❸近江国目川《おうみのくにめがわ》（滋賀県栗東市《しがけんりっとうし》）の田楽茶《でんがくちゃ》屋《や》の店先《みせさき》に立《た》てかけられた葦簀《よしず》。

11 気《き》圧《あつ》手《て》品《じな》の種《たね》明《あ》かしは？

江戸《えど》時代《じだい》中期《ちゅうき》の手品本《てじなぼん》『和国《わこく》たはふ（戯《たわむ》）れ草《ぐさ》』には、科学手品《かがくてじな》も含《ふく》まれています。ひとつ目《め》（❶）は茶碗《ちゃわん》に水《みず》を注《そそ》いで鼻紙《はながみ》で包《つつ》み、そのまま上下《じょうげ》をひっくり返《かえ》しても水《みず》がこぼれないというもの。今《いま》ではコップに水《みず》を入《い》れ、葉書《はがき》のような硬《かた》めの紙《かみ》で蓋《ふた》をしてからひっくり返《かえ》します。紙《かみ》を下《した》から押《お》し上《あ》げている大気圧《たいきあつ》の力《ちから》に支《ささ》えられて、こぼれないのです（図解《ずかい》①）。

二《ふた》つ目《め》（❷）は、ふちのあるお盆《ぼん》に水《みず》を半分《はんぶん》ほど注《そそ》いでから火《ひ》をつけた紙《かみ》を茶碗《ちゃわん》に入《い》れてお盆《ぼん》の水《みず》の上《うえ》に伏《ふ》せると、茶碗《ちゃわん》が勝手《かって》に水《みず》を吸《す》うというもの。今日《こんにち》では皿《さら》の中央《ちゅうおう》に蠟燭《ろうそく》を立《た》て、皿《さら》に水《みず》を満《み》たして蠟燭《ろうそく》に火《ひ》をつけたあとでコップをかぶせます。コップと皿《さら》のあいだに爪楊枝《つまようじ》を２本《ほん》挟《はさ》んでおくと、隙間《すきま》ができてコップの内外《ないがい》で水《みず》の行《い》き来《き》が可能《かのう》になります。この状態《じょうたい》で火《ひ》が消《き》えると、皿《さら》の水《みず》がググッと吸《す》い上《あ》げられます（図解《ずかい》②）。

こちらも現代風《げんだいふう》に解釈《かいしゃく》すれば、コップ内《ない》の酸素《さんそ》がなくなって火《ひ》が消《き》えると、燃《も》えるときにできた二酸化炭素《にさんかたんそ》が水《みず》に溶《と》けやすいため体積《たいせき》が減《へ》り、中《なか》の気圧《きあつ》が下《さ》がります。そのため周《まわ》りの大気圧《たいきあつ》によって、水《みず》がコップ内《ない》に押《お》し込《こ》まれるのです。ストローでジュースを吸《す》うことと同《おな》じ理屈《りくつ》ですが、同《おな》じ現象《げんしょう》が自然発生的《しぜんはっせいてき》に起《お》きるように見《み》えると、手品《てじな》らしくなります。

❶❷

❶❷右《みぎ》は逆《さか》さにしてもこぼれない水《みず》、左《ひだり》は水《みず》の吸《す》い上《あ》げを実演《じつえん》しているところ。

【図解《ずかい》①】現代風《げんだいふう》の実験手順《じっけんてじゅん》（逆《さか》さま）

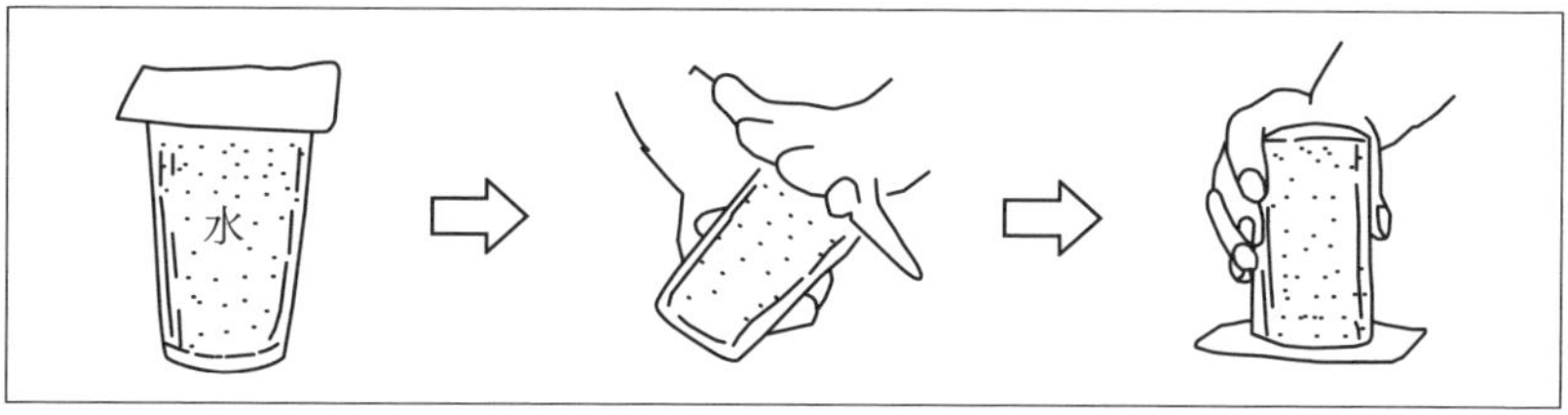

【図解《ずかい》②】現代風《げんだいふう》の実験手順《じっけんてじゅん》（吸《す》い上《あ》げ）

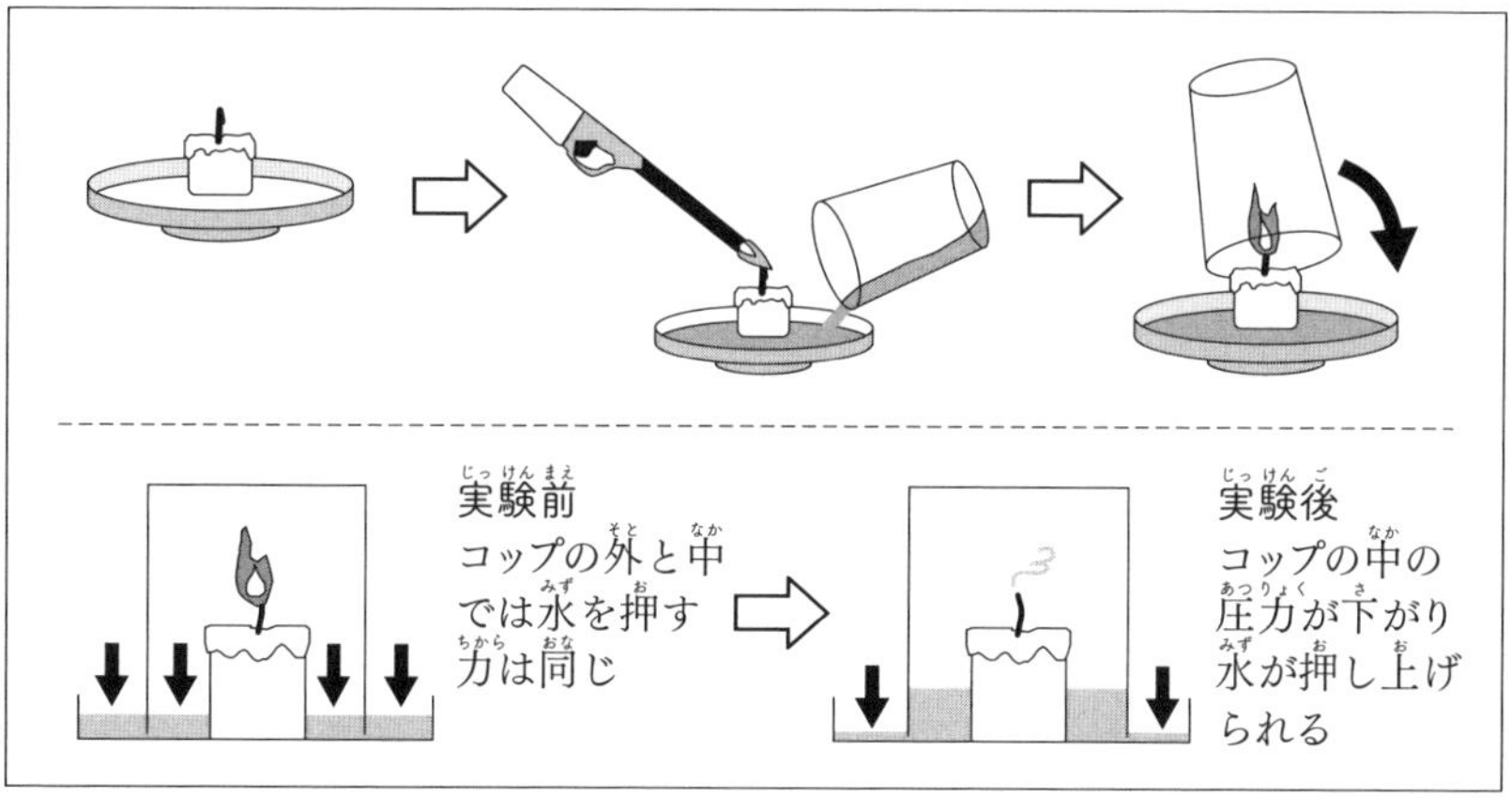

12 1年《ねん》は何《なん》ヶ《か》月《げつ》あったの？

江戸時代《えどじだい》の太陰太陽暦《たいいんたいようれき》では、月《つき》が満《み》ち欠《か》けする周期《しゅうき》を1ヶ《か》月《げつ》の目安《めやす》にしていました。その満《み》ち欠《か》けサイクルは約《やく》29日半《にちはん》なので、30日《にち》と29日《にち》の長《なが》さの月《つき》をつくって調節《ちょうせつ》し、30日《にち》の月《つき》を大《だい》の月《つき》、29日《にち》の月《つき》を小《しょう》の月《つき》と呼《よ》び分《わ》けていました。しかし大小《だいしょう》の月《つき》の繰《く》り返《かえ》しだけでは、地球《ちきゅう》が太陽《たいよう》の周《まわ》りを1周《しゅう》する周期《しゅうき》の約365・24日《にち》に届《とど》かなくなっていきます。そこで19年《ねん》に7回《かい》のペースで「閏月《うるうづき》」を加《くわ》え、不足《ふそく》を補《おぎな》いました。その年《とし》は、1年《ねん》が13ヶ《か》月《げつ》あります。

毎年《まいとし》、次《つぎ》の年《とし》の暦《こよみ》を計算《けいさん》して決定《けってい》していたので、大小《だいしょう》の月《つき》の並《なら》び方《かた》も毎年替《まいとしか》わりました。大《だい》小《しょう》の配置《はいち》や閏月《うるうづき》を知《し》っておくことは大切《たいせつ》で、月末《げつまつ》に支払《しはら》いや代金《だいきん》の取《と》り立《た》てをする掛《か》け売《う》りの商《しょう》店《てん》では間違《まちが》えないよう大《だい》と小《しょう》の看板《かんばん》をつくり、月《つき》に合《あ》わせて店頭《てんとう》に掲《かか》げていました。

大小《だいしょう》の月《つき》の配列《はいれつ》を示《しめ》す大小暦《だいしょうれき》（❶）も発達《はったつ》しました。絵《え》や文章《ぶんしょう》の中《なか》に暦《こよみ》を織《お》り交《ま》ぜた絵暦《えごよみ》（❷）も考案《こうあん》され、親《した》しまれていました。毎年《まいとし》、年末近《ねんまつちか》くにあらわれる行商《ぎょうしょう》の暦売《こよみう》り（❸）は、この時《じ》期《き》の風物詩《ふうぶつし》。家《いえ》の柱《はしら》や壁《かべ》などに貼《は》る1枚刷《まいず》りの柱暦《はしらごよみ》や、巻物状《まきものじょう》の巻暦《まきごよみ》などを売《う》り歩《ある》き、『守貞謾稿《もりさだまんこう》』によると、閏月《うるうづき》がある暦《こよみ》は「閏《うるう》あって十三《じゅうさん》ヶ《か》月《げつ》の御調法《ごちょうほう》（重宝《ちょうほう》）」という売《う》り声《ごえ》を上乗《うわの》せしていました。ひと月分《つきぶん》お得《とく》、という謳《うた》い文句《もんく》だったようですね。

❶

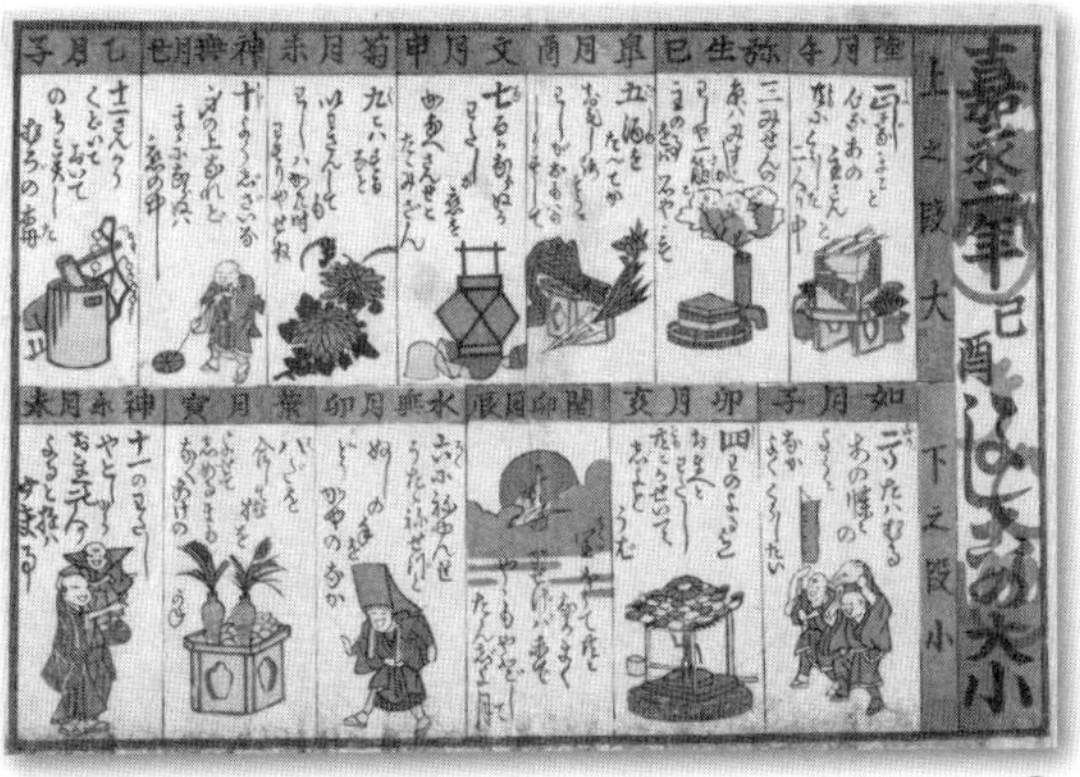

❷

❸

❹

❶幕末《ばくまつ》の嘉永《かえい》5年《ねん》（1852）の柱暦《はしらごよみ》。❷嘉永《かえい》2年《ねん》（1849）の絵暦《えごよみ》。❸現代《げんだい》では路上《ろじょう》でカレンダーを売《う》り歩《ある》いている人《ひと》はいないですね。❹天保《てんぽう》15年《ねん》（1844）の伊勢暦《いせごよみ》を見《み》ている女性《じょせい》。

13 和《わ》時《ど》計《けい》ってどんな時《と》計《けい》？

江戸時代《えどじだい》には日《ひ》の出前《でまえ》の「明《あ》け六《む》つ」と日暮《ひぐ》れ直後《ちょくご》の「暮《く》れ六《む》つ」を境目《さかいめ》にして昼夜《ちゅうや》を分《わ》け、それぞれを6等分《とうぶん》にした長《なが》さを「一刻《いっこく》」と定《さだ》めていました（図解《ずかい》）。しかし季節《きせつ》ごとに日《ひ》の出《で》も日《ひ》の入《い》りの時刻《じこく》も変《か》わるので、均等割《きんとうわ》りにした「一刻《いっこく》」の長《なが》さも日々《ひび》変化《へんか》します。この伸《の》び縮《ちぢ》みを取《と》り入《い》れた時刻法《じこくほう》を不定時法《ふていじほう》といい、それをメカニズムに反映《はんえい》させたのが和時計《わどけい》でした。

❶は櫓時計《やぐらどけい》を調整《ちょうせい》しているところで、土台《どだい》となる櫓《やぐら》の中《なか》には重《おも》りが吊《つ》り下《さ》げてあり、これが時《とき》を刻《きざ》む動力《どうりょく》（ムーブメント）になっています。最上部《さいじょうぶ》にある鐘《かね》のすぐ下《した》に見《み》える水平《すいへい》の棒《ぼう》を、天符《てんぷ》といいます。棒《ぼう》の両側《りょうがわ》に分銅《ふんどう》があり、2個《こ》の間隔《かんかく》を中心《ちゅうしん》の軸《じく》に近《ちか》づければ天符《てんぷ》の往復運動《おうふくうんどう》が早《はや》くなって時計《とけい》が早《はや》く進《すす》み、端《はし》に遠《とお》ざければ遅《おそ》くなりました。❷❸は『機巧図彙《からくりずい》』（☞176ページ）にある櫓時計《やぐらどけい》の設計図《せっけいず》で、本体《ほんたい》の内部《ないぶ》がより詳《くわ》しく説明《せつめい》されています。

従来《じゅうらい》は、分銅《ふんどう》の位置《いち》を1日《にち》に2回《かい》、内側《うちがわ》と外側《そとがわ》に移《うつ》し変《か》えて運転速度《うんてんそくど》を変《か》え、昼夜《ちゅうや》それぞれの「一刻《いっこく》」に切《き》り替《か》えていました。のちに昼夜《ちゅうや》を自動《じどう》で切《き》り替《か》える二挺天符《にちょうてんぷ》が開発《かいはつ》されてからは、1年《ねん》を24に均等割《きんとうわ》りにした二十四節気《にじゅうしせっき》を目安《めやす》にして年《ねん》に24回《かい》だけ分銅《ふんどう》を移動《いどう》させ、「一刻《いっこく》」の幅《はば》を調整《ちょうせい》しました。この時計《とけい》は江戸城《えどじょう》でも使用《しよう》され、武士《ぶし》のスケジュールを管理《かんり》していたのです。

❶

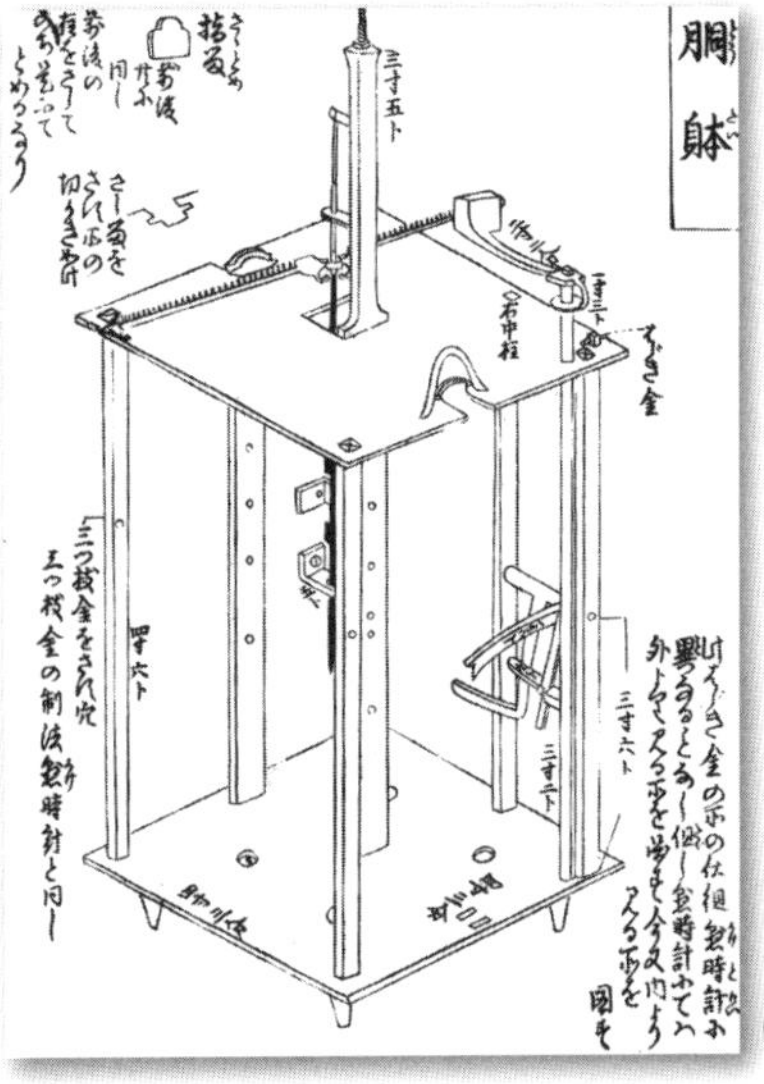

❷

【図解《ずかい》】夏至《げし》と冬至《とうじ》の「一刻《いっこく》」

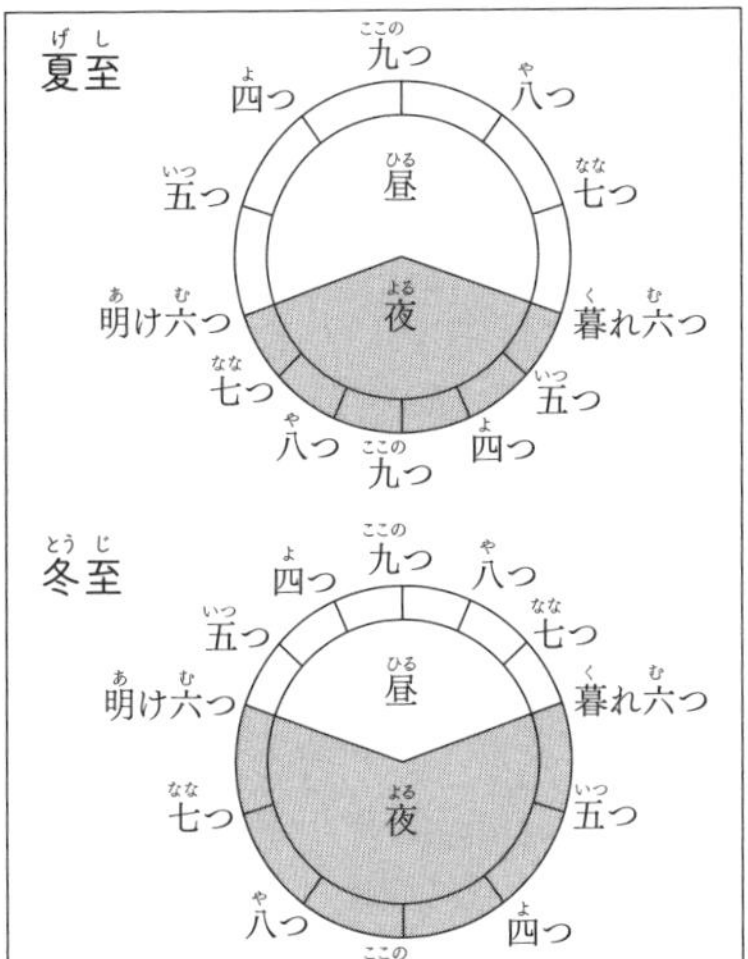

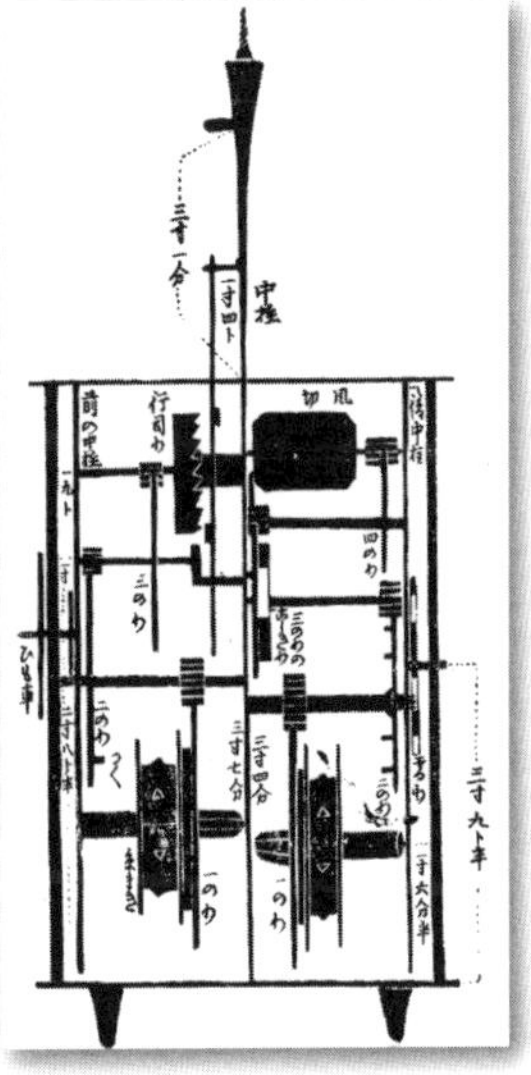

❸

❶下《した》まで達《たっ》した重《おも》りを手《て》で持《も》ち上《あ》げるのが、ネジ巻《ま》きに相当《そうとう》します。❷❸櫓《やぐら》時計《どけい》の胴体《どうたい》と断面図《だんめんず》。図面《ずめん》を忠実《ちゅうじつ》に再現《さいげん》すれば、コピー製品《せいひん》が完成《かんせい》。

14 地球《ちきゅう》の形《かたち》を知《し》っていたの？

江戸時代初期《えどじだいしょき》にイエズス会士《かいし》ハビアンと論争《ろんそう》を展開《てんかい》した儒者《じゅしゃ》の林羅山《はやしらざん》は、ヨーロッパの地球《ちきゅう》球体説《きゅうたいせつ》を批判《ひはん》しました。「地下《ちか》（地球《ちきゅう》の反対側《はんたいがわ》にある地上《ちじょう》）もまた天《てん》である」と述《の》べたハビアンに対《たい》して、羅山《らざん》は「地下《ちか》に天《てん》があるはずがない。万物《ばんぶつ》にはすべて上下《じょうげ》があり、上下《じょうげ》がないというのは物事《ものごと》の道理《どうり》を知《し》らないに等《ひと》しい」と反論《はんろん》しています。

この時期《じき》にいったん導入《どうにゅう》されていた地球《ちきゅう》球体説《きゅうたいせつ》は、蘭学《らんがく》の普及《ふきゅう》によって再認識《さいにんしき》されました。直接《ちょくせつ》のきっかけは、西洋《せいよう》の天文学《てんもんがく》も加《くわ》えた天文《てんもん》・気象《きしょう》の本《ほん》『天経或問《てんけいわくもん》』が中国《ちゅうごく》で出版《しゅっぱん》されたこと。日本《にほん》では長崎《ながさき》の西川正休《にしかわまさよし》が、読《よ》みやすい訓点本《くんてんぼん》を出《だ》しています。世界《せかい》の地誌《ちし》をまとめた父《ちち》の如見《じょけん》の『華夷通商考《かいつうしょうこう》』にも、「地球《ちきゅう》」の2字《じ》がある「地球万国一覧《ちきゅうばんこくいちらん》の図《ず》」が掲載《けいさい》され、増補版《ぞうほばん》は江《え》戸時代《どじだい》に刊行《かんこう》された地誌《ちし》のベストセラーになりました（❶）。

西洋《せいよう》の天文学《てんもんがく》の知識《ちしき》が幅広《はばひろ》く受《う》け入《い》れられるにつれて、球体説《きゅうたいせつ》は世《よ》の中《なか》の新《あたら》しい常識《じょうしき》に追加《ついか》されました。カーブした子午線《しごせん》（縦《たて》に走《はし》る経線《けいせん》）のある世界地図《せかいちず》も、見慣《みな》れたものとなりました。数《かず》ある百科事典《ひゃっかじてん》のうち、江戸時代後期《えどじだいこうき》に出版《しゅっぱん》されたものには世界地図《せかいちず》も出《で》ています。江戸時代《えどじだい》に描《えが》かれた精密《せいみつ》な地図《ちず》は、伊能忠敬《いのうただたか》がつくった伊能図《いのうず》だけではなかったのですね（❷）。

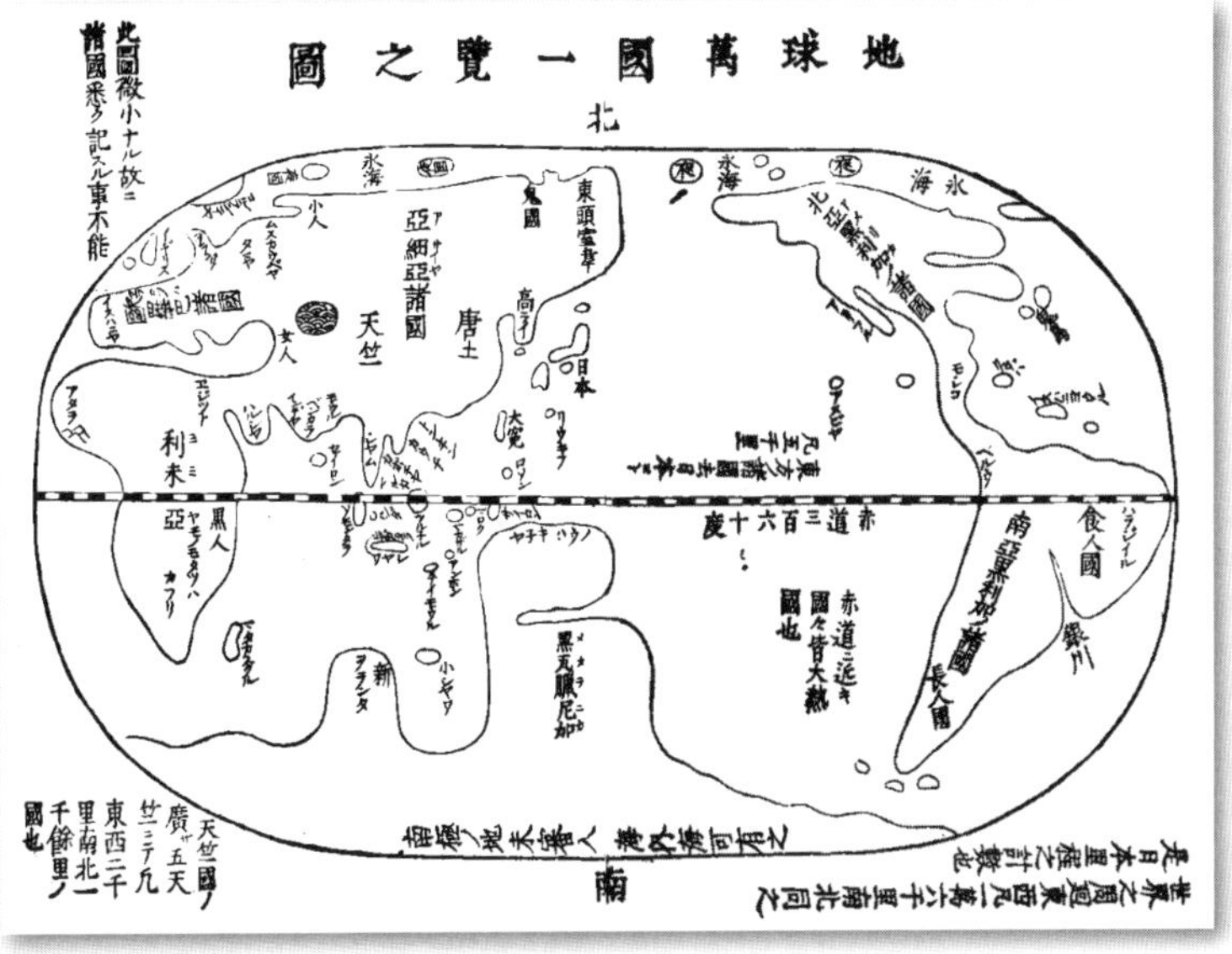

❶

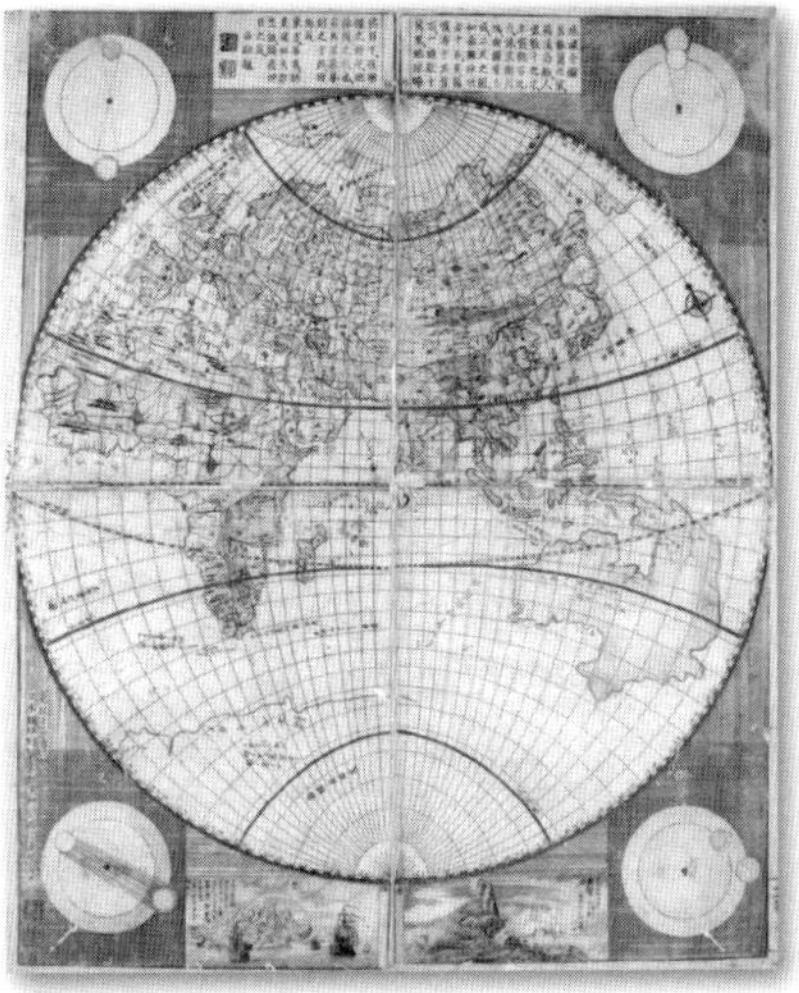
❷

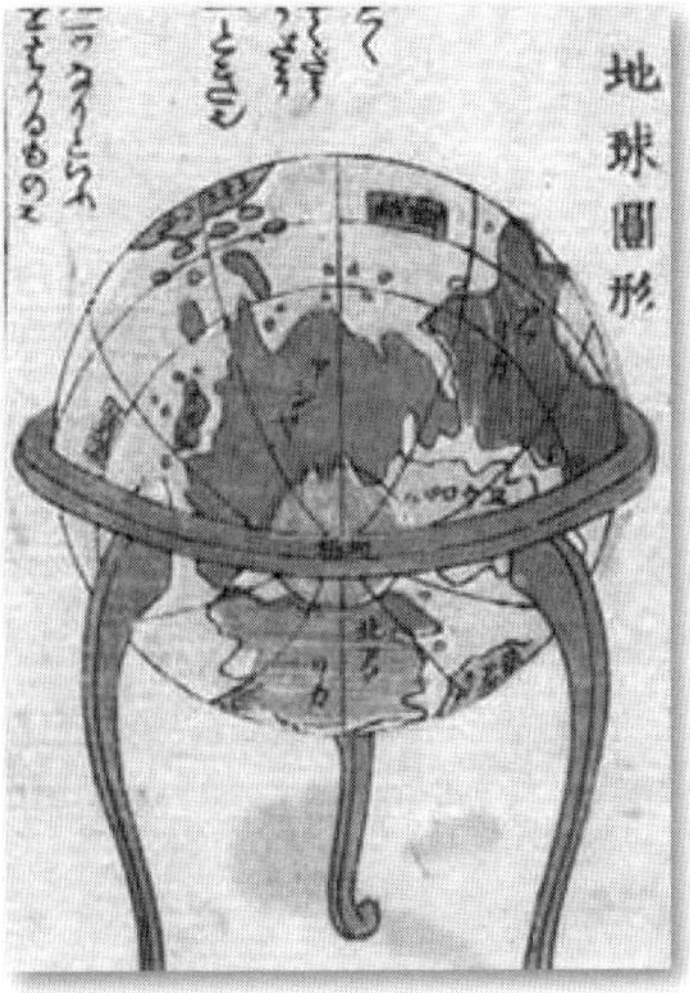

❸

❶元禄《げんろく》から享保《きょうほう》の頃《ころ》、西洋《せいよう》の天文《てんもん》や地理《ちり》知識《ちしき》を広《ひろ》めたのが長崎《ながさき》の西川《にしかわ》父《お》子《や》。❷西洋《せいよう》画家《がか》でもあった蘭学者《らんがくしゃ》の司馬江漢《しばこうかん》が描《えが》いた「地球全図《ちきゅうぜんず》」。❸猫《ねこ》足《あし》のついた地球儀《ちきゅうぎ》。

15 日食《にっしょく》や月食《げっしょく》は知《し》られていたの？

日食《にっしょく》や月食《げっしょく》ついては、江戸時代《えどじだい》の人《ひと》たちもよく知《し》っていました。月食《げっしょく》が生《しょう》じる天体《てんたい》の位置関係《いちかんけい》について、『増補訓蒙図彙《ぞうほきんもうずい》』は図解《ずかい》を示《しめ》しています（❶）。その上《うえ》で「月《つき》は自分《じぶん》では光《ひか》ることがなく、太陽《たいよう》の光《ひかり》を受《う》けて光《ひか》る。太陽《たいよう》と月《つき》が地球《ちきゅう》を挟《はさ》んで向《む》かい合《あ》うように位置《いち》すると、日光《にっこう》が地球《きゅう》によってさえぎられて月食《げっしょく》が生《しょう》じる」と述《の》べています。

同《おな》じようなイラストや解説《かいせつ》は、江戸時代後期《えどじだいこうき》の雑書《ざっしょ》にもよく見《み》られ、影《かげ》になる部分《ぶぶん》を黒《くろ》く塗《ぬ》ってわかりやすく表現《ひょうげん》した図解《ずかい》もあります（❷）。その解説《かいせつ》によると「月食《げっしょく》はかならず十四日《じゅうよっか》、十《じゅう》五日《ごにち》、十六日《じゅうろくにち》のうちに生《しょう》じる。その理由《りゆう》は、1ケ月《かげつ》のなかばに至《いた》って太陽《たいよう》と月《つき》が図《ず》のように地《ち》球《きゅう》を隔《へだ》てて相対《あいたい》するからである」とも述《の》べられています。これを現代風《げんだいふう》に言《い》い換《か》えれば、月食《げっしょく》は太陽《たいよう》と地球《ちきゅう》と月《つき》が一直線《いっちょくせん》に並《なら》ぶとき、つまり、満月《まんげつ》の頃《ころ》だけに起《お》こるとなります。

ただし太陽《たいよう》の通《とお》り道《みち》（黄道《こうどう》）に対《たい》して月《つき》の通《とお》り道《みち》（白道《はくどう》）が傾《かたむ》いているため、普段《ふだん》の満月《まんげつ》は地《ち》球《きゅう》の影《かげ》の北側《きたがわ》や南側《みなみがわ》に逸《そ》れたコースを通《とお》ります（図解《ずかい》）。だから満月《まんげつ》のたびに月食《げっしょく》が起《お》こるわけではないのですが、そこまで広《ひろ》く知《し》られていたかどうかは定《さだ》かでありません。なお❸は、同《おな》じ雑《ざっ》書《しょ》にある解説《かいせつ》の脇《わき》に添《そ》えられたイラスト。月食《げっしょく》は風変《ふうが》わりな月見《つきみ》として、親《した》しまれていたようです。

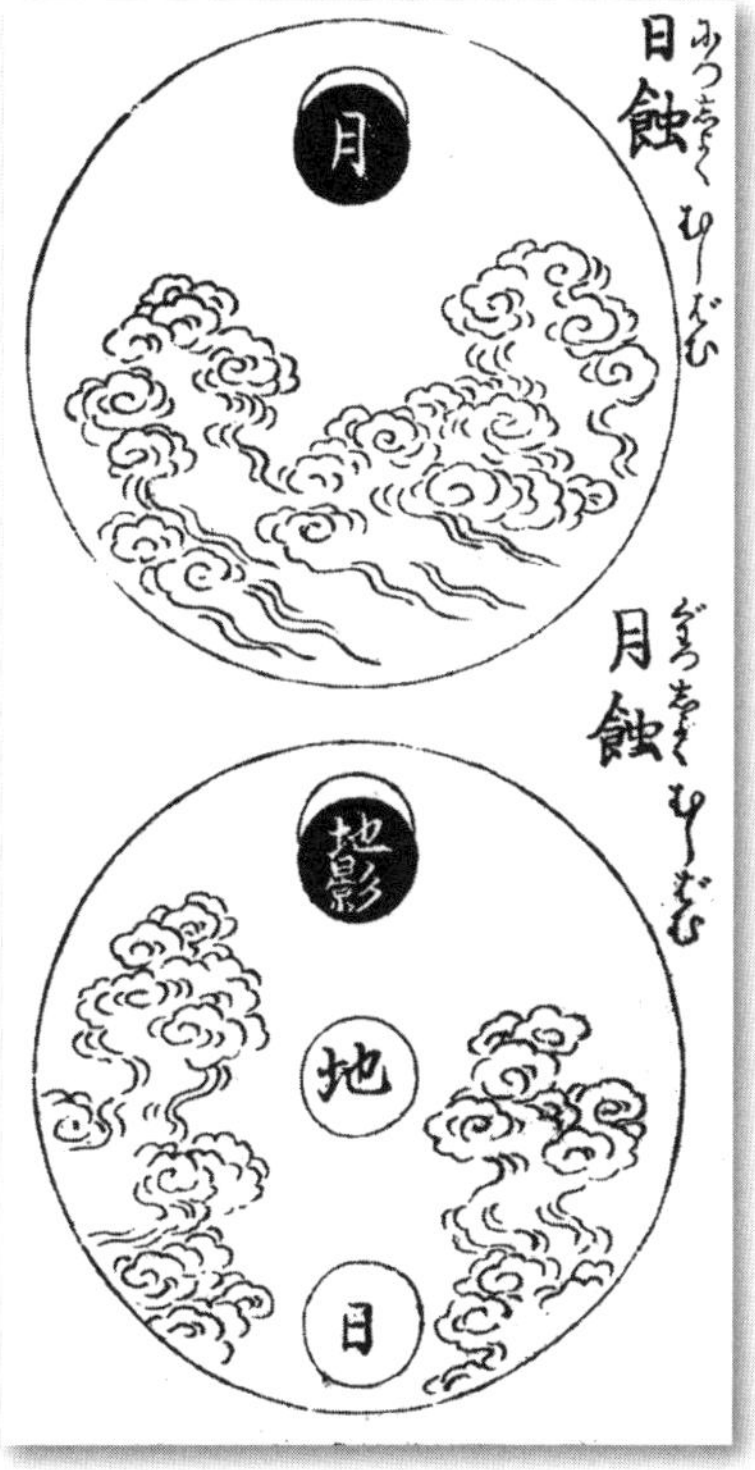

❶

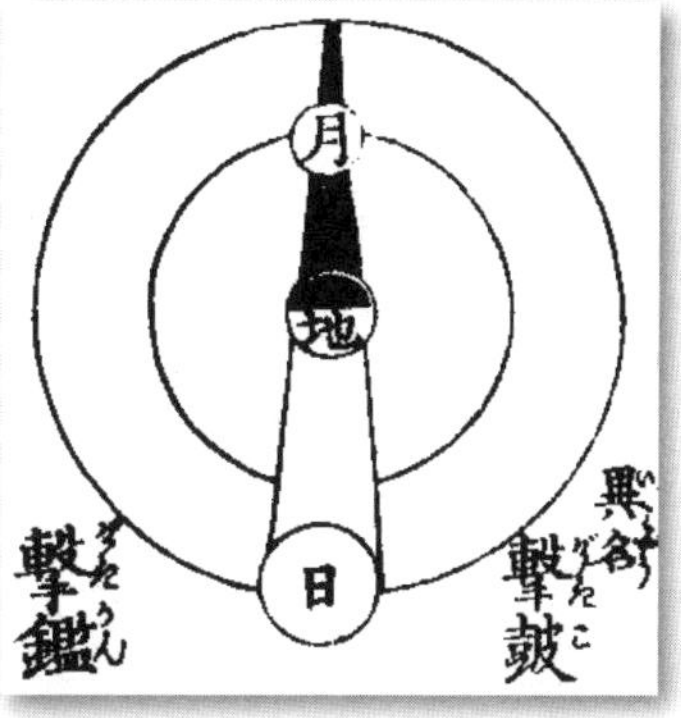

❷

❸

【図解《ずかい》】

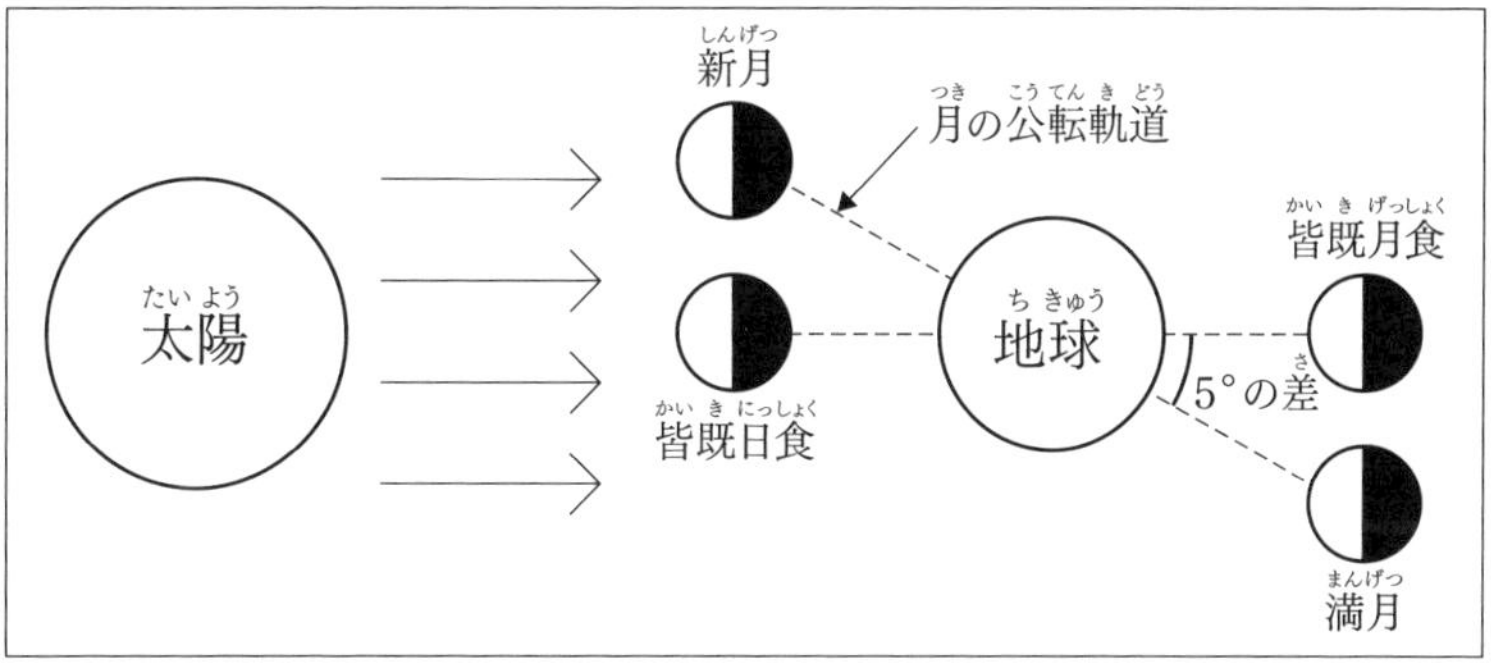

❶上《うえ》が日食《にっしょく》で下《した》が月食《げっしょく》。雲《くも》の向《む》こうが天体《てんたい》という構図《こうず》。❷月《つき》が見《み》える場所《ばしょ》なら、月食《げっしょく》は地球上《ちきゅうじょう》のどこからでも観察可能《かんさつかのう》。❸いつもの三日月《みかづき》とは、欠《か》ける向《む》きが違《ちが》っています。

16 二《ふた》つの明星《みょうじょう》は同《おな》じ星《ほし》と思《おも》っていたの？

太陽《たいよう》と月《つき》に次《つ》いで明《あか》るい金星《きんせい》について、『増補訓蒙図彙《ぞうほきんもうずい》』は丸《まる》2ページを使《つか》って絵《え》を載《の》せています。朝日《あさひ》に先立《さきだ》ってあらわれる星《ほし》の別名《べつめい》が「太白星《たいはくせい》」「金星《きんせい》」「赤星《あかぼし》」「啓明《けいめい》」などで、俗称《ぞくしょう》が「暁《あかつき》の明星《みょうじょう》」、つまり明《あ》けの明星《みょうじょう》（❶）。一方《いっぽう》、日没時《にちぼつじ》に見《み》られて「長庚《ゆうづく》」「金星《きんせい》」「長庚星《ちょうこうせい》」といった異名《いみょう》を持《も》つ星《ほし》の俗称《ぞくしょう》が「宵《よい》の明星《みょうじょう》」だと述《の》べられています（❷）。どちらも同《おな》じ星《ほし》で、月《つき》のように見《み》え方《かた》が違《ちが》うといったことは早《はや》くから知《し》られていました。

太陽系《たいようけい》の8惑星《わくせい》は、内側《うちがわ》から水《すい》、金《きん》、地《ち》、火《か》、木《もく》、土《ど》、天《てん》、海《かい》の順《じゅん》にあり、第《だい》2惑星《わくせい》の金星《きんせい》は地球《ちきゅう》のすぐ内側《うちがわ》を回《まわ》っています。そのため地球《ちきゅう》から見《み》て太陽《たいよう》の反対側《はんたいがわ》、すなわち夜中《よなか》には見《み》えず、明《あ》け方《がた》か日没時《にちぼつじ》にしかあらわれません。こういう知識《ちしき》は、図鑑《ずかん》よりも雑書《ざっしょ》のほうが詳細《しょうさい》です。

その1冊《さつ》に数《かぞ》えられる『永代大雑書万暦大成《えいだいだいざっしょばんれきたいせい》』の図解《ずかい》は、太陽《たいよう》、水星《すいせい》、金星《きんせい》だけの素朴《そぼく》なもの（❸）ながら、配置《はいち》は妥当《だとう》。地球《ちきゅう》や太陽《たいよう》との位置関係《いちかんけい》によって、大《おお》きく見《み》えたり小《ちい》さく見《み》えたりすることが解説《かいせつ》されています（図解《ずかい》）。ほかの惑星《わくせい》と違《ちが》って、金星《きんせい》の自転《じてん》の向《む》きが逆《ぎゃく》になっていることも指摘《してき》されていて、なかなか具体的《ぐたいてき》。このような知識《ちしき》が蘭学《らんがく》の専門書《せんもんしょ》ではなく、大衆的《たいしゅうてき》な雑書《ざっしょ》に出《で》ているところにも、天文《てんもん》についての関心《かんしん》の高《たか》さが感《かん》じられます。

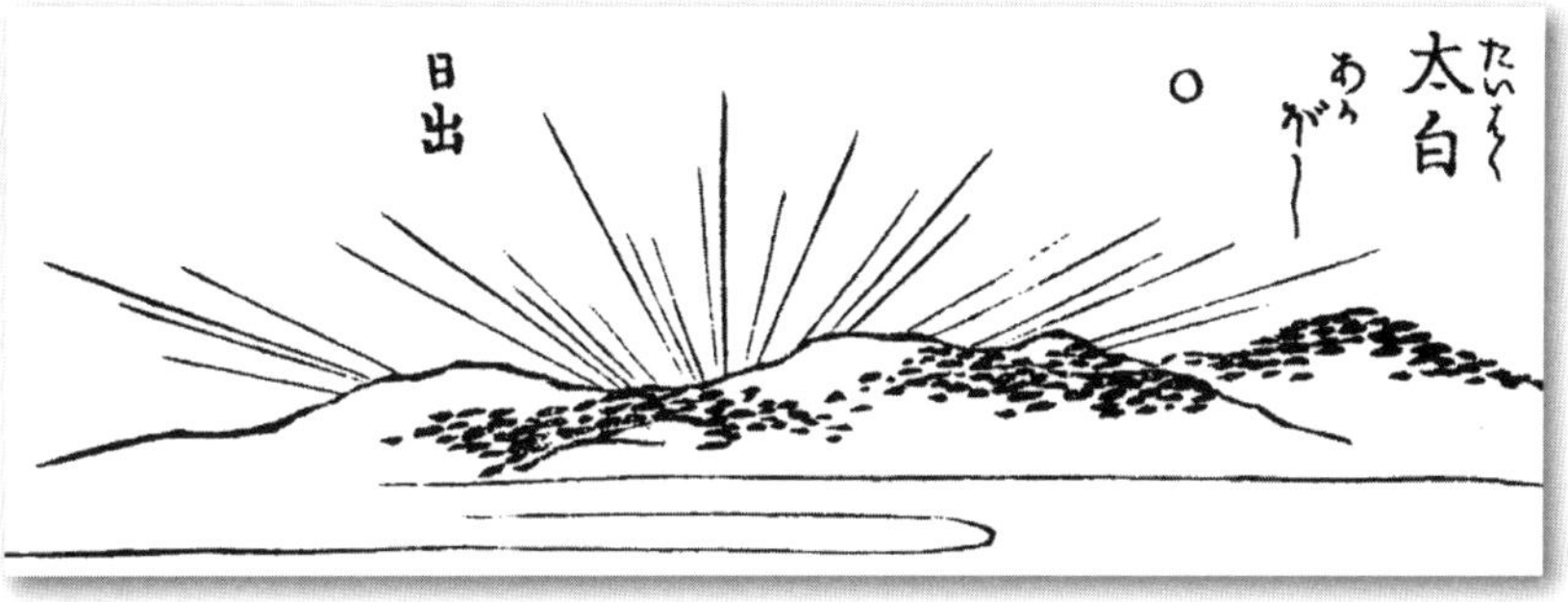

❶

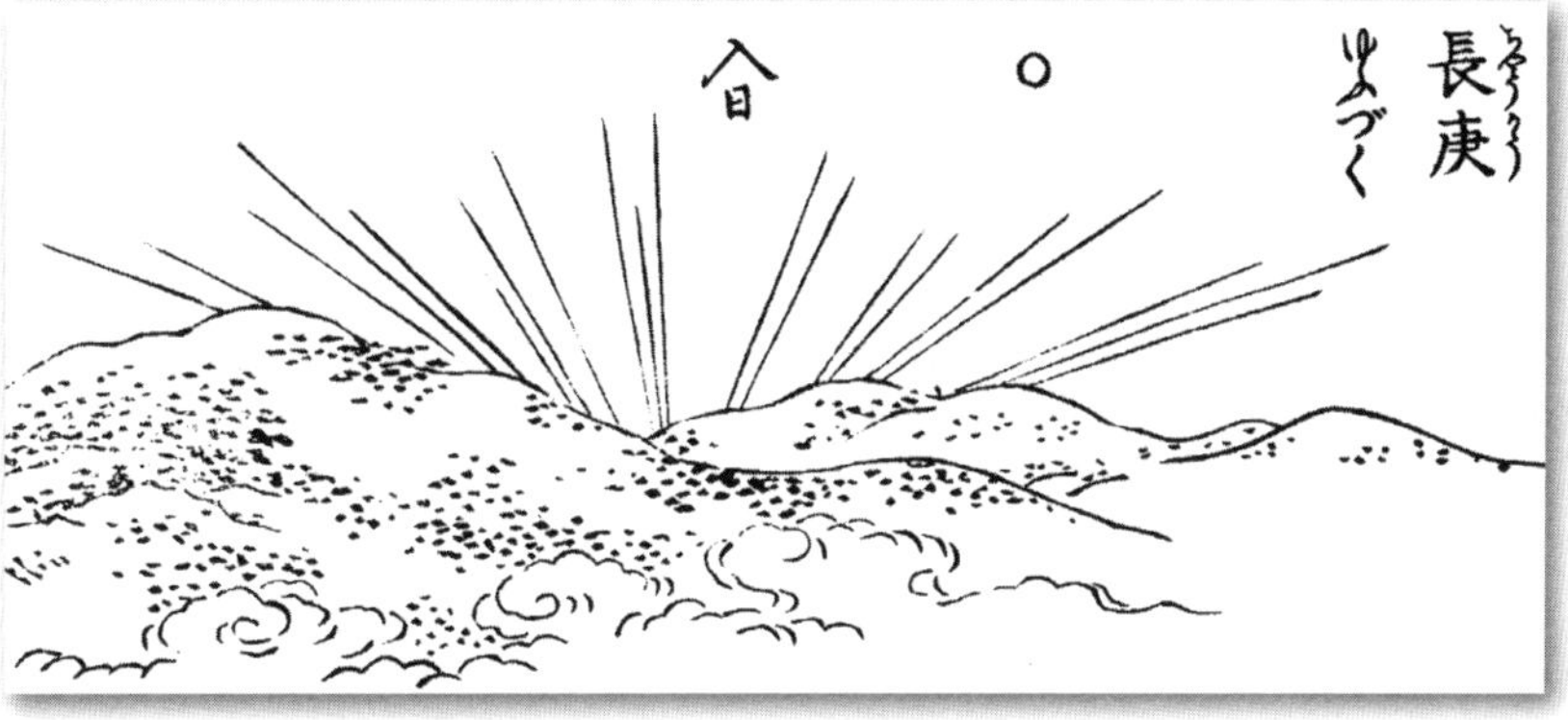

❷

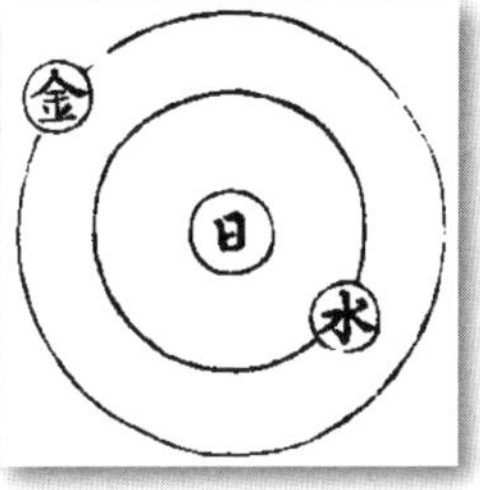

❸

❶山《やま》の向《む》こうから朝日《あさひ》が昇《のぼ》ろうとするとき、明《あ》けの明星《みょうじょう》が輝《かがや》きます。❷日没時《にちぼつじ》に見《み》える宵《よい》の明星《みょうじょう》。❸この外側《そとがわ》が地球《ちきゅう》の軌道《きどう》。

【図解《ずかい》】地上《ちじょう》での金星《きんせい》の見《み》え方《かた》

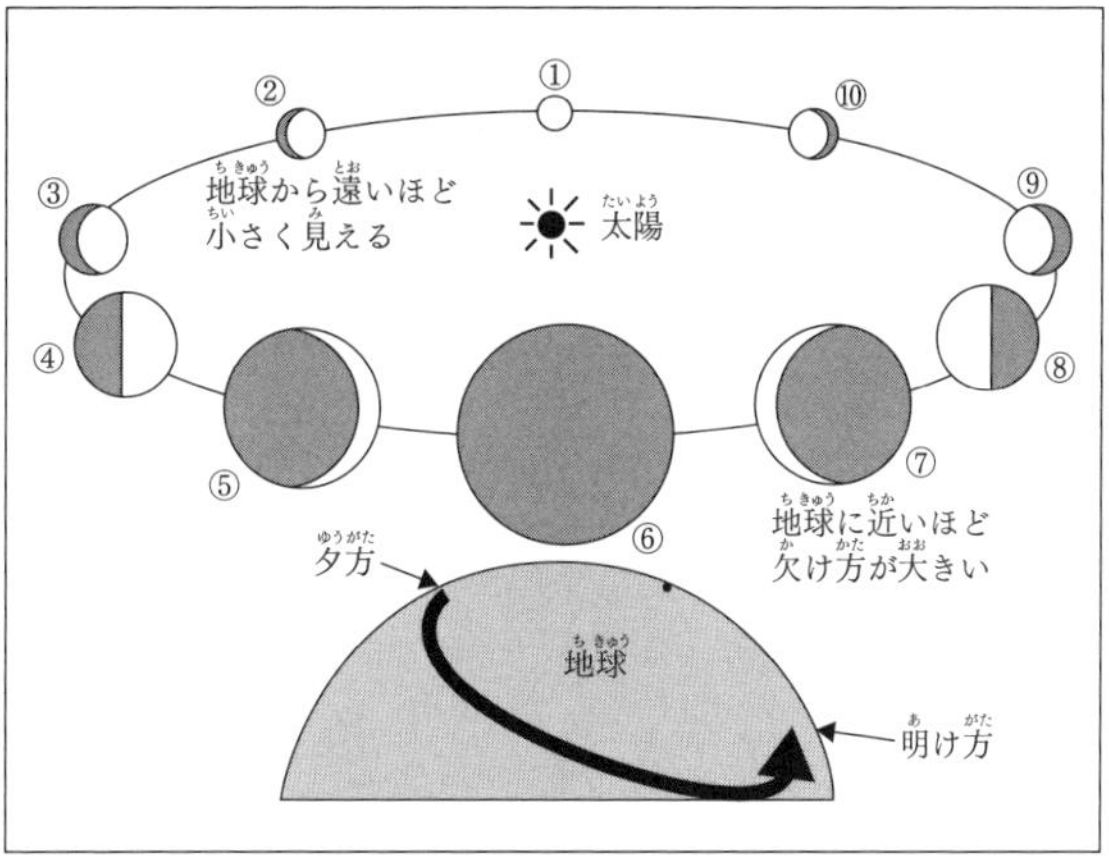

17 彗星《すいせい》は不吉《ふきつ》と思《おも》われていたの？

『増補訓蒙図彙《ぞうほきんもうずい》』の天空《てんくう》に関《かん》する項目《こうもく》には数多《かずおお》くの星《ほし》が描《えが》かれ、北極星《ほっきょくせい》や北斗七星《ほくとしちせい》などの主要《しゅよう》な星《ほし》は、おおむねカバーされています。つねに真北《まきた》に見《み》える北極星《ほっきょくせい》は、古来《こらい》、船乗《ふなの》りが海上《かいじょう》で方位《ほうい》を知《し》る目印《めじるし》になりました。地上《ちじょう》で北極星《ほっきょくせい》を見上《みあ》げる角度《かくど》（仰角《ぎょうかく》）を測《はか》れば、その地《ち》の緯度《いど》がわかるため測量《そくりょう》に活用《かつよう》され（図解《ずかい》）、伊能忠敬《いのうただたか》も地図《ちず》づくりに役立《やくだ》てていました。

ほとんど動《うご》かない北極星《ほっきょくせい》とは逆《ぎゃく》に、彗星《すいせい》のように動《うご》きのある星《ほし》にも興味《きょうみ》が持《も》たれていました。『増補訓蒙図彙《ぞうほきんもうずい》』には天《あま》の川《がわ》を挟《はさ》んで織姫《おりひめ》と彦星《ひこぼし》が配《はい》され、左下《ひだりした》に彗星《すいせい》が描《えが》かれています（❶）。彗星《すいせい》は太陽系《たいようけい》の小天体《しょうてんたい》で、太陽《たいよう》に接近《せっきん》するとガス体《たい》の尾《お》があらわれ、その形《かたち》から箒星《ほうきぼし》とも呼《よ》ばれていました。彗星《すいせい》には中国渡来《ちゅうごくとらい》の「妖星《ようせい》」伝説《でんせつ》があり、青《あお》く見《み》えるときには王侯《おうこう》が死去《しきょ》し、赤《あか》いときには強国《きょうこく》が衰退《すいたい》し、白《しろ》いときには兵乱《へいらん》が生《しょう》じるとされています。

それに対《たい》して、江戸時代後期《えどじだいこうき》の雑書《ざっしょ》『永代大雑書万暦大成《えいだいだいざっしょばんれきたいせい》』にある「彗星《すいせい》の図説《ずせつ》」（❷）は右《みぎ》の伝説《でんせつ》に反論《はんろん》しています。「俗信《ぞくしん》で彗星《すいせい》は戦乱《せんらん》を予告《よこく》する不吉《ふきつ》な星《ほし》というのがあるけれども、それは間違《まちが》っている。なぜなら世《よ》の中《なか》はずっと天下泰平《てんかたいへい》なのに、箒星《ほうきぼし》は時々《ときどき》あらわれているからだ」というのです。長《なが》らく合戦《かっせん》のなかった、江戸時代《えどじだい》ならではの説得力《せっとくりょく》ですね。

【図解《ずかい》】北極星《ほっきょくせい》の仰角《ぎょうかく》（∠a）＝北緯《ほくい》（∠d）

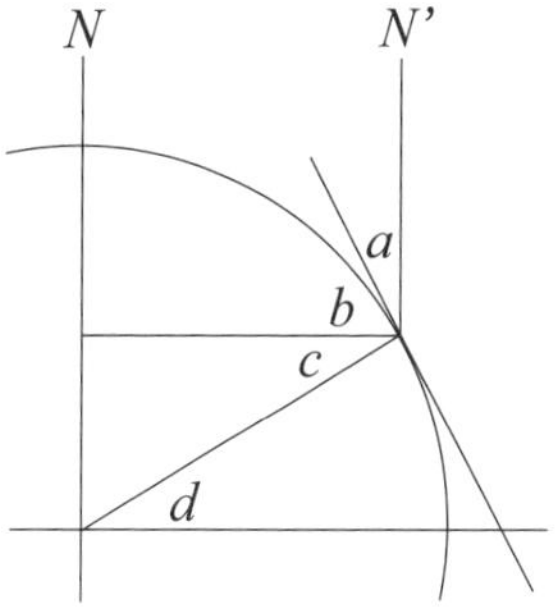

$\angle a + \angle b = \angle 90°$

$\angle c + \angle b = \angle 90°$

$\angle a = \angle c$

$\angle c = \angle d$　錯角《さっかく》

$\angle a = \angle d$

NとN'は北極星《ほっきょくせい》からの光《ひかり》（平行《へいこう》と見《み》なします）

❶

❷

❶右下《みぎした》は「すばる（昴）ぼし」つまりプレアデス星《せい》団《だん》。❷橋《はし》の上《うえ》から彗星《すいせい》を見上《みあ》げる人《ひと》たち。

18 遠《えん》近《きん》法《ほう》って知《し》られていたの？

遠近法《えんきんほう》は15世紀《せいき》のイタリアで幾何学的《きかがくてき》な裏《うら》づけを得《え》たのち、ヨーロッパ全土《ぜんど》に伝《つた》わりました。江戸時代《えどじだい》には、蘭学経由《らんがくけいゆ》で国内《こくない》に広《ひろ》まっています。本家《ほんけ》ヨーロッパの人体《じんたい》イラストを下敷《したじ》きにした『解体新書《かいたいしんしょ》』の扉絵《とびらえ》（❶）がモダンなのは、左右《さゆう》にアダムとイヴを配《はい》しているからだけでなく、遠近法《えんきんほう》を使《つか》った奥行《おくゆ》きのある構図《こうず》になっているからなのです。

その扉絵《とびらえ》やほかの解剖図《かいぼうず》を担当《たんとう》した小田野直武《おだのなおたけ》は若《わか》き秋田藩士《あきたはんし》で、もとは狩野派《かのうは》の画家《がか》。秋田《あきた》を訪《おとず》れた平賀源内《ひらがげんない》に、洋画《ようが》の遠近法《えんきんほう》を伝授《でんじゅ》されました。それに先立《さきだ》って源内《げんない》が直武《なおたけ》に出題《しゅつだい》したのは、お供《そな》え餅《もち》を真上《まうえ》から見《み》た構図《こうず》で描《えが》きなさいというもの。丸《まる》みを帯《お》びた立体感《りったいかん》は、線画主体《せんがしゅたい》の日本画《にほんが》ではなかなか困難《こんなん》な課題《かだい》でした。そこから出発《しゅっぱつ》した直武《なおたけ》は腕《うで》を磨《みが》き、源内《げんない》と杉田玄白《すぎたげんぱく》が親友《しんゆう》だった関係《かんけい》で『解体新書《かいたいしんしょ》』の挿絵《さしえ》を任《まか》されたのでした。

遠近法《えんきんほう》は絵師《えし》たちのあいだに知《し》れ渡《わた》り、葛飾北斎《かつしかほくさい》の『北斎漫画《ほくさいまんが》』にはその原理的《げんりてき》なことが紹介《しょうかい》されています（❷）。歌川広重《うたがわひろしげ》の『江戸名所百景《えどめいしょひゃっけい》』では「駿河町《するがちょう》」（❸）がその一例《いちれい》。駿河町《するがちょう》という町名《ちょうめい》は江戸城《えどじょう》の向《む》こうに駿河《するが》（静岡県《しずおかけん》）の富士山《ふじさん》を望《のぞ》むことに由来《ゆらい》し、ここからの眺《なが》めは江戸随一《えどずいいち》と評判《ひょうばん》でした。手前《てまえ》の三井呉服店《みついごふくてん》から富士《ふじ》を見通《みとお》して描《えが》くなら、遠近法《えんきんほう》がベストですね。

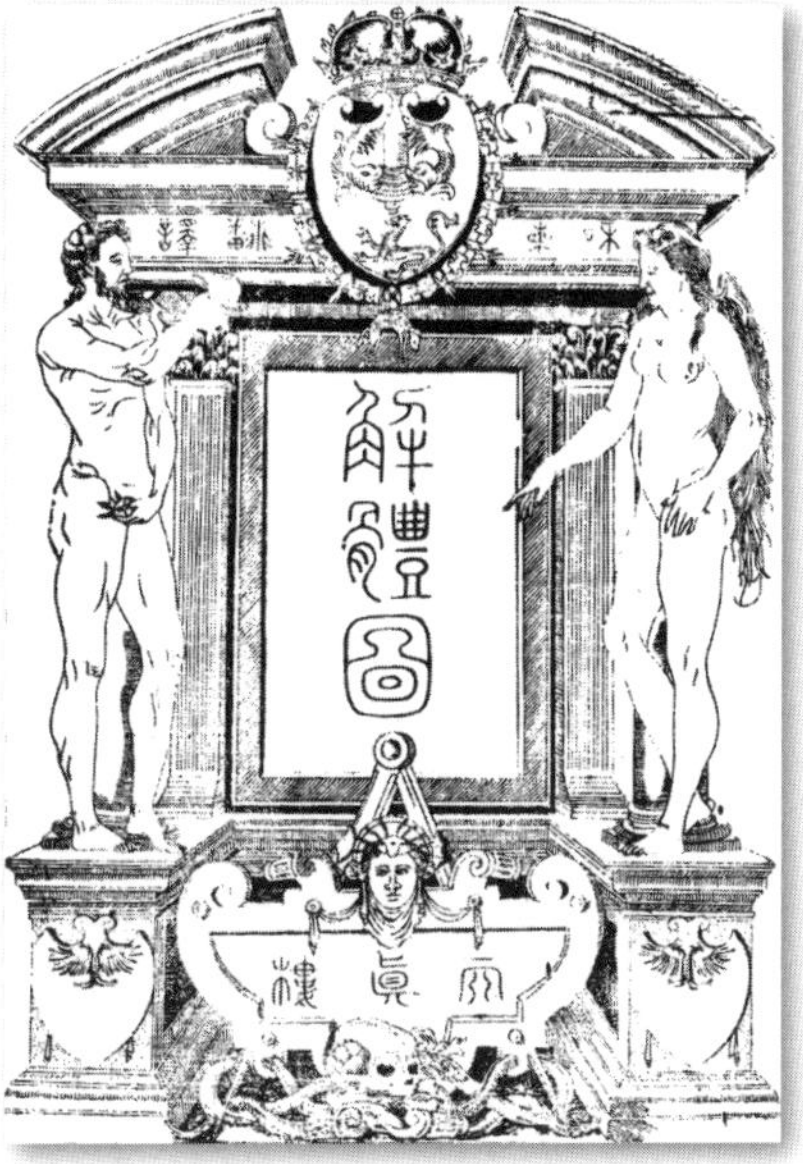

❶

❸

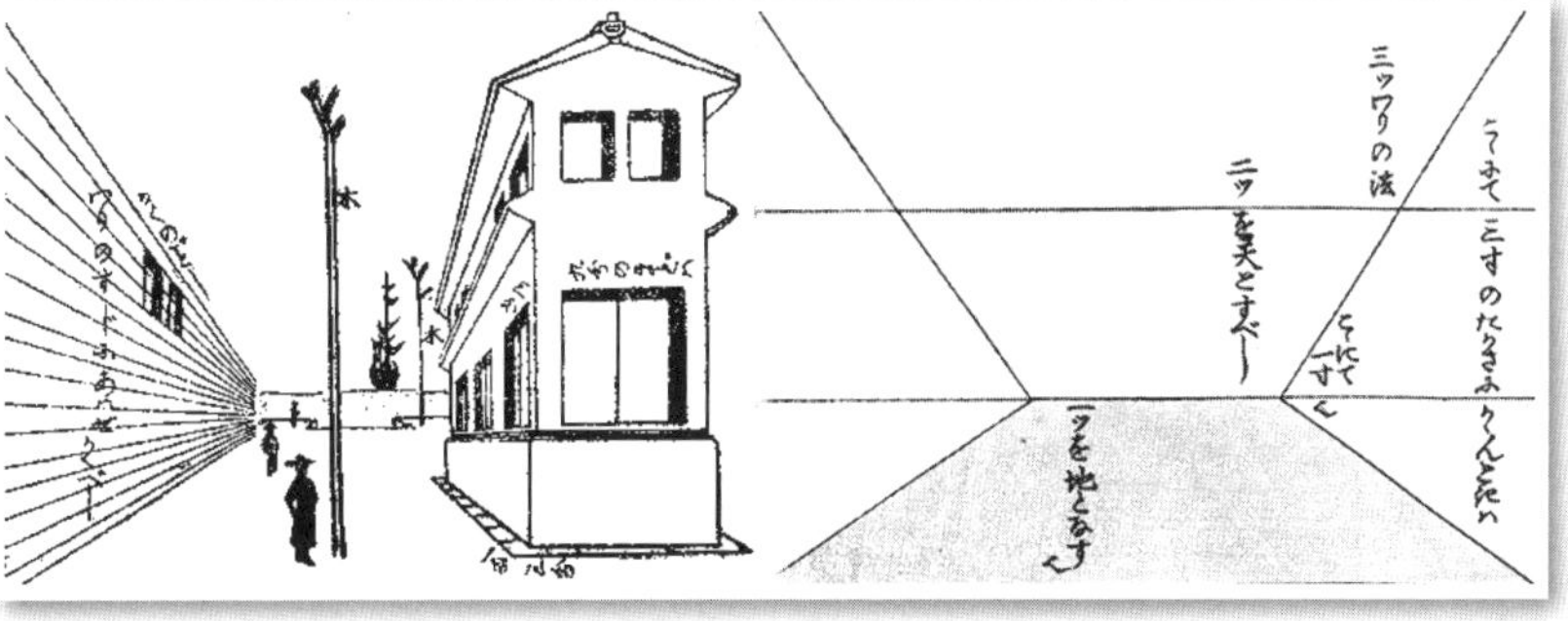

❷

❶人物《じんぶつ》よりも彼《かれ》らの足場《あしば》などを見《み》たほうが、奥行《おくゆ》きを感《かん》じられます。❷題名《だいめい》は「三《み》ッ割《わり》の法《ほう》」。左《ひだり》の景色《けしき》の土台《どだい》になる右図《みぎず》が、上中下《じょうちゅうげ》に3分割《ぶんかつ》されています。❸三井呉服店《みついごふくてん》は「現金掛《げんきんか》け値《ね》なし」という新商法《しんしょうほう》で人気《にんき》でした。

19 町見術《ちょうけんじゅつ》ってどんな術《じゅつ》？

そろばんの解説書《かいせつしょ》『塵劫記《じんこうき》』には、測量《そくりょう》に関《かん》する項目《こうもく》もありました。そのひとつの町見術《ちょうけんじゅつ》では、離《はな》れたところに立《た》っている相手《あいて》と自分《じぶん》との距離《きょり》を算出《さんしゅつ》します。❶は幕末期《ばくまつき》に刊行《かんこう》された『塵劫《じんこう》記《き》』系統《けいとう》の和算書《わさんしょ》にあるもので、右《みぎ》の男《おとこ》が川《かわ》の向《む》こう岸《ぎし》にいるお爺《じい》さんまでの距離《きょり》を求《もと》めようとしている場面《ばめん》。この測量術《そくりょうじゅつ》では、小道具《こどうぐ》に物差《ものさ》しを使《つか》います。

計測者《けいそくしゃ》は物差《ものさ》しを持《も》つ手《て》を前《まえ》に伸《の》ばして、拳《こぶし》から上《うえ》に目盛《めも》りを出《だ》し、相手《あいて》の身長《しんちょう》を読《よ》み取《と》ります。これで実測《じっそく》の作業《さぎょう》は終《お》わり、あとは自分《じぶん》の目《め》から物差《ものさ》しまでの長《なが》さ（a）と相手《あいて》の物差《ものさ》し上《じょう》の身長《しんちょう》（b）、相手《あいて》の実際《じっさい》の身長《しんちょう》（d。あらかじめ計測《けいそく》）をもとに計算《けいさん》するだけ（図解《ずかい》①）。腕《うで》の長《なが》さを一辺《いっぺん》とする小《ちい》さな直角三角形《ちょっかくさんかっけい》（グレー部分《ぶぶん》）と、相手《あいて》までの距離《きょり》を一辺《いっぺん》とする大《おお》きな直角《ちょっかく》三角形《さんかっけい》が相似《そうじ》なので、a対《たい》bがc対《たい》dに等《ひと》しく、そこから双方《そうほう》の距離《きょり》（c）を算出《さんしゅつ》します。

その変形《へんけい》バージョン（❷）では、正方形《せいほうけい》の板《いた》を使《つか》って目標《もくひょう》となる地点《ちてん》を図《ず》のように見通《みとお》し、板《いた》の手前《てまえ》の角《かど》に立《た》てた物差《ものさ》しでその高《たか》さ（a）を読《よ》み取《と》ります。ここでも大小《だいしょう》二《ふた》つの直角三角形《ちょっかくさんかっけい》の相似《そうじ》が成《な》り立《た》ち（図解《ずかい》②）、あとは比例計算《ひれいけいさん》で測定者《そくていしゃ》から対象物《たいしょうぶつ》までの距離《きょり》がわかります。物《もの》差《さ》しなのに押《お》し当《あ》てて使《つか》うことがなく、あいだに川《かわ》や谷《たに》などがあっても問題《もんだい》ないのがミソ。

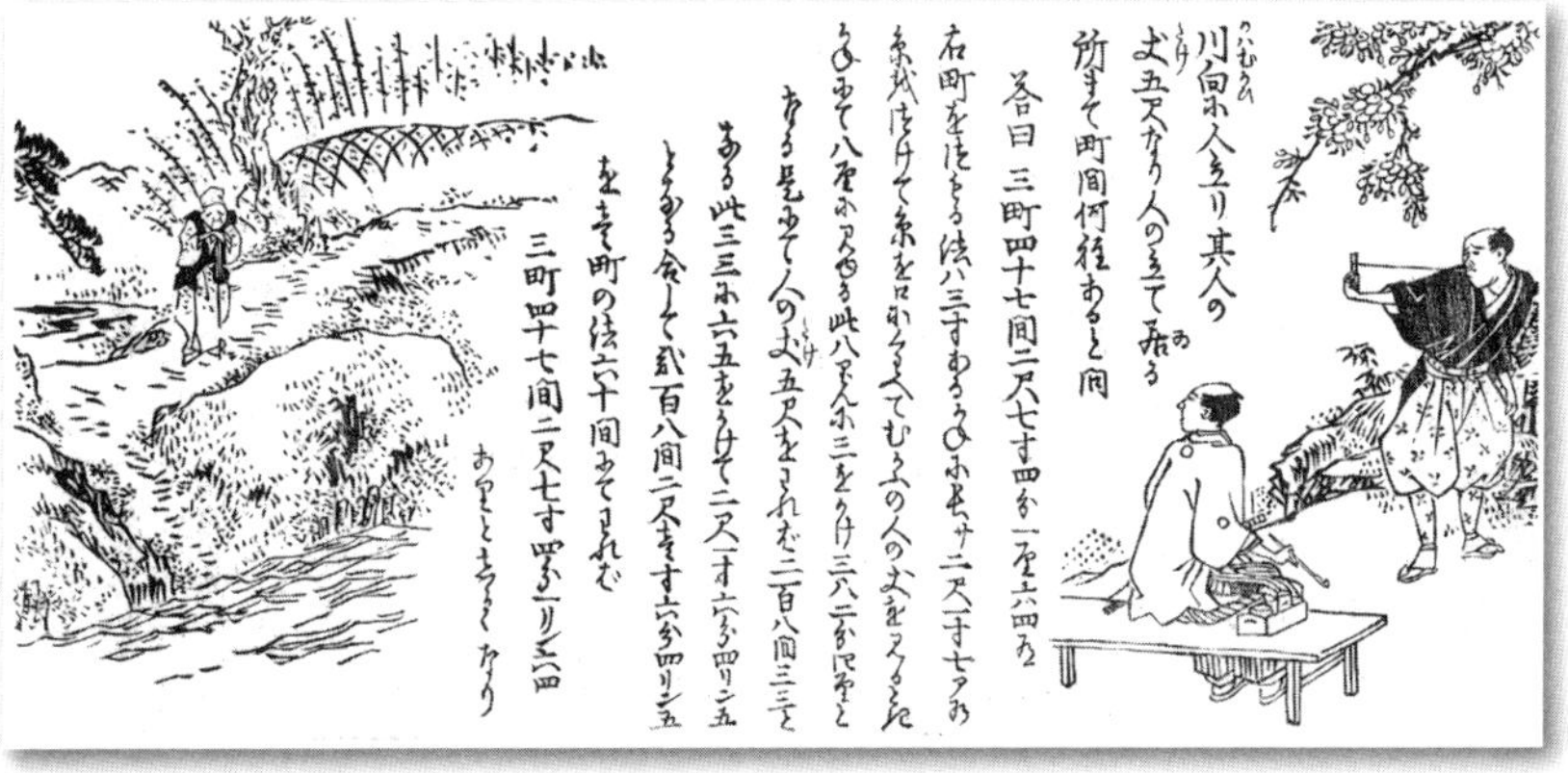

❶

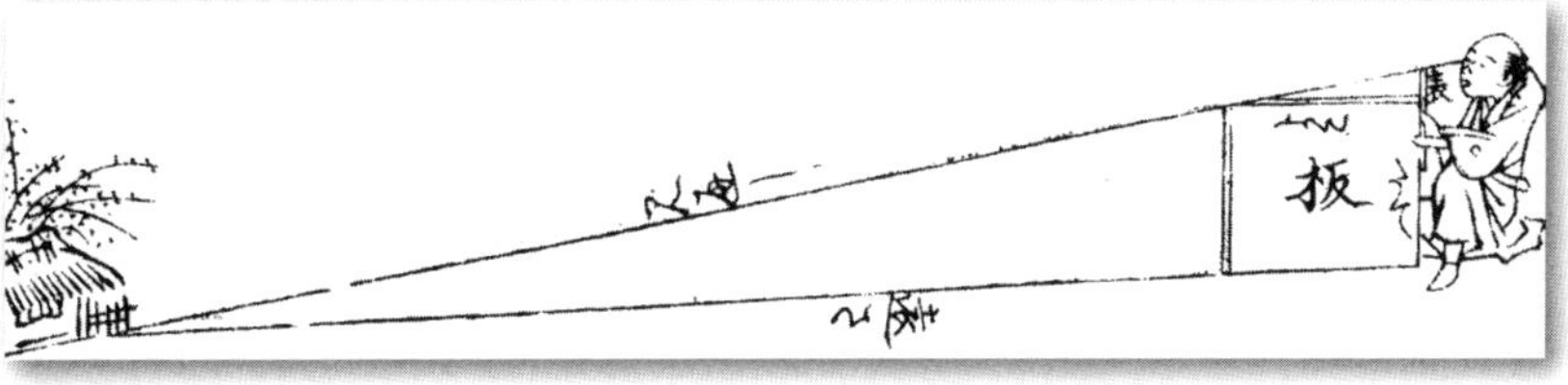

❷

【図解《ずかい》①】

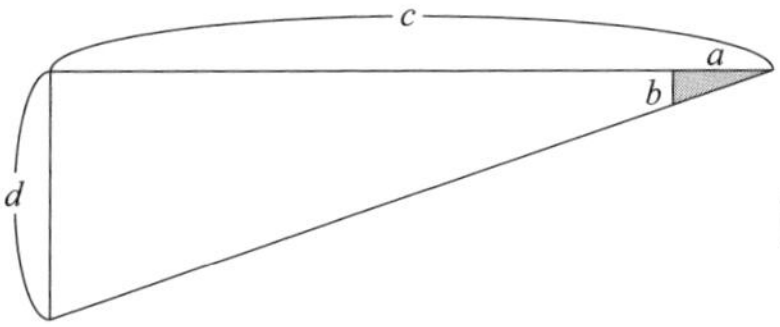

［計算］$a:b=c:d$　より　$c=\dfrac{a\times d}{b}$

【図解《ずかい》②】

［計算］$a:b=b:c$　より　$c=\dfrac{b\times b}{a}$

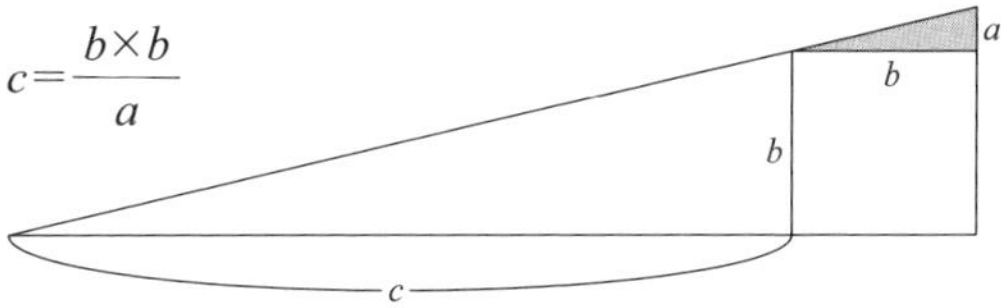

❶老人《ろうじん》の身長《しんちょう》は5尺《しゃく》（約《やく》150cm）。これは当時《とうじ》の成人男子《せいじんだんし》の平均《へいきん》くらい。
❷観測者《かんそくしゃ》が描《えが》かれていて、見通《みとお》すときの目《め》の位置《いち》がわかります。

20 山《やま》の高《たか》さの測《はか》り方《かた》は？

東海道《とうかいどう》五十三次《ごじゅうさんつぎ》の14番目《ばんめ》の宿場《しゅくば》だった吉原宿《よしわらしゅく》（静岡県富士市《しずおかけんふじし》）は、陸上交通《りくじょうこうつう》や水運《すいうん》の要地《ようち》にあたり、富士参詣《ふじさんけい》の宿駅《しゅくえき》でもありました。享保《きょうほう》12年《ねん》（1727）、この地《ち》で福田某《ふくだなにがし》という人《ひと》が富《ふ》士山《じさん》の高《たか》さを測《はか》り、結果《けっか》は3886メートル（『世事百談《せじひゃくだん》』）。8代将軍徳川吉宗《だいしょうぐんとくがわよしむね》が新田開発《しんでんかいはつ》を奨励《しょうれい》していた享保年間《きょうほうねんかん》の測量術《そくりょうじゅつ》は『塵劫記《じんこうき》』の時代《じだい》よりも大《おお》きく発達《はったつ》していました。

『塵劫記《じんこうき》』の町見術《ちょうけんじゅつ》（☞214ページ）は、相手《あいて》の身長《しんちょう》、つまり高《たか》さのデータがわかっているとき、相手《あいて》までの距離《きょり》を求《もと》める測量術《そくりょうじゅつ》。距離《きょり》だけでなく、高《たか》さの不明《ふめい》な山《やま》や木《き》の高《たか》さを求《もと》めるには、2地点《ちてん》で計測《けいそく》する必要《ひつよう》があります。その具体例《ぐたいれい》となる例題《れいだい》（❶）を簡略化《かんりゃくか》してみると（図解《ずかい》）、㋐と㋑の板《いた》がある両地点《りょうちてん》で、それぞれ板《いた》の右下《みぎした》から左側《ひだりがわ》に見《み》える木《き》のてっぺんを見通《みとお》します。

視線《しせん》が板《いた》の左端《ひだりはし》を通《とお》るときの高《たか》さをそれぞれa、bとすると、㋐の右下《みぎした》から見《み》た高《たか》さaの小《ちい》さな直角三角形《ちょっかくさんかっけい》（グレー部分《ぶぶん》）と、高《たか》さxの大《おお》きな直角三角形《ちょっかくさんかっけい》は相似《そうじ》になります。㋑の右下《みぎした》から見《み》た高《たか》さbの直角三角形《ちょっかくさんかっけい》と、高《たか》さxの直角三角形《ちょっかくさんかっけい》もやはり相似《そうじ》。ここで㋐から㋑までの距離《きょり》をc、㋑から木《き》までの距離《きょり》をdとすると左《ひだり》の2式《しき》（①と②）が成《な》り立《た》ち、整理《せいり》するとdを消去《しょうきょ》できます。この方法《ほうほう》なら、山《やま》や崖下《がけした》までの距離《きょり》がわからなくても、高《たか》さや深《ふか》さを計測《けいそく》できるのです（❷）。

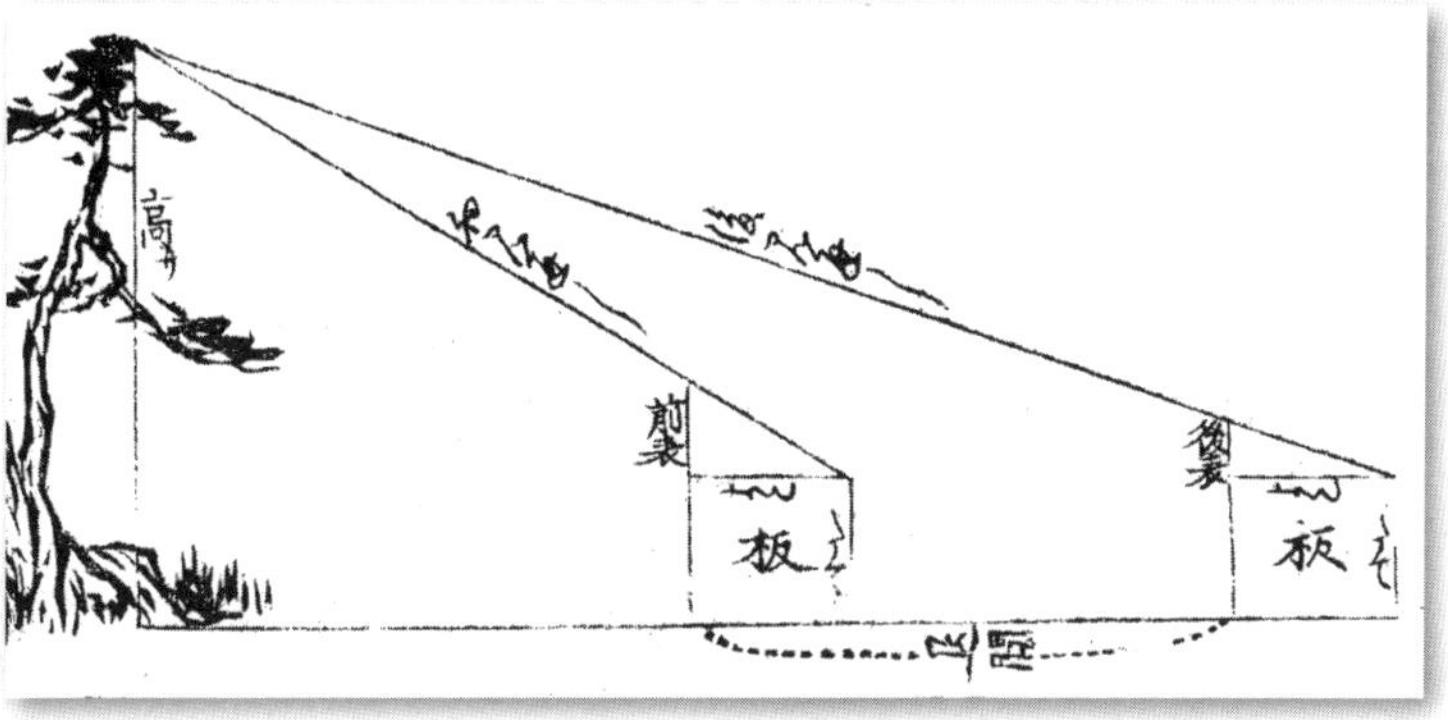

❶

❷

【図解《ずかい》】

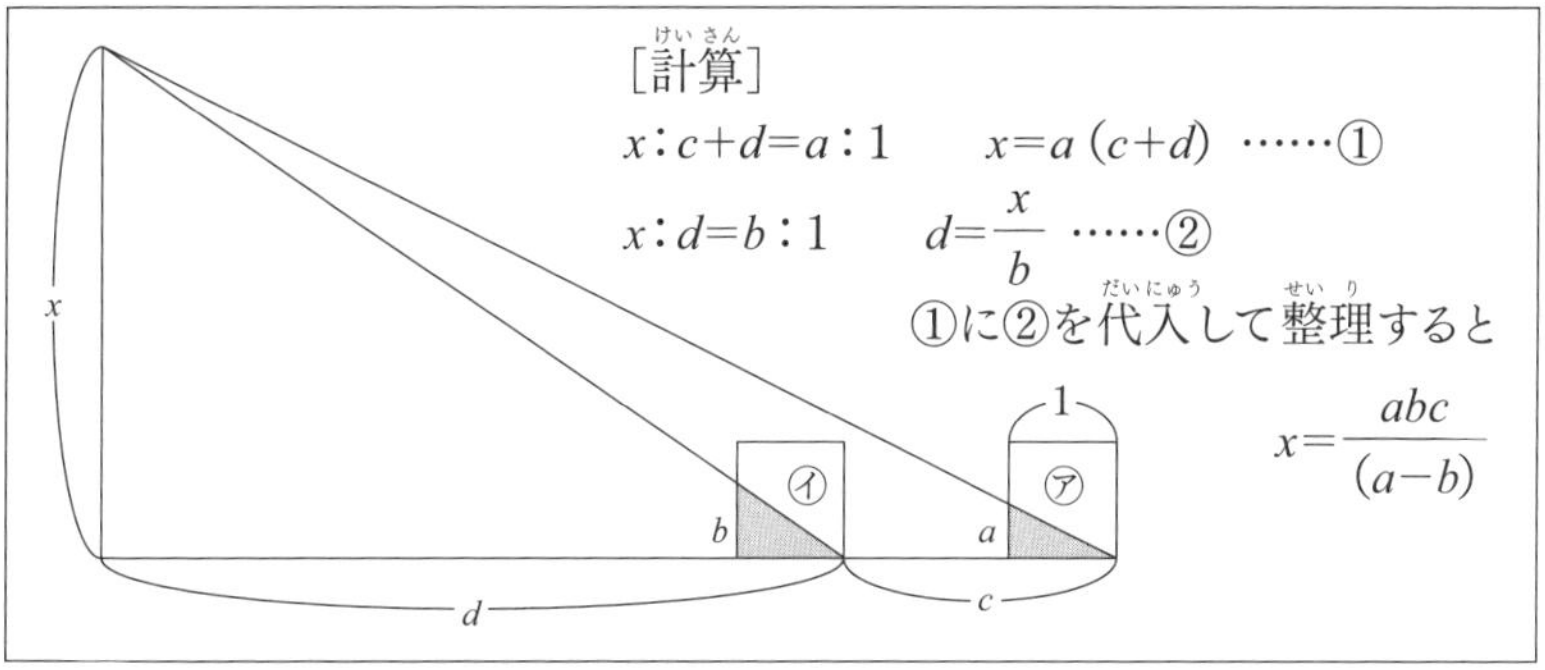

［計算《けいさん》］

$x : c+d = a : 1$　　$x = a\,(c+d)$ ……①

$x : d = b : 1$　　$d = \dfrac{x}{b}$ ……②

①に②を代入《だいにゅう》して整理《せいり》すると

$$x = \frac{abc}{(a-b)}$$

❶和算書《わさんしょ》にある例題《れいだい》の図解《ずかい》。❷崖下《がけした》の目標《もくひょう》地点《ちてん》までを計測《けいそく》する例題《れいだい》の図解《ずかい》。見上《みあ》げるのも見《み》おろすのも考《かんが》え方《かた》は同《おな》じ。

コラム 5

江戸《えど》時代《じだい》の拡大《かくだい》コピー

拡大《かくだい》も縮小《しゅくしょう》も自在《じざい》のコピー機《き》など、どこにもなかった江戸時代《えどじだい》。それでも絵《え》や文字《もじ》を等倍《とうばい》で写《うつ》し取《と》ったり、さらにはサイズを変えたりする方法《ほうほう》も知《し》られていました。

実測日本地図《じっそくにほんちず》の製作《せいさく》で名高《なだか》い伊能忠敬《いのうただたか》は、地図《ちず》の複製《ふくせい》をつくるときに針《はり》を利用《りよう》しました。測量結果《そくりょうけっか》をもとに原画《げんが》を描《えが》き、写《うつ》したい用紙《ようし》と重《かさ》ねてから、地図上《ちずじょう》のポイントとなる地点《ちてん》を針《はり》で1点《てん》ずつ刺《さ》していきます。そうすることで下絵《したえ》の各地点《かくちてん》を忠実《ちゅうじつ》に写《うつ》すことができ、あとは穴《あな》を線《せん》で結《むす》んでいくだけです。

でも拡大《かくだい》だと針《はり》は使《つか》えず、フリーハンドでは全体《ぜんたい》のバランスが崩《くず》れがち。それを防《ふせ》ぐ裏技《うらわざ》では、もとの絵《え》を方眼紙《ほうがんし》のように縦横《じゅうおう》に区切《くぎ》ります。拡大《かくだい》して描《えが》きたい紙《かみ》も同《おな》じように区切《くぎ》り、それぞれのブロックごとに描《えが》き写《うつ》すのです（図《ず》）。この方法《ほうほう》は、今《いま》でも小学校《しょうがっこう》の算数《さんすう》で紹介《しょうかい》されることがあります。

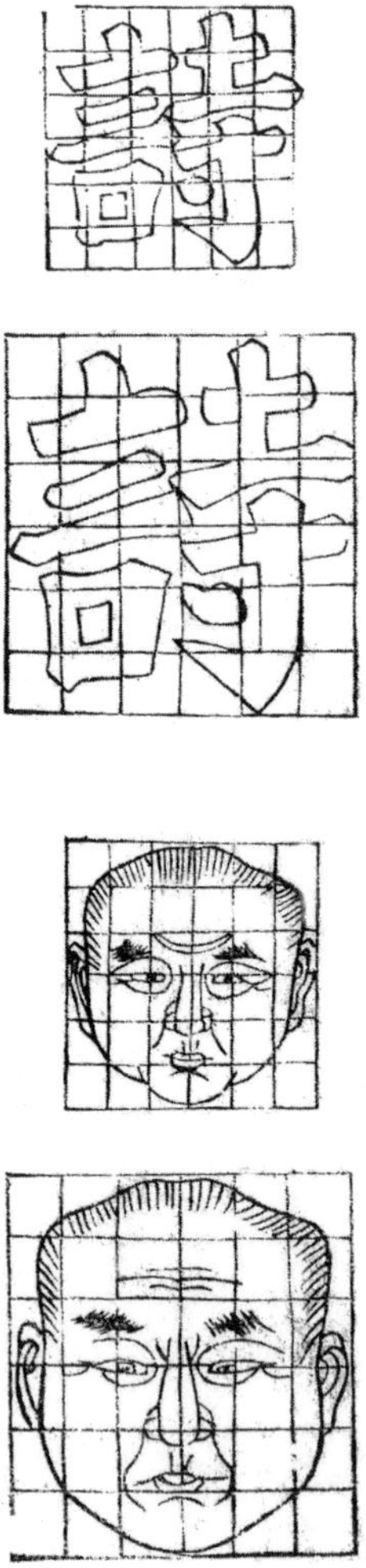

▲『錦嚢智術全書《きんのうちじゅつぜんしょ》』から「小字《しょうじ》を大字《だいじ》に写《うつ》す法《ほう》」。

おわりに

理科《りか》の観察《かんさつ》や実験《じっけん》に相当《そうとう》することについては、言葉《ことば》で逐一説明《ちくいちせつめい》されるよりも、見《み》れば一目瞭然《いちもくりょうぜん》ということが間々《まま》あります。事実《じじつ》、この本《ほん》でも文章《ぶんしょう》と同等《どうとう》かそれ以上《いじょう》といえるくらい、図版《ずはん》が多《おお》くのことを物《もの》語《がた》っています。ビジュアル教育《きょういく》の重要性《じゅうようせい》については、本書《ほんしょ》にも出《で》てくる儒者《じゅしゃ》の貝原益軒《かいばらえきけん》がすでに着目《ちゃくもく》していた部分《ぶぶん》でもあり、江戸《えど》時代《じだい》も後期《こうき》に近《ちか》づくほど教科書《きょうかしょ》や事典類《じてんるい》には挿絵《さしえ》が増《ふ》えています。幼《おさな》くて字《じ》が読《よ》めない子《こ》どもでも、絵入《えい》りの本《ほん》を眺《なが》めていたら興味《きょうみ》が湧《わ》いてきて、読《よ》み書《か》きを教《おそ》わるモチベーションも高《たか》まったのではないでしょうか。

人工《じんこう》の虹《にじ》を再現《さいげん》したり、大気圧《たいきあつ》を利用《りよう》した手品《てじな》を披露《ひろう》したりといったパフォーマンスは、今《いま》でも同《おな》じような手順《てじゅん》で実演《じつえん》されています。このことは、誰《だれ》が実験《じっけん》しても同《おな》じ結果《けっか》に行《い》き着《つ》くという科学《かがく》の再現性《さいげんせい》をあらわす具体例《ぐたいれい》になっています。そのぶん、演者《えんじゃ》が和服《わふく》で髷姿《まげすがた》なのがユニークで、どことなく不思議《ふしぎ》な画像《がぞう》のようにも感《かん》じられます。時代《じだい》の差《さ》を越《こ》えて変《か》わらない部分《ぶぶん》と、時代《じだい》ごとに異《こと》なる部分《ぶぶん》との落差《らくさ》も、興味深《きょうみぶか》いポイントですね。

今回《こんかい》、数多《かずおお》くの図版《ずはん》を収集《しゅうしゅう》するにあたっては、国立国会図書館《こくりつこっかいとしょかん》や早稲田大学図書館《わせだだいがくとしょかん》をはじめとする図《と》書館《しょかん》や、各地《かくち》の博物館《はくぶつかん》・美術館《びじゅつかん》が所蔵《しょぞう》する画像《がぞう》データを利用《りよう》させていただきました（221ページ以降《いこう》の収《しゅう》録図版一覧参照《ろくずはんいちらんさんしょう》）。誰《だれ》でも活用《かつよう》できるパブリック・ドメインの充実《じゅうじつ》がなければ、おそらく本書《ほんしょ》は生《う》み出《だ》されることがなく、感謝《かんしゃ》の念《ねん》に堪《た》えません。また、東京堂出版編集部《とうきょうどうしゅっぱんへんしゅうぶ》の小代渉《おじろわたる》さんには、構想《こうそう》の段階《だんかい》から図版《ずはん》を選定《せんてい》する作業《さぎょう》も含《ふく》めて、終始《しゅうし》お世話《せわ》になりました。ご協力《きょうりょく》を賜《たまわ》った皆様方《みなさまがた》に、この場《ば》をお借《か》りして厚《あつ》くお礼申《れいもう》し上《あ》げます。

2018年《ねん》8月《がつ》

西田知己《にしだともみ》

収録図版一覧

*（国）は国立国会図書館、（早）は早稲田大学図書館、（個）は個人蔵をあらわします。

第1章 動物の暮らし

1 ❶歌川国芳「御奥乃弾初」（個）、❷『頭書増補訓蒙図彙大成』（国）、❸『絵本写宝袋』（早）、❹『赤本 花さき爺』（国）

2 ❶『永暦雑書天文大成綱目』（国）、❷『養鼠玉のかけはし』（国）、❸『守貞謾稿』（国）

3 ❶『頭書増補訓蒙図彙大成』（国）、❷『日本山海名物図会』（国）

4 ❶❹『頭書増補訓蒙図彙大成』（国）、❷渓斎英泉『木曾街道六拾九次』より「追分宿浅間山眺望」（国）、❸『絵本鏡百首』（国）

5 ❶ニホンオオカミの剝製（国立科学博物館）、❷『尾張名所図会』（国）、❸『頭書増補訓蒙図彙大成』（国）、❹『絵本写宝袋』（早）

6 ❶『主従心得草』（個）、❷『頭書増補訓蒙図彙大成』（国）、❸『紀伊国名所図会』（国）

7 ❶『頭書増補訓蒙図彙大成』（国）、❷『日本山海名産図会』（国）、❸『人倫訓蒙図彙』（国）

8 ❶『頭書増補訓蒙図彙大成』（国）、❷『摂津名所図会』（国）

9 ❶『昔話桃太郎伝』（国）、❷『頭書増補訓蒙図彙大成』（国）

10 ❶❷『頭書増補訓蒙図彙大成』（国）、❸『日本山海名産図会』（国）

11 ❶歌川国貞「俳優見立夏商人 金魚売り」（個）、❷歌川豊国「金魚好」（国）、❸歌川国芳「金魚づくし 百ものがたり」（東京国立博物館）、❹『絵本家賀御伽』（国）

12 ❶『頭書増補訓蒙図彙大成』（国）、❷『新版御府内流行名物案内双六』（国）、❸歌川広重『名所江戸百景』より「水道橋 駿河台」（国）、❹歌川国芳「坂田怪童丸」（個）

13 ❶❷『日本山海名産図会』（国）、❸「諸国名物見立ひやうばん」（個）

14 ❶『頭書増補訓蒙図彙大成』（国）、❷『日本山海名産図会』（国）、❸十返舎一九『諸国道中金の草鞋』（早）

15 ❶干鰯のレプリカ（千葉県立中央博物館）、❷『日本山海名物図会』（国）、❸『農稼肥培論』（国）

16 ❶『日本山海名産図会』（国）、❷『広益国産考』（国）

17 ❶❷『養蚕秘録』（国）

18 ❶『永暦雑書天文大成綱目』（個）、❷喜多川歌麿「婦人泊まり客之図」（個）、❸『人倫訓蒙図彙』（国）

19 ❶『頭書増補訓蒙図彙大成』（国）、❷❸『除蝗録』（国）

20 ❶『江戸名所図会』（国）、❷歌川国貞「国芳国貞錦絵」より「ゑん日の景」（国）、❸『絵本御伽品鏡』（国）

コラム1 『駱駝之世界』（国）

第2章 植物のすがた

1 ❶『百人女郎品定』（国）、❷『農具便利論』（国）

2 ❶『豆腐百珍』（国）、❷『広益国産考』（国）、❸『守貞謾稿』（国）

3 ❶『絵本御伽品鏡』（国）、❷『東都歳時記』（国）、❸『竈の賑ひ』（国）

4 ❶『花洛名勝図会』（早）、❷❸『尾張名所図会』（国）

5 ❶『広益国産考』（国）、❷『江戸名所図会』（国）

6 ❶『日本山海名産図会』（国）、❷❸『製葛録』（国）

7 ❶沖縄の砂糖黍（個）、❷『日本山海名物図会』（国）、❸『物類品隲』（国）

8 ❶『日本山海名物図会』（国）、❷『紀伊国名所図会』（国）、❸『広益国産考』（国）

9 ❶『今様職人尽百人一首』（国）、❷『算法地方大成』（国）、❸『人倫訓蒙図彙』（国）

10 ❶『職人尽絵詞』（国）、❷『宝船桂帆柱』（国）、❸『雑書大全』（個）

11 ❶蒲生八幡神社の大楠（個）、❷『伊勢参宮

名所図会』(国)、❸『日本山海名物図会』(国)
12❶『職人尽絵詞』(国)、❷スクモ(個)、❸藍玉(個)、❹『阿波名所図会』(国)
13❶『日本山海名物図会』(国)、❷『人倫訓蒙図彙』(国)、❸『宝船桂帆柱』(国)
14❶『日本山海名物図会』(国)、❷『伊勢参宮名所図会』(国)、❸『人倫訓蒙図彙』(国)
15❶❷❸❹『紙漉重宝記』(国)、❺『四時交加』(国)
16❶『日本山海名物図会』(国)、❷『人倫訓蒙図彙』(国)、❸大福帳(個)
17❶『広益国産考』(国)、❷『永代大雑書万暦大成』(個)、❸『日本山海名物図会』(国)
18❶『和泉名所図会』(国)、❷『万歳雑書』(個)、❸『絵本御伽品鏡』(国)
19❶『人倫訓蒙図彙』(国)、❷『宝船桂帆柱』(国)、❸『日本山海名物図会』(国)
20❶❷『日本山海名物図会』(国)
コラム2『朝顔三十六花撰』(国)

第3章 ● 大地のめぐみ

1❶❷『安政見聞録』(早)
2❶『和泉名所図会』(国)、❷『日本山海名産図会』(国)、❸香川県小豆島に残る巨石の矢穴(個)
3❶『農具便利論』(国)、❷『摂津名所図会』(国)
4❶歌川広重『東海道五拾三次』より「嶋田大井川駿岸」(国)、❷『頭書増補訓蒙図彙大成』(国)、❸『算法地方大成』(国)
5❶『算法地方大成』(国)、❷歌川広重『江都名所』より「隅田川はな盛」(国)
6❶『今様職人尽百人一首』(国)、❷『人倫訓蒙図彙』(国)、❸『大和耕作絵抄』(国)
7❶『職人尽絵詞』(国)、❷『頭書増補訓蒙図彙大成』(国)、❸『永代大雑書万暦大成』(個)
8❶葛飾北斎『富嶽三十六景』より「江戸日本橋」(国)、❷『江戸名所図会』(国)
9❶『日本山海名物図会』(国)、❷『江戸名所図会』(国)
10❶『江戸名所図会』(国)、❷『守貞謾稿』(国)、❸『人倫訓蒙図彙』(国)
11❶『算法図解大全』(個)、❷『和漢三才図会』(国)、❸歌川豊国『江戸名所百人美女』より「千束」(国)
12❶『近世奇跡考』(国)、❷『今様職人尽百人一首』(国)、❸『人倫訓蒙図彙』(国)
13❶『今様職人尽百人一首』(国)、❷『日本山海名物図会』(国)
14❶『日本山海名物図会』(国)、❷『宝船桂帆柱』(国)、❸『人倫訓蒙図彙』(国)
15❶『人倫訓蒙図彙』(国)、❷歌川国貞「春遊娘七草」(個)
16❶❷『日本山海名物図会』(国)、❸丁銀(個)
17❶『都会節用百家通』(個)、❷『宝船桂帆柱』(国)、❸『永暦雑書天文大成綱目』(個)
18❶『頭書増補訓蒙図彙大成』(国)、❷『都名所図会』(国)、❸『四時交加』(国)、❹『栄増眼鏡徳』(国)
19❶『摂津名所図会』(国)、❷『日本山海名物図会』(国)、❸鈴木春信「遠眼鏡を見る二美人」(個)
20❶『頭書増補訓蒙図彙大成』(国)、❷『今様職人尽百人一首』(国)、❸歌川貞房「東都両国夕涼之図」(国)
コラム3『算法童子問』(個)

第4章 ● 人間のいとなみ

1❶『頭書増補訓蒙図彙大成』(国)、❷『心学早染草』(国)、❸『開運牡丹餅男』(国)
2❶❷『頭書増補訓蒙図彙大成』(国)、❸『解体新書』(国)
3❶『人倫訓蒙図彙』(国)、❷『雑書大全』(個)、❸『頭書増補訓蒙図彙大成』(国)
4❶❷『人倫訓蒙図彙』(国)、❸❹『病家須知』(早)
5❶歌川豊国「神無月 はつ雪のそうか」(個)、❷『宝船桂帆柱』(国)、❸『江戸名所図会』(国)
6❶『竈の賑ひ』(国)、❷『江戸大節用海内蔵』(国)

（個）、❸『江戸名所図会』（国）
7 ❶『摂津名所図会』（国）、❷『茶番早合点』（早）、❸『頭書増補訓蒙図彙大成』（国）
8 ❶『江戸名所図会』（国）、❷『諸国道中金の草鞋』（国）、❸『滑稽臍栗毛』（個）
9 ❶『都会節用百家通』（個）、❷『旅行用心集』（早）
10 ❶歌川広重『人物東海道』より「原」（個）、❷『頭書増補訓蒙図彙大成』（国）、❸『東海道名所図会』（国）
11 ❶喜多川歌麿『江戸八景』より「衣紋坂乃夜の雨」（個）、❷『今様職人尽百人一首』（国）、❸『賢愚湊銭湯新話』（早）、❹『四時交加』（国）
12 ❶月岡芳年『風俗三十二相』より「めがさめさう」（国）、❷『人倫訓蒙図彙』（国）、❸『江戸名所図会』（国）
13 ❶❷『都風俗化粧伝』（早）、❸『守貞謾稿』（国）
14 ❶『青楼美人合姿鏡』（国）、❷『煙草二抄』（国）、❸『大和耕作絵抄』（国）
15 ❶『頭書増補訓蒙図彙大成』（国）、❷『永暦雑書天文大成綱目』（個）、❸『製油録』（国）
16 ❶『日本山海名物図会』（国）、❷『宝船桂帆柱』（国）、❸『広益国産考』（国）
17 ❶『老農夜話』（国）、❷『民家育草』（国）
18 ❶『絵本和歌浦』（国）、❷『職人尽絵詞』（国）
19 ❶『人倫訓蒙図彙』（国）、❷『大和耕作絵抄』（国）
20 ❶❷『人倫訓蒙図彙』（国）、❸『絵本紅葉橋』（国）
コラム4『機巧図彙』（国）

第5章 ● 天地のつながり

1 ❶『江戸名所図会』（国）、❷『守貞謾稿』（国）、❸『江戸大節用海内蔵』（個）
2 ❶『大和耕作絵抄』（国）、❷『人倫訓蒙図彙』（国）、❸竜骨車（国立民族学博物館）
3 ❶❷『農具便利論』（国）
4 ❶『都名所図会』（国）、❷歌川広重『名所江戸百景』より「四ツ木通用水引ふね」（国）、❸「新河岸川早舟引札」（毛呂山町歴史民俗資料館）
5 ❶❷『農具便利論』（国）
6 ❶歌川広重『東海道五拾三次』より「岡崎矢矧之橋」（国）、❷『水野家文書』より「三河国矢矧橋図」（首都大学東京図書館）
7 ❶『頭書増補訓蒙図彙大成』（国）、❷『続たはふれ草』（早）、❸歌川国芳「東都名所するがだひ」（国）
8 ❶『永代大雑書万暦大成』（個）、❷『頭書増補訓蒙図彙大成』（国）、❸歌川国貞「夕立景」（個）
9 ❶『紅毛雑話』（国）、❷『雪華図説』（国）、❸歌川芳虎「隅田川雪見」（国）
10 ❶『人倫訓蒙図彙』（国）、❷喜多川歌麿「庭中の涼み」（個）、❸『伊勢参宮名所図会』（国）
11 ❶❷『和国たはふれ草』（早）
12 ❶嘉永五壬子略暦（国）、❷嘉永二年己酉よしこの大小（国）、❸『守貞謾稿』（国）、❹歌川国芳「縞揃女弁慶」（国）
13 ❶『宝船桂帆柱』（国）、❷❸『機巧図彙』（国）
14 ❶『増補華夷通商考』（早）、❷司馬江漢「地球全図」（早）、❸『万国輿地山海図説』（個）
15 ❶『頭書増補訓蒙図彙大成』（国）、❷❸『永代大雑書万暦大成』（個）
16 ❶❷『頭書増補訓蒙図彙大成』（国）、❸『永代大雑書万暦大成』（個）
17 ❶『頭書増補訓蒙図彙大成』（国）、❷『永代大雑書万暦大成』（個）
18 ❶『解体新書』（国）、❷『北斎漫画』（国）、❸歌川広重『名所江戸百景』より「するがてふ」（国）
19 ❶『算法図解大全』（個）、❷『広用算法大全』（個）
20 ❶❷『広用算法大全』（個）
コラム5『錦嚢智術全書』（個）

【著者略歴】
西田知己（にしだ・ともみ）
1962年、鹿児島県生まれ。1993年、上智大学大学院文学研究科博士後期課程単位取得満期退学。江戸文化研究家。
主要著書に、
『「算勘」と「工夫」——江戸時代の数学的発想』（研成社、1994年）
『子どもたちは象をどう量ったのか？——寺子屋の楽しい勉強法』（柏書房、2008年）
『江戸ちえ』（中経出版、2012年）
『江戸時代の科学者』（全4巻、汐文社、2014年）
『日本語と道徳——本心・正直・誠実・智恵はいつ生まれたか』（筑摩書房、2017年）
などがある。『ドラえもん ふしぎのサイエンス 歴史編 大江戸科学博』（小学館、2015年）では監修を担当した。

実《じつ》は科《か》学《がく》的《てき》!? 江《え》戸《ど》時《じ》代《だい》の生《せい》活《かつ》百《ひゃっ》景《けい》

2018年8月30日 初版印刷
2018年9月10日 初版発行

著　者　西田知己
発行者　金田　功
発行所　株式会社 東京堂出版
〒101-0051 東京都千代田区神田神保町1-17
電話 03-3233-3741
http://www.tokyodoshuppan.com/

装　丁　臼井新太郎
組　版　有限会社 一企画
印刷・製本　図書印刷株式会社

ISBN978-4-490-20991-4 C1021